# 보육학개론

# 보육학개론

권미량 · 서영희 · 이숙희 공저

동 문 사

# 머리말

최근 보육과 영유아교육은 격동의 시절을 맞이하고 있다. 저출산과 영유아 삶의 질에 관한 논란은 보육의 문제를 개인이 아닌 사회 공동의 문제로 인식하기 시작했고, 지원 등의 실제적 접근과 더불어 학문적 연구도 활발하게 이루어지고 있다. 그러나 아직 보육과 영유아교육의 현장은 보육의 이론적 성찰, 보육과정에 대한 자리매김, 보육교사의 전문성 확보와 지원 확대, 어린이집의 질적 개선 등 넘어야 할 문제가 산재해 있다. 이러한 시점에서 보육에 관한 이론적 통찰을 기초로 하여 어린이집의 질 향상을 위한 통합적 이해가 이루어져야 한다.

보육의 첫 출발에서 부모, 교사, 지역사회는 어떻게 함께 돌봄과 나눔의 길을 갈 것인가? 대학의 예비보육교사는 전문성을 어떻게 키워나갈 수 있을 것인가? 이 책은 행복한 아이의 미래를 위해 교사와 유아교육현장이 교육관을 정립하고, 교육의 실제를 어떻게 열어갈 것인지에 관한 고민을 담고자 하였다. 바쁘게 움직이는 현대사회 속에서 육아의 부담에 허덕이는 부모, 그들과 더불어 자연적 삶의 질을 잃어가는 아이들이 행복한 세상으로 나아가는 통로가 되는 보육을 꿈꾸어 본다. 아직 고민의 여정은 끝나지 않았고, 그래서 글을 마무리하면서도 다시 채워야 할 여백으로 인해 마음을 다잡게 된다.

본서는 총 12장으로 구성되어 있다. 1장 '보육의 이해'는 보육의 현주소와 변화를 이해하기 위한 내용으로 구성하였고, 2장 '보육의 역사'는 보육의 근간이 되는 사상과 보육의 발자취를 살펴보았다. 3장 '보육의 유형 및 설립'은 현행 어린이집의 유형에 따른 설립 및 특성을 살펴보았고, 4장 '영유아 발달의 특성'은 영유아의 발달과 보육 이야기를 풀어내었다. 5장 '영유아 보육과정'은 어린이집 보육과정의 실천을 위해 표준보육과정과 누리과정의 내용을 살펴보았고, 6장 '보육환경'은 보육이 이루어지는 어린이집 환경을 탐색하였다. 7장 '보육교직원 관리'는 어린이집에 근무하는 보육교직원의 역량과 특징을 살펴보았고, 8장 '보육교사 양성 및 채용'은 보육교사가 되는 데 필요한 보육교사의 자격과 채용의 전반적인 내용을 살펴보았다. 9장 '어린이집 보육활동 직무'는 보육활동을 위한 직무 이야기, 10장 '어린이집 운영관리 직무'는 어린이집 운영관리를 위한 전반적인 직무 이야기, 11장 '어린이집 사무관리 직무'는 어린이집 사무관리 직무의 실제로 구성하여 업무 능력 신장을 위한 실천적 접근을 시도하였다. 그리고 마지막으로 12장 '보육평가와 보육의 전망'은 보육에 대한 반성과 새로운 도약을 통해 보육에 관한 통합적인 고찰이 이루어지도록 하였다.

보육의 전반적이고 통합적 이해를 위한 본서는 기존의 보육학개론이 가지는 이론적 접근을 뛰어넘어 예비보육교사와 현직보육교사가 보육의 실천적 업무를 구체적으로 이해할 수 있도록 구성하였다. 따라서 예시나 관련 자료를 다각적으로 제시하여 실천적 지식을 습득하고, 구체적 업무에 도움이 되고자 하였다.

이 책이 나오기까지 여러 측면에서 도움을 주신 모든 분께 감사하며, 부족한 글의 편집과 출판을 맡아 준 동문사 사장님과 직원 여러분께도 감사를 드린다.

2021년 7월

아이의 행복한 지금을 꿈꾸는 저자 일동

# 차 례

Chapter

# 1

# 보육의 이해

"보육의 현주소와 변화 이해하기"

1. 보육의 개념
2. 보육의 대상
3. 보육의 장소

인간의 본적은 어디에 있는가? 인간의 본적이 가정이냐 국가냐의 물음은 교육에 있어 인간성을 중시하느냐 시민성을 중시하느냐의 물음, 교양을 중시하느냐 기능을 중시하느냐의 물음, 그리고 사랑을 중시하느냐 투쟁을 중시하느냐의 물음과 직결된다.

– 김정환의 『인간화 교육 어떻게 할 것인가』 중에서

# 1. 보육의 개념

최근 출산율의 급격한 저하와 핵가족화의 급속한 진행, 부모의 자녀 양육의 어려움 호소 등은 아동복지 서비스와 관련된 수요를 극도로 증대시키고 있다. 보육의 활동 대상이 아동뿐 아니라 보호자와 지역사회로 확대되면서 지역사회 연계에 기초한 실천력 등 보육교사에 대한 요구도 증가하고 있다. 따라서 이러한 시대적 요구와 기대를 반영할 수 있는 보육교사의 질과 전문성은 더욱 강조되고 있는 입장이다.

보육의 개념은 시대와 상황에 따라 변화되었는데, 과거 '탁아'라는 용어에서 시작되어 현대의 '보육'이라는 사회적 개념으로 변화되어 왔다. 탁아란 어린이가 가정에서 정상적인 양육을 받기 어려운 경우에 하루 중의 일정한 시간 동안 아동의 요구를 충족시켜 주기 위해 타인에 의해 제공되는 돌봄을 의미한다. 따라서 아동을 탁아시설이라는 장소에 '맡긴다'는 의미가 강했기 때문에 '탁아(託兒)'로 사용되었다. 그러나 1991년 「영유아보육법」이 제정 · 공포되면서 그동안 보호 기능에 그쳤던 탁아의 개념이 보호와 교육 기능을 통합하게 되어 '보육'으로 명명하게 되었고, 그 이후 2004년에는 보육발전의 새로운 전기를 마련하기 위하여 1991년 제정되었던 「영유아보육법」을 전문 개정하였다.

- 1991년 제정된 「영유아보육법」의 보육 목적: '보호자가 근로 또는 질병 · 기타 사정으로 인하여 보호하기 어려운 영유아에 대한 심신의 보호와 건전한 교육을 통하여 건강한 사회성원으로 육성함과 아울러 보호자의 경제적 · 사회적 활동을 원활하게 하여 가정복지에 기여함'으로 정의함
- 2004년 개정된 「영유아보육법」의 보육 목적: '영유아의 심신의 보호와 건전한 교육을 통하여 건강한 사회 성원으로 육성함과 아울러 보호자의 경제적 · 사회적 활동을 원활하게 함으로써 가정복지 증진에 기여함'으로 정의함

이것은 단지 용어의 변경이 아니라 부모를 대신하여 영유아를 보호하고 양육하는 것은 물론 영유아의 전인적인 발달을 위해 교육의 기능도 함께 수행되어야 한다는 인식의 변화를 포함하고 있다(이현섭 외, 2006). 따라서 보육(educare)이란 부모의 사회계층과 취업 여부에 상관없이 모든 영유아에게 단순한 보호의 차원을 넘어 교육, 영양, 건강, 안전 등 풍부하고 보호적인 환경 속에서 발달을 지원해 주는 교육(education)과 보호(care)의 통합개념이라고 볼 수 있다. 이순형 외(2009)는 보육의 개념이 출생 초기에 해당되는 신생아기에는 필요한 영양과 식사를 제공하고, 목욕을 시키고, 쉽게 잠들 수 있게 하는 돌봄에 국한되지만 영아기에 들어서면서 주변 사람과의 상호작용과 환경을 탐색하려는 요구를 반영해야 한다고 하였다. 차츰 이러한 지적 요구에 부합되도록 지적 자극을 주고, 언어를 가르치며 자연을 탐색하도록 해야 하는데, 이러한 활동은 교육활동에 가깝다고 보았다. 따라서 보육이란 초기의 식사와 영양 제공, 목욕과 환경, 청소 등 위생적 돌봄에서 점차 사회적 자극을 주고받는 상호작용을 포함하는 언어, 인지, 수, 자연 등의 통합적 교육활동을 의미한다고 할 수 있다. 특히 백혜리(2009)는 보육교사직을 교육활동과 사회복지활동으로서의 보육서비스의 특성을 개념화하며 이 두 가지 영역의 전문성을 겸비하고 실천해야 한다고 강조하였다.

이상의 논의와 더불어 현행 우리나라 보육은 「영유아보육법」에서 영유아를 건강하고 안전하게 보호 · 양육하고, 영유아의 발달 특성에 맞는 교육을 제공하는 어린이집 및 가정양육 지원에 관한 사회복지서비스를 말한다.

## 2. 보육의 대상

우리나라에서 보육은 「영유아보육법」에 근거하여 영유아를 대상으로 하고 있다. 영유아란 6세 미만의 취학 전 아동으로 명명하고 있는데, 영유아에 대한 견해는 크게 유아기에 영유아기를 포괄적으로 포함하는 입장의 논의가 있다. 즉, 모리슨(Morrison, 1984)은 유아교육의 대상을 0세에서 8세로 정의하고 있는데, 이러한 입장에서는 초등교육 이전의 대상을 포괄적으로 유아기(幼兒期)라고 보는 견해이다. 그러나 보육의 대상을 좀 더 세분화하면 출생에서 3세 미만까지를 '영아기'로, 3세에서 5세까지를 '유아기'로 구분할 수 있다.

서구사회에서 영유아는 출생하고 난 후부터 그 개념적 의미를 부여하였지만 근래에는 출생 이전 시기에 대한 논의도 급증하고 있다. 유안진(1992)은 갓 태어난 영아에게 1세라는 나이를 부여함으로써 태아를 인격체로 보고 있다고 제시한 바 있다. 이러한 관점을 종합해 볼 때 영유아의 개념은 초등학교 이전보다 좀 더 거시적으로 0세(수태)에서부터 8세에 이르는 시기로 볼 수 있다.

그렇다면 영유아는 어떠한 존재인가? 영유아에 대한 과거 중세시대의 관점은 성인의 축소판으로서 덩치가 작고 미성숙한 존재로서 접근되었다. 그러나 17세기에 아동을 하나의 인격체로 보면서, 영유아에 대한 구체적이고 의미 있는 실체를 탐색하고자 하는 노력들이 이어졌다. 이를 통해 기존의 성인의 축소판으로서의 영유아관에 대한 비판이 일어나기 시작하였다.

코메니우스(Comenius, 1987)는 '인간을 인간답게 형성하기 위하여 하나님께서는 교육 이외에 다른 어떤 일에도 합당하지 않은 어린 시기를 허락하셨다'라는 입장을 통해 영유아의 특별한 단계적 특성에 의미를 부여하였다. 유아를 그 특유의 독특한 방식으로 이해해야 한다는 이러한 입장은 이후 발달과 학습에서의 영유아 시기에 대한 논의가 독자적 학문의 형식으로 발전되는 기반을 구축하였다.

전통사회에서는 영유아를 돌본다는 것은 씨족사회 전체의 과업이었다. 함께 돌보고, 타이르고, 훈계하며 키워 나갔다. 그러나 현대사회의 개인주의적 구조화는 육아와 보육의 문제를 개별 부모의 문제로 국한하면서 저출산과 육아 문제라는 사회적 과제를 낳게 되었다. 부모는 육아의 짐을 혼자 지고 가는 사회적 변화 속에 자녀 갖기를 두려워하고 힘겨워하고 있다.

이러한 사회적 문제를 해결하기 위해 보육은 이제 사회적 문제로 떠오르고 있고, 이에 대한 사회 공동의 협력과 구조가 필요한 시점이다. 부모, 지역사회, 국가가 영유아를 함께 돌보는 보육공동체의 성립이 요구되는 것이다.

## 3. 보육의 장소

보육은 어떠한 장소에서 이루어질 수 있는가? 영유아보육은 삶의 본질과 닿아 있다. 보육은 태내에서 학교에 이르기까지 영유아의 삶을 돌보는 과정이다. 보육이란 보살핌과 섬김의 의미를 내포하고 있으므로 영유아가 그 아름다운 본성을 살리고, 자연성을 펼쳐나가는 과정이어야 한다. 따라서 육아와 보살핌의 터전인 가정에서부터 시작해서 유아교육기관, 지역사회를 포괄하는 전반적인 삶의 영역이 보육의 장소가 될 수 있다. 따라서 보육의 장소는 형식적 보육의 구조나 틀의 범위를 넘어서서 통합적 특성으로 이해되어야 한다.

우리나라는 보육에서 어린이집의 역할이 중요한 위치를 차지하고 있다. 어린이집은 보호자의 위탁을 받아 영유아를 보육하는 기관으로, 현 보육의 사회적 실천을 위한 중요한 기관으로 발전되고 있다.

우리나라는 영유아보육 및 교육이 어린이집과 유치원으로 이원화되어 운영되고 있다. 유치원은 「유아교육법」에 근거하여 만 3세부터 초등학교 취학 전까지의 유아의 교육을 위해 설립·운영되는 학교를 지칭한다. 그리고 어린이집은 「영유아보육법」에 근거하여 보호자의 위탁을 받아 6세 미만의 취학전 영아와 유아를 모두 보육하는 기관이다. 이러한 어린이집과 유치원의 차이를 비교하면 표 1-1과 같다.

표 1-1 어린이집과 유치원의 비교

| | 어린이집 | 유치원 |
|---|---|---|
| 관련법규 | 영유아보육법 | 유아교육법 |
| 관할부처 | 보건복지부 | 교육부 |
| 대상 | 영유아<br>(6세 미만의 취학 전 아동) | 유아<br>(만 3세부터 초등학교 취학 전까지의 어린이) |
| 정의 | 1. "보육"은 영유아를 건강하고 안전하게 보호·양육하고 영유아의 발달 특성에 맞는 교육을 제공하는 어린이집 및 가정양육 지원에 관한 사회복지서비스를 말한다.<br>2. "어린이집"은 보호자의 위탁을 받아 영유아를 보육하는 기관을 말한다. | "유치원"은 유아의 교육을 위하여 이 법에 따라 설립·운영되는 학교를 말한다. |
| 유형 | 1. 국·공립 어린이집: 국가 또는 지방자치단체가 설치·운영하는 어린이집<br>2. 사회복지법인어린이집: 사회복지사업법에 의한 사회복지법인이 설치·운영하는 어린이집<br>3. 법인·단체등 어린이집: 각종 법인(사회복지법인을 제외한 비영리법인)이나 단체 등이 설치·운영하는 어린이집으로서 대통령령으로 정하는 어린이집<br>4. 직장어린이집: 사업주가 사업장의 근로자를 위하여 설치·운영하는 어린이집<br>5. 가정어린이집: 개인이 가정이나 그에 준하는 곳에 설치·운영하는 어린이집<br>6. 협동어린이집: 보호자 또는 보호자와 보육교직원이 조합을 결성하여 설치·운영하는 어린이집<br>7. 민간어린이집: 제1호부터 제6호까지의 규정에 해당하지 아니하는 어린이집 | 1. 국립유치원: 국가가 설립·경영하는 유치원<br>2. 공립유치원: 지방자치단체가 설립·경영하는 유치원<br>3. 사립유치원: 법인 또는 사인(私人)이 설립·경영하는 유치원 |

보육의 문제는 향후 미래사회가 가지는 특성상 사회 전반의 과제로 부각될 것이다. 과거 전통사회에서는 마을 공동체나 씨족사회가 함께 돌봄의 문제를 해결했던 것과는 달리, 현대와 미래사회는 개별화, 획일화되면서 육아의 문제가 개인이나 가정에 힘겨운 문제로 부상하기 때문에 이러한 보육의 문제는 가정, 유아교육기관, 지역사회가 함께 만들어 가는 형식이 되어야 할 것이다.

이상과 같이 보육은 가정, 유아교육기관, 지역사회를 아울러 실천되고 있다. 이러한 관점에서 볼 때 보육은 비형식적이고 형식적 접근을 모두 포함하여 통합적이고, 관계적 측면에서 논의될 필요가 있다.

현대사회는 보육의 책임이 전적으로 가정의 부모에게 기울기보다 사회라는 교육공동체의 협력과 유대관계 속에서 이루어져야 할 것이다. 그러므로 가정, 유아교육기관, 지역사회의 통합적 접근이 요구되는 시대적 특성을 반영하여, 통합적이고 거시적 관점에서 접근하는 보육정책과 실행이 이루어져야 할 것이다.

Chapter

# 2

# 보육의 역사

"보육의 사상과 역사를 찾아서"

가르치고 배우는 기술의 지배적인 원리인 질서는 자연 외에 어떤 것으로도 얻어져서는 안 된다. 이 원리가 확실하게 세워진다면, 가르침의 과정은 자연적인 것처럼 자연적으로 흘러가게 될 것이다. 키케로가 말한 것처럼 "자연의 안내자를 따른다면 우리는 결코 길을 잃지 않을 것이다"

– John Amos Comenius의 『Opera Didactica Omimia(The Great Didactic)』 중에서

# 1. 서양의 보육 사상

보육은 인간의 역사와 더불어 존재한다. 역사적으로 동서양의 출산과 육아는 보육에 대한 사상과 이론적 근거를 태동시키며 현 보육의 현상으로 이어지고 있다. 이러한 보육의 역사에 영향을 미친 사상가들을 살펴보면 다음과 같다.

## 1) 플라톤(Platon)과 아리스토텔레스(Aristoteles)

플라톤(Platon, B.C.428-348)은 고대 그리스의 소크라테스의 정신을 계승발전시킨 인물로서, '이데아'라는 개념으로 교육의 이상주의적 철학의 기초를 제공하였다. 그의 저서 『국가론』에서 인간은 감각이라는 캄캄한 동굴에 갇혀 있어서 진정한 진리의 세계(이데아)를 보지 못한다고 하였다. 이데아는 육안이 아니라 영혼의 눈으로 볼 수 있는 형상으로, 실현되어야 할 이상이자 사물의 전형(典型)이라고 볼 수 있다. 이러한 이데아에 대한 이상적 갈망은 이후 프뢰벨의 이상주의나 상징주의에 영향을 주었다. 플라톤은 음악, 문학, 게임과 스포츠 교육을 중시하였는데, 물질적 가치보다 정신적 가치를 중시하면서 '가치체계의 고정성'을 주장하였다. 플라톤은 이상국가 건설에 필요한 합리적 지식을 획득하기 위해서는 이성을 기를 수 있는 교육이 필요하다고 보았다. 그는 저서 『국가론』에서 동화, 동시, 음악 등이 유아에게 제시되어야 함을 주장하면서 부모가 영유아를 관찰하고 개성에 맞는 교육이 이루어져야 한다고 하였다. 더불어 여아교육의 중요성도 주장한 바 있다.

플라톤이 이데아의 세계를 감각의 세계를 넘어서 존재하는 독립적 세계로 주장한 반면에 아리스토텔레스(Aristoteles, B.C. 384-322)는 현실의 감각을 초월한 이데아의 개념에 대해 비판적이었다. 이데아의 세계가 따로 있는 것이 아니라 감각의 세계에서 우리가 보는 개개의 사물과 실재가 진정한 의미의 실체라고 보는 것이다.

따라서 이데아를 쫓아갈 것이 아니고, 본래 가진 능력을 감각적 실제에서 잘 계발해 나가는 과정을 중시하였고, 이는 이성을 잘 발휘하는 것에 달려 있다고 보았다. 아리스토텔레스는 놀이의 중요성을 강조하였으며, 특히 자연스러운 놀이를 할 수 있는 육아 환경이 제공되어야 한다고 주장하였다. 또한 신체적 단련도 중시하였는데, 이러한 놀이와 성장을 위한 놀이 환경을 강조하였다. 이처럼 플라톤과 아리스토텔레스는 진리와 교육에 대한 관점을 달리하면서 교육의 사상적 기초에 대한 논란의 뿌리를 제공하였고, 이는 추후 영유아교육의 이론적 발전에도 다양한 논의의 기초가 되면서 영향을 미치게 된다.

### 2) 루터(Martin Luther)

루터(Luther, 1483-1546)는 성 베드로 대성당을 건축하기 위해 면죄부를 판매하던 교황청에 대항하여 1517년 10월 31일에 「95개조 의견서」를 발표하면서 종교개혁의 촉발을 일으키게 된다. 일종의 항의문인 이것은 인간은 오직 믿음으로 구원받으며, 모든 사람은 신 앞에 평등함을 주장하였다. 루터의 종교개혁은 모든 사람은 평등하고, 교육받아야 함에 대한 견해를 내포하였고, 루터가 종교개혁 당시 시의회에 보낸 편지에는 교육에 대한 정부의 책임을 강조하고 있다. 이러한 측면에서 종교개혁은 근대 공교육 형성에 중요한 사상적 기초가 되었고, 16세기의 형식적 교육에 대한 직접적인 계기가 되었다.

루터는 개인과 사회의 선이 유지되기 위해서 공적으로 의무교육이 필요함을 주장하였고, 이러한 측면에서 학교교육의 확대와 여성교육을 제안하였다. 이러한 공교육에 대한 중요성을 제기하면서 다양한 교육의 확대가 본격적으로 논의되게 된 것이다. 이러한 철학적 배경은 아동교육에 대한 관심을 촉발시키는 계기가 되기도 하였다.

### 3) 코메니우스(John Amos Comenius)

체코슬로바키아의 교육사상가인 코메니우스(Comenius, 1592-1670)는 인간의 기본 본성에 대해 성선설을 믿으며, 교육은 인간 본성의 자연적 순서에 따라 진행되어야 한다는 신념을 주장하였다. 이러한 그의 관점은 『대교수학』에 잘 나타나 있으며, 『세계도회』라는 어린이를 위한 최초의 그림책을 저술하기도 하였다. 그의 교육철학은 유아교육의 가능성과 발달단계에 대한 시사를 주면서 자연주의 교육원리에 영향을 미치게 되었다.

코메니우스(1987)는 어머니의 배, 지구, 하늘나라를 인간 삶의 거주처로 보고, 인간의 목적은 하나님과 더불어 영원한 행복을 누리는 것이라고 보았다. 인간의 본성은 본래 선한 것에서 출발하였기에 지식, 덕성, 신앙을 길러주는 것이 교육이어야 하며, 이는 어린 유아기부터 이루어질 수 있다고 하였다. 이를 기초로 하여 코메니우스는 연령과 발달에 따라 어머니 무릎 학교, 모국어 학교, 라틴어 학교, 대학과 외국 여행의 4단계의 학교를 구분하여 제시하였다. 또한 자연의 질서가 모든 가르침의 지배적 원리이기 때문에 자연의 원리가 이루어지면 교수과정은 자연의 과정과 같이 쉽고, 자발적으로 진행되어 갈 것이라고 하였다. 이러한 교육에 대한 기본 이념을 바탕으로 실물을 통한 감각교육 및 시청각교육을 중시하였다. 코메니우스는 인간발달단계에 따른 교수방법과 교육제도를 주장하였는데, 특히 발달단계에 유아기 교육을 포함시킴으로써 유아교육의 기초를 세웠다고 평가받고 있다.

### 4) 로크(John Locke)

영국 경험철학의 창시자로 불리는 로크(Locke, 1632-1704)는 경험주의 교육사상가로서 자신의 경험철학에 근거하여 백지설을 주장하였다. 백지설은 인간은 백지 상태로 출생하여 후천적 경험에 의해 모든 관념이 획득된다고 보는 인간관이다.

이러한 측면에서 인간발달과 변화는 후천적 경험에 입각한 교육으로 이루어진다. 이처럼 후천적 교육이 강조되면서 학습환경의 중요성이 부각되고, 교육의 기반으로 경험을 중시하는 사상적 기초가 되었다.

그의 교육사상은 인간의 정신 능력을 경험에 의해 계발할 수 있다고 보기 때문에 교육의 필요성과 교육방법론에 획기적인 영향을 주게 된다. 이는 추후 행동주의의 사상적 근거가 되기도 하며, 경험에 대한 지나친 강조는 인간발달에 대한 후천적 영향력을 강조하기에 이른다. 이러한 백지설은 인간을 수동적 존재로 파악하고, 구조적 경험을 강조한다는 면에서 논란을 야기하기도 한다.

### 5) 루소(Jean Jacques Rousseau)

루소(Rousseau, 1712-1778)는 자연주의 교육사상의 대표적 사상가로 그의 저서 『에밀』을 통해 자연인으로서의 아이와 자연주의 교육의 모형을 제시하였다. 에밀에 드러나는 인간관은 선하게 성장하려는 선천적 경향성을 가진 존재로서 인위적인 교육을 배척한다. 중세시대를 이어온 '성인의 축소판'으로서의 아동관을 거부하고, 아동기를 독립적 발달단계로 인정하면서 영유아 발달에 대한 논의를 일으켰다. 『에밀』에서는 교육단계를 동물적 인간(유아기), 야만인(아동기), 로빈슨크루소적 인간(소년기), 사고하는 인간(청년기), 사회인(성인기)의 5단계로 구분하여 발달적 견해를 설명하고, 교육적 접근을 시도하고 있다.

이러한 자연주의적 가치관은 인간발달의 자연적 시간표를 중시하고, 유아기 발달에 적합한 자연적 성장과 변화를 강조하고 있다. 이는 자연적 시간표에 근거한 놀이와 삶을 영유아교육의 중요한 가치로 여기는 접근이라고 볼 수 있다.

### 6) 페스탈로치(John Heinrich Pestalozzi)

스위스의 교육자로서 루소의 영향을 받아 아동의 본성에 따라 양육해야 한다는 교육방법을 실천하고자 했던 페스탈로치(Pestalozzi, 1746-1827)는 '고아의 아버지' 이자 '근대교육의 아버지'로 평가받고 있다. 교육사상가로서 자연주의적 전통에 근거하여 사랑을 실제로 실천하고자 했던 페스탈로치는 실천하는 교육자로서 존경을 받은 인물이다. 그의 교육사상의 기초는 3H라고 불리는 삼육론이다. 정신(Head), 심정(Heart), 기술(Hand)로 상징되는 능력을 고루 계발하고, 조화롭게 작용하는 교육이 필요하다는 것이다. 이들의 조화로운 발달을 교육의 기본원리로 정하여, 자연의 법칙에 따라 아이가 스스로 적합한 내용을 자발적으로 익히도록 해야 함을 주장하였다. 그의 교육방법은 자연의 원리에 따라야 한다는 '합자연 교육론'에 근거하였고, 직관을 중시하여 이에 근거한 교육적 접근을 시도하였다.

페스탈로치는 빈민교육, 고아교육, 노작교육, 가정교육을 중시하면서 가정과 부모의 중요성을 제시하기도 하였다. 그의 실천적 사상은 이후 유아교육의 사상과 프로그램에 커다란 영향을 미치게 되었다.

### 7) 프뢰벨(Friedrich Fröbel)

1837년 세계 최초의 유치원 창시자인 프뢰벨(Fröbel, 1782-1852)은 정통 성직자 가정에서 다섯째 아이로 태어났지만, 출생 9개월 만에 어머니를 여의고, 사색적 성격을 띠면서 성장하였다.

그는 페스탈로치의 노선을 따르는 프랑크푸르트의 한 학교에서 교사 경험을 하게 되면서 교육에 대한 자신의 믿음을 일깨워 나갔다. 프뢰벨은 괴팅겐대학교에서 천문학과 물리학을 공부하였고, 그로 인해 베를린대학의 광물학 조교로 일하기도 하였다. 그 후 1816년 튀링겐의 그리스하임이라는 마을에서 둘째 형의 아이들까지 모두 다섯의 학생으로 '일반 독일 교육연구소(Universal German Educational Institution)'라는 학교를 설립했다. 1년 후 학교는 '카일하우(Keilhau)' 학원으로 발전하였다. 다섯 명에서 시작하던 것이 56명으로 확대되었고, 지속적으로 연구와 논문을 발표하였다. 그러나 1828년 카일하우학교는 '선동의 근원지'라는 혐의로 프뢰벨의 직접적 감독권을 박탈당하였다. 1837년에는 블랑켄부르크에서 '아동의 양육활동 강습소(Child Nurture and Activity Institute)'를 시작하여 '작은 아이들의 학교(School for Little Children)'라는 유아학교를 세웠고, 후에 '유치원(Kindergarten)'이라는 정식 이름으로 개칭하였다. 그러나 1851년 프뢰벨은 프로이센 정부로부터 위험인물로 혐의를 받아 유치원 교육을 금지당하였다. 학자와 전문가들 사이에서 다양한 구명운동을 일으키기도 했고, 세계적 지원을 받기에 이르렀지만 1952년 프뢰벨이 세상을 떠난 이후 1960년까지 이는 철회되지 않았다. 그러나 마렌홀츠 뷜로브 남작부인은 프뢰벨이 튀링겐의 마리엔탈에 설립한 유치원에 감동을 받아 영국과 전 유럽에 유치원을 세우게 되었다.

프뢰벨의 교육원리는 이상주의와 상징주의를 기초로 한다. 특히 플라톤의 『국가론(Republic)』에서 유아기에 동화, 극화할 수 있는 동시, 음악 등이 제공되어야 한다는 것과 코메니우스, 루소, 페스탈로치의 사상 등에 영향을 받아 유아교육 사상을 전개하였다.

유아교육에 있어서 그의 기본 철학과 교육개념은 『인간교육(The Education of Man, 1826)』을 통해 나타나는데, 이는 그가 카일하우에서 가졌던 경험과 교육원리를 종합한 것이다. 프뢰벨의 기본 교육개념은 '통합의 개념'이라고 볼 수 있다. 즉, 신, 인간, 자연의 불가분의 관계에 기초하여 만물에는 하나의 영원한 법칙이 작용하며 지배한다는 것이다. 그 작용에는 반드시 통일자가 존재할 수밖에 없으며, 통일은 곧 만물의 근원인 신이라고 보는 것이다. 따라서 모든 것은 신에게서 왔기 때문에 만물의 본질은 자신 내부의 신성을 외부에 표현하는 것이라고 본다.

따라서 세상의 만물은 신의 조화이며, 교육의 궁극적 목적은 이러한 신, 인간,

자연의 통합을 이해하는 것이라고 보는 '통합의 개념'을 제시하게 되었다. 여기서 교육의 원리로 통일의 원리, 발달의 원리, 자기 활동의 원리, 행동의 원리(노작의 원리), 사회화의 원리를 제시하였다. 프뢰벨에 의해 이루어진 교육과정에는 유아의 본성과 세계관에 기초한 '통합'의 개념이 잘 나타나 있다. 종합하면 세상 모든 만물은 신의 조화이므로 교육의 궁극적 목적은 신, 인간과 자연의 통합을 이해하는 것이라고 보았다.

이러한 개념을 실천으로 나타낸 그의 유치원 교육과정의 기본요소는 은물, 작업, 게임과 노래, 자연학과 언어, 수 교육이었다. 은물은 보고, 만지고, 느끼며 노는 동안 수개념을 형성하도록 돕는 상징적 학습 교구이다. 은물은 부분이 모여 전체적 통합을 경험하고, 자연스럽게 완전한 형태로 나아가도록 고안되었다. 즉, 창조적 자기 활동 과정을 중시하는 교육방법으로, 내면적 힘을 기르게 하는 신성 개발을 목적으로 만들어졌다.

### 8) 오베르랑(Jean Frederic Oberlin)

오베르랑(Oberlin, 1740-1826)은 프랑스 동부의 한 마을에서 출생하여 신학을 공부했고, 1758년 스트라스부르(Strasbourg) 대학을 졸업했다. 이후 1767년 프랑스 동부 보주(Bosges)의 작은 마을 발더바흐(Ban-de-Roche)의 목사로 부임하면서 다양한 활동을 하게 되었다. 그는 프랑스 보주 지역의 가난한 교구민들의 생활수준을 풍요롭게 만들기 위해 농업협동조합을 설립하였고, 영적이고 물질적인 모든 면의 부흥과 개혁을 시도하였다. 특히 마을에 학교를 설립하여 부모들이 일하는 동안 어린아이들을 돌보고 가르치는 일을 시작했다. 마을마다 학교를 세웠고, 초등학교, 중간학교, 성인학교라는 7세부터 16세까지의 일관적인 단선형 학교 제도를 정비하였다. 이와 더불어 마을 문화를 변화시키려고 노력하였다.

오베르랑은 1770년에 '편물학교'를 설립하였다. 이 학교는 3세 이상의 취학 전 유아와 수업시간 이외의 아동들을 대상으로 한 학교였으며, 부모가 일터에 나가 있는 동안에 유아들을 보호하는 탁아기관의 형태로 운영되었다. 편물학교는 1840년에 설립된 프뢰벨의 유치원보다 70년이나 앞선 시설로, 프랑스뿐만 아니라 유럽 대륙에서는 최초의 유치원이라고 평가받고 있다. 이 학교에서는 신앙, 학습, 놀이를 유아기부터 지원함으로써 유아기의 발달과 성장을 지원하였다.

편물학교는 보호의 기능이 기초가 되었지만, 소극적인 보호를 넘어 적극적 유아교육의 실천을 포함하였다. 교육내용은 프랑스어 학습, 찬송 및 성경 학습, 관찰이나 그림, 지리 등을 포함하였고, 놀이나 바느질, 뜨개질, 동화 등 활동 위주의 실천적 접근도 이루어졌다.

### 9) 오웬(Robert Owen)

1771년 영국 웨일스의 한마을에서 태어난 로버트 오웬(Owen, 1771-1858)은 가난한 집안 환경으로 유년기부터 고된 노동 생활을 하였다. 이 시기 영국 사회는 산업혁명의 영향으로 시민과 아동이 무거운 노동 생활을 하고 있었다. 지방에서 학교에 다니다가 10세 때 직조공장에 들어갔는데, 여기서 오웬은 독서의 기회를 가지며 공부를 할 수 있게 되었다. 이후 19세가 되었을 무렵 맨체스터의 대규모 면직공장의 지배인이 되면서 인정을 받게 되었다. 또한 1800년에는 뉴라나크로 진출해 대공장의 경영을 맡게 되는데, 여기서 그의 교육관을 실천하였다.

영국의 교육 개혁 운동가인 오웬은 영국에서 뉴라나크(New Lanark) 방직공장을 경영하면서 공상적 사회주의에 기반을 둔 자신의 교육관을 실천하였다. 당시 6~7세 정도부터 아동에게 노동을 부가하던 것을 10세 이상으로 제한하였고, 10세 미만인 아동들은 부속학교에 입학해 교육을 받을 수 있도록 배려하였다. 고된 고용살이를 경험했던 그는『신사회관』이라는 책을 출판하였고, 1816년에 방직공장 내에 최초의 유아학교(infant school)인 '성격형성학원'을 창설하였다.

성격형성학원은 인간의 본성을 해치지 않고 합리적 성격으로 형성되도록 하는 사회 환경의 역할을 강조하여 세워졌다. 그는 방직공장 생산공동체의 인간 형성의 책임을 개인에게 맡기지 않고, 함께 하고자 했던 개혁자이자 실천가였다.

### 10) 듀이(John Dewey)

미국 버몬트주에서 태어난 듀이(Dewey, 1859-1952)는 버몬트 대학을 졸업하고, 고등학교에서 교사 경험을 한 후 존슨홉킨스대학교에서 철학을 공부하였다. 이때 듀이는 미시간대학교 초빙교수였던 조지 실베스터 모리스의 신헤겔주의에 영향을 받았다. 1884년 듀이는 존스홉킨스대학교에서 철학박사 학위를 받은 뒤 잠시 미네소타대학교에서 철학 교수를 지낸 기간을 제외하고는 10년 동안 미시간대학교에 재직했다. 듀이는 이곳에서 전통적 방식을 답습하는 학교교육의 문제에 관심을 갖게 되었고, 이러한 문제를 교육철학적 접근으로 해결하고자 하였다.

1894년 미시간을 떠나 시카고대학교의 철학 교수 및 철학 · 심리학 · 교육학과 과장이 되었다. 이때부터 다윈의 진화론적 생물학과 심리학에 영향을 받아 헤겔의 이상주의적 입장을 버리고, 실용주의에 기초하여 '관념은 환경 속에서 부딪치는 문제를 해결하는 도구이다'라고 보는 도구주의 인식론을 받아들였다. 이러한 영향으로 일상 경험 속에서 만나는 자연을 궁극적 실재로 보고, 인간의 의미와 목표를 자연의 산물로서 찾아가게 된다고 보았다. 듀이는『학교와 사회(The School and Society, 1899)』와『아동과 교육과정(The Child and the Curriculum, 1902)』과 같은 다양한 저서를 통해 프뢰벨의 상징주의를 비판하고, 실용주의에 기초한 경험주의를 제시하였다. 듀이는 이러한 경험주의를 로크의 경험주의와 다름을 강조하면서 인간과 환경의 사회적 상호작용을 중시하였다.

그는 교육의 원리로 경험의 원리를 제시하였는데, 이는 '상호작용의 원리'와 '계속성의 원리'로 설명된다. 이러한 입장에서 듀이의 교육철학은 '교육은 생활이며, 계속적인 경험의 재구성'임을 강조한 진보주의적 사상을 기반으로 하고 있다. 듀이의 진보주의는 전인적 성장을 교육의 궁극적 목적으로 하면서 상호작용, 변화, 계속성을 중요시하고 있다. 교육은 생활, 성장, 끊임없는 경험의 재구성 및 사회화 과정이라는 입장을 가지고, 흥미, 활동, 상호작용을 교육과정의 중요 요소로 삼게 되었다. 이러한 경험중심, 학생중심의 교육은 진보주의(progressivism) 교육이라는 새로운 교육이론을 체계화시키고 부상시켰다.

그는 이러한 교육이론과 실천방식을 '시카고 실험학교'를 통해 시험하면서 다각적인 관심을 불러일으켰다. 듀이는 1904년 시카고대학을 나와 컬럼비아대학교에서 철학 교수와 명예교수로 재직하면서 강의와 학문적 시도를 하게 되었고, 이는 미국 전역에서 관심을 받았다. 1925년 발간된 『경험과 자연(Experience and Nature)』은 듀이의 대표적 철학과 교육의 관점을 제시하고 있다. 듀이는 1952년 생을 마감하기까지 92세에 달하는 생을 통해 미국뿐 아니라 세계 각지의 교육, 정치, 심리 등 다각적 방면에 영향을 주었다.

## 2. 우리나라의 보육 사상

우리나라 보육은 해방 이후 외국의 영유아 보육사상 및 프로그램을 비판 없이 받아들였고, 그에 따라 우리나라 전통사회가 가지고 있던 영유아 보육관이나 전통사상의 교육적 가치와 의미에 관한 탐색이 부족하였다. 아동관 및 교육사상은 시대를 지배했던 종교와 철학에 영향을 받아서 각 나라만의 독특한 교육사상을 형성하게 된다. 우리나라 전통사회의 가치관과 교육방식에 영향을 준 대표적인 종교와 학문은 불교, 유교, 도교이다. 이 장에서는 불교와 유교 그리고 도교를 중심으로 전통사회의 영유아 보육과 교육사상에 대해 알아보고, 근대사회 아동 운동의 선구자인 소파 방정환 선생의 교육사상과 우리나라 보육의 역사에서 중요한 발화점의 역할을 한 기독교 사상에 근거한 보육 사상에 대해서도 살펴보고자 한다.

## 1) 동양사상과 보육

우리나라 전통사회의 보육은 동양사상의 기반 하에 이루어졌다. 따라서 유교, 도교, 불교와 같은 사상에 근거하여 육아에 대한 가치관과 인간관을 가지고 있었다.

공자, 맹자, 순자로 이어지면서 체계화된 유교는 효(孝)사상에 근거하여 가족의 행동 규범을 근본으로 하였다. 공자의 이론은 천(天)에 대한 신명과 존경심에 근원을 두고 있다. 이는 예(禮) 관념으로 시작되어 인(仁)과 의(義)의 관념 등으로 이어지는데, 이를 통한 교육방법은 친절과 공평이다. 획일적 교육보다는 개별적 지도에 힘쓰고, 학생의 자발적 노력을 중시하였고, 사제 간의 관계를 부자간의 관계와 같은 애정으로 맺도록 하였다.

도교는 자연의 순리를 강조하며 교육과 육아의 원리를 제시하였다. 노자는 『도덕경』에서 도(道)는 우주의 본체로서 천지의 앞서 독립하는 실존이며, 만물의 근본이라 하였다. 도(道)의 수양은 본체와 합일하여 무위무아(無爲無我)의 경지에 이르는 것이다. 즉, 인간 그대로 대자연에 합일하는 것이다. 장자는 수양의 목표가 무위자연에 일임하여 절대 무차별의 경지에 이르는 것이라고 보았다. 인공(人工)의 목적은 자연을 개조하는 데 있으나 인위적인 것을 더하는 순간에 자연으로부터 오는 행복은 끊어진다고 보았다. 오리의 다리가 짧다고 늘이지 말아야 하고, 학의 다리가 길다고 자르지 말아야 한다는 말과 같이 아이의 본성과 특성이 있으니 그 '도'에 따라 가르쳐야 한다(안경식, 2005)는 것이다.

불교는 우리나라 전통사회의 특성상 교육의 여러 가지 실제에 영향을 미쳤다고 볼 수 있다. 불교는 역사적 관점에서 보면 초기불교, 소승불교, 대승불교로 분류하고, 사상적 관점에서 보면 원시불교, 아비달마불교, 유식사상, 중관사상, 여래장사상 등으로 분류될 수 있다. 한국불교는 여래장사상적 생명윤리에 근거한 대승불교가 사상적으로 크게 주류를 이루었지만 아비달마적 불교사상도 보급되었으므로 이 두 사상이 혼재하고 있었다고 볼 수 있다.

아비달마적 불교사상에서 보면 아비달마의 실천은 번뇌가 업을 일으켜 유정을 여러 세계에 태어나게 한다고 보기 때문에 우리의 마음을 수련하는 데 귀착한다. 윤리생활, 정신집중을 닦아서 결국 지혜에 도달한다는 것을 중시하고 있다. 여래장사상은 우리가 모두 본래 부처라는 관계성에 기초하여 모든 인간은 모두 여래와 같은 지혜와 덕을 갖추었다는 생명관을 가지고 있다. 이에 근거한 불교 교육관은 영유아의 생명에 근거한 성선설의 입장에서 교육해야 한다는 기본 입장(박선영, 1981)을 견지하고 있다.

유교, 도교, 불교에 근거한 세계관과 아동관은 생명사상에 근거하여 영유아의 생명성을 중시하였고, 전통사회의 놀이와 돌봄의 양상으로 보육이 이루어지는 사상적 근거가 되었다. 태교, 출생에서 영유아의 성장에 이르기까지 가족과 마을공동체가 돌봄을 함께 하는 문화가 형성되기도 하였다(유안진, 1992).

우리나라의 보육은 역사적 흔적을 통해 변천을 확인할 수 있다. 고려 시대 성종 13년에 고아를 10세까지 관에서 수용해서 양육하다가 10세가 지나면 본인의 희망에 따라 거주토록 하였고, 충목왕 3년에는 해아도감을 설치하여 유아들을 보호하기도 하였다. 특히 조선 시대 정조(1783년)는 부모가 부양책임을 지지 못하는 경우 국가가 부양책임을 갖는다는 자휼전칙(字恤典則) 중 '유기 및 부랑걸식 아동 보호법령'을 제정되기도 하였다. 자휼전칙은 버려진 아이나 걸식 아이가 굶어 죽지 않도록 구제하는 시행방법을 규정한 것이었다. 이러한 것은 추후 사회 구제 목적으로 이루어진 보육의 기초이기도 하다.

### 2) 소파 방정환과 보육

방정환(1899~1931)은 1899년 서울에서 당시 어물전과 미곡상을 경영하던 집의 장남으로 태어났다. 방정환은 유아시기에는 한문에 조예가 깊었던 할아버지의 지도로 집에서 한문을 익혔으나, 7세가 되던 해에 삼촌이 다니던 보성소학교에 따라갔다가 신식학교인 보성소학교에 입학하였다. 서당교육이 선호되던 시기에 보성소학교에 입학할 수 있었던 것은 그의 집안이 개방적인 상인 집안이었기 때문이다. 방정환은 미동보통학교를 거쳐 상업 공부를 하기를 원했던 부친의 뜻에 따라 선린상고에 입학하였으나 적성에 맞지 않아 학교를 중퇴하기도 하였다. 이후 방정환은 아동문학가, 아동운동가, 아동교육가 등으로 불리며 다양한 활동을 전개하였고, 우리나라 아동운동의 선구자로서 인식되고 있다.

1920년에 『신여성』지의 창간 동인이 되었고, 1922년에는 『사랑의 선물』이라는 동화집을 출간하였다. 1923년에는 '색동회' 창립을 위한 모임을 주도하였고, 이를 토대로 소년 운동의 지도적인 잡지라고 할 수 있는 『어린이』를 창간하였다. 창간 이후 『어린이』는 독자가 급증하여 1925년 신년호의 경우 발간 7일 만에 매진되어 3판까지 발행할 정도였다. 방정환은 1920년 「어린이 노래」를 번역하여 소개하면서 어린이라는 용어를 처음으로 사용하였다. 방정환은 '어린이'라는 용어를 '늙은이', '젊은이'라는 용어와 대등한 의미로 사용하기 위해 만들었다고 하였다. 이는 어린이를 비하하거나 낮추어 지칭하는 것이 아니라 존중하여 부르자는 의미이다.

소파의 아동관은 천사주의(天使主義) 아동관이라고 하는데, 이는 어린이는 선하며 천사와 같다는 관점에서 아동의 인권회복과 인권향상에 기여하였다. 어린이날 제정은 '천도교 소년회'가 1922년 5월 1일을 최초의 어린이날로 선포함으로 인해 비롯되었다. 이는 방정환, 김기전, 구중회, 차상찬, 박달성 등 5인 주축이 되어 기념행사를 대대적으로 전개하였다.

소파의 교육내용은 예술교육, 애국교육, 도덕교육으로 구성되어 있다. 이러한 교육내용을 자발성과 흥미를 통한 교육방법, 견학을 통한 교육방법, 놀이를 통한 교육방법, 칭찬과 대화를 통한 교육방법, 발달수준에 알맞은 교육방법, 예술적 표현을 통한 교육방법으로 어린이에게 실천할 것을 중요하게 생각하였다(조채영, 1997).

### 3) 기독교 사상과 보육

우리나라 보육의 역사를 살펴볼 때 기독교 사상에 기초한 역사적 활동은 보육에 있어 중요한 발화점의 역할을 해 왔다. 우리나라 보육사업의 시작은 1921년에 설립된 태화기독교사회관의 탁아프로그램 개설이다. 태화기독교사회관은 선교사 마의수(Mamie D. Myers) 여사가 설립한 태화여자관으로 시작하여 복음 전도, 여성 교육, 사회사업이라는 이념을 실천해 왔다. 특히 섬김과 나눔의 정신으로 사회적, 경제적으로 소외된 이웃의 삶의 질을 개선함으로써 하나님의 평화가 실현되는 인류사회구현에 헌신하고자 하는 목적을 이루고자 하였다(이덕주, 1994). 태화기독교사회복지관은 사회가 요구하는 사업과 사회개량에 필요하다고 생각되는 보육사업을 통해 기독교와 사회를 연결하였다. 즉, 우리 민족이 처한 시대적 상황에서 사회 요구와 연결하여 기독교적 사상에 근거한 보육을 실현하였다. 비록 빈민구제를 위한 사업의 성격이 강하였으나 보육의 발전에 있어서 기독교 사상의 영향력은 이론적으로나 실천적으로 컸음을 나타내고 있다.

이처럼 우리나라 유치원의 발생과 탁아소 등은 외국선교사와 교회교육과 연계하여 실천 및 확산되었다. 기독교 사상에 근거한 탁아프로그램은 보육의 실천적 과정에 있어 서양의 유아교육 사상과 연결하여 우리나라 보육의 실천적 배경이 되었다고 볼 수 있다.

# 3. 우리나라 보육의 역사

## 1) 법 제정 이전 시기

우리나라의 보육은 시대적, 사회적 변화와 맞물려 다양한 변화의 길을 걸어왔는데, 시작은 1961년 이전의 법 제정 이전 시기부터 살펴볼 수 있다. 초기 보육은 구제 목적으로 접근되었고, 1921년 태화기독교사회관에서 빈민 아동을 위한 탁아프로그램 개설을 시작으로 인식하고 있다. 즉, 보육사업의 시작은 빈민 아동을 위한 탁아 사업으로 시작하게 되었고, 이후 해방과 6 · 25 전쟁을 겪으면서 사회적 필요에 근거하여 고아나 난민을 위한 구호적 성격으로 이어졌다.

보육에 관련된 기관의 명칭은 법 규정의 변화와 시대적 특성의 변천에 따라 다양하게 명명되어 왔다. 특히 법 제정 이전 시기인 1961년 이전까지는 일본의 영향으로 후생시설 또는 탁아소라는 명칭을 사용하였다. 이소희(1999)의 명칭 변천의 정리에서 이 시기의 명칭에 대한 소개를 살펴보면 표 2-1과 같다.

표 2-1 법 제정 이전 시기의 어린이집의 명칭

| 명칭 | 법적인 명시적 기능/<br>설치 목적 | 근거 |
|---|---|---|
| 후생시설(탁아소) | 직장을 가진 부모의 자녀를 일시 또는<br>일정 기간 중 위탁 보호하는 시설 | 1952년 후생시설 요강 |

## 2) 「아동복리법」·「아동복지법」·「유아교육진흥법」 시기

1961년에 제정된 「아동복리법」은 우리나라에서 보육의 문제가 복지적 측면에서 본격적으로 시작된 근거라고 볼 수 있다. 이 법안은 어린이집의 설치기준, 직원 배치기준, 보육시간, 보육내용을 법적으로 규정하면서 보육사업의 근거를 마련하였다. 이 시기는 전쟁 이후의 고아와 기아 발생과 더불어 경제발전이라는 국가적 과제로 당면한 탁아 공급 부족을 해결하고자 1968년 '미인가 탁아시설 임시조치 요령'이 공포되기도 하였다. 이를 근거로 무허가 시설이 한시적으로 운영되었고, 이는 어린이집이 급격히 늘어나는 결과를 야기하였다. 그러나 시설의 질 문제가 대두되면서 1977년 「사회복지사업법 시행규칙」 제2항의 개정에 근거하여 '미인가 임시조치 요령'이 폐지되었다. 1978년 보건사회부는 보육비를 받아 보육에서 교육의 기능을 강화하는 '탁아시설 운영 개선 방안'을 발표하여 탁아시설의 활성화를 꾀하고자 하였다.

1980년 제5공화국이 들어서면서 정부의 주요 개혁시책 중의 하나로 유아교육 사업이 채택되었고, 1981년 4월 31일에 「아동복리법」이 「아동복지법」으로 전문 개정되었다. 보육사업에 교육적 기능에 관한 관심이 증가하면서 결국 1982년 「유아교육진흥 5개년 계획」을 세웠고, 다양한 부처에서 관장하던 어린이집, 새마을협동유아원, 농번기탁아소, 유아원 등을 통합하여 '새마을 유아원'으로 명칭을 변경하였다.

그러나 '새마을 유아원'은 여러 가지 면에서 실행의 한계에 직면하게 된다. 특히 담당 부처가 내무부, 노동부, 교육부, 보건복지부로 다양화되어 있어서 운영 특성의 모호함으로 인한 관리 소홀 및 혼란이 발생하였다. 결국, 보건복지부는 1989년 「아동복지법 시행령」을 개정하여 탁아사업 시행 근거를 마련하였고, 1990년 1월 15일에는 「탁아시설의 설치 · 운영규정」을 제정하였다.

이러한 과정에서 보육을 담당하는 기관의 명칭 정리(이소희, 1999)를 살펴보면 다음과 같다.

표 2-2 법 제정 이후 1961년~1982년 시기의 보육기관 명칭

| 명칭 | 법적인 명시적 기능/ 설치 목적 | 근거 |
|---|---|---|
| 탁아시설 | • 보호자가 근로 또는 질병 등으로 인하여 양육하여야 할 아동을 보호할 능력이 없을 경우에 보호자의 위탁을 받아 그 아동을 입소시켜 보호함을 목적으로 하는 시설 | • 1961년 12월 아동복리법 |
| 농번기탁아소 | • 아동복리법(1961)의 적용 가능<br>• 유아교육진흥법 적용 가능 | • 1966년 이후 농업진흥청 관장 |
| 탁아시설 (어린이집) | • 경제 개발에 의한 고용증대로 인해 근로자의 증가에 따라 보호에 결함이 있는 아동을 보호하기 위함 | • 1968년 3월 미인가 탁아시설 임시조치요령 |
| 탁아시설 | • 취원 대상 아동을 일반 가정 아동에 개방함으로써 요보호 아동 위주의 보호 기능에서 탈피 | • 1978년 4월, 보건사회부 탁아시설 운영개선 방안 |
| 새마을협동 유아원 | • 법적 근거 없음 | • 1981년 이후 내무부 관장 |
| 탁아시설 | • 보호자가 근로 또는 질병, 기타 사정으로 인하여 아동을 보육하기 어려운 경우에 보호자의 위탁을 받아 보육하는 것을 목적으로 하는 시설 | • 1981년 아동복리법이 아동복지법으로 개정<br>• 1982년 2월 아동복지법 시행령 개정, '탁아시설' 규정 폐지 |
| 새마을 유아원 | • 유아를 보육하거나 영유아를 함께 보육하는 기관 | • 1982년 12월 유아교육진흥법 제2조 2항 |
| 시범 탁아소 | • 사업주는 근로여성의 계속 취업을 지원하기 위하여 수요, 탁아 등 육아에 필요한 시설을 제공하여야 함. 제1항의 육아시설의 기준과 운영에 관하여 필요한 사항은 노동부장관이 정한다. 국가와 지방자치단체는 근로여성을 위한 교육, 육아, 주택 등 공공복지시설을 설치할 수 있음 | • 1987년 4월 남녀고용평등법 제12~13조 동법 시행규칙 3~8조 |
| 탁아시설 | • 보호자가 근로 또는 질병 기타 사정으로 인하여 아동을 보육하기 어려운 경우에 보호자의 위탁을 받아 아동을 보육하는 것을 목적으로 하는 시설(단, 남녀고용평등법 제12조, 제13조의 규정에 의한 육아시설은 제외) | • 1989년 9월 아동복지법 시행령 개정, 1990년 1월 동법 시행규칙 개정 |

### 3) 「영유아보육법」 시기

탁아사업의 실행력은 적극적 성향을 지니지 못한다는 한계로 인하여 급격하게 변하는 가족체계의 요구에 부응하지 못했다. 이에 따라 사회적 요구나 학계 논의에 근거하여 새로운 보육에 대한 해답을 요구하기에 이르렀고, 1991년 「영유아보육법」이 1월 14일에 제정 · 공포되었다. 이러한 보육사업에 대한 독립 법안의 마련은 보건복지부로 관할 부처를 통일하여 설치 및 운영을 체계적으로 지원하는 근거가 되었다. 「영유아보육법」 이후 어린이집은 양적 성장을 거듭하여 급속도로 확대되었다. 「영유아보육법」은 수차례의 개정을 거쳐 현재 보건복지부의 관할로 영유아의 심신을 보호하고 건전하게 교육하여 건강한 사회구성원으로 육성함과 아울러, 보호자의 경제적 · 사회적 활동이 원활하게 이루어지도록 함으로써 영유아 및 가정의 복지 증진에 이바지함을 목적으로 하고 있다.

「영유아보육법」이 제정된 이후 보육을 담당하는 시설의 명칭은 '보육시설'로 통일되어 사용되어 왔다. 그러나 이러한 시설의 명칭은 최근 「영유아보육법」 개정[2011.6.7]에 근거하여 보육시설은 '어린이집'으로, 시설장은 '원장'으로, 종사자는 '보육교직원'으로 변경되었다. 이에 대한 명칭을 구체적으로 살펴보면 **표 2-3**과 같다.

**표 2-3** 「영유아보육법」 명칭

| 명칭 | 정의 내용 |
|---|---|
| 영유아 | • 6세 미만의 취학 전 아동 |
| 보육 | • 영유아를 건강하고 안전하게 보호 · 양육하고 영유아의 발달 특성에 맞는 교육을 제공하는 어린이집 및 가정양육 지원에 관한 사회복지서비스 |
| 어린이집 | • 보호자의 위탁을 받아 영유아를 보육하는 기관 |
| 보호자 | • 친권자 · 후견인, 그 밖의 자로서 영유아를 사실상 보호하고 있는 자 |
| 보육교직원 | • 어린이집 영유아의 보육, 건강관리 및 보호자와의 상담, 그 밖에 어린이집의 관리 · 운영 등의 업무를 담당하는 자로서 어린이집의 원장 및 보육교사와 그 밖의 직원 |

Chapter

# 3

# 보육의 유형 및 설립

## "어린이집 유형 및 설립 알아가기"

1. 보육을 담당하는 기관 유형
2. 어린이집의 설립

사랑의 기술을 배우기 위해서는 모든 상황에서 객관성이 유지되어야 하고, 객관성을 잃고 있는 상황에 민감해야 한다. ……사랑은 활동이다. 사랑하고 있다면, 사랑받는 이에 대해 끊임없이 적극적으로 관심을 가져야 한다.

– Erich Fromm의 『The Art of Loving』 중에서

# 1. 보육을 담당하는 기관 유형

보육을 담당하는 어린이집의 유형은 분류 기준에 따라 다양하게 구분될 수 있는데, 「영유아보육법」 제2장 제10조에 의하면 어린이집 유형은 국공립어린이집, 사회복지법인어린이집, 법인·단체 등 어린이집, 직장어린이집, 가정어린이집, 협동어린이집, 민간어린이집으로 구분하고 있다. 본 장에서는 어린이집의 유형을 설립 및 운영주체, 보육대상, 보육시간에 따라 분류하여 살펴보고자 한다.

## 1) 설립 및 운영주체에 따른 유형

어린이집은 보호자의 위탁을 받아 영유아를 보육하는 기관을 의미한다. 우리나라 어린이집은 일반적으로 국공립어린이집, 사회복지법인어린이집, 법인·단체 등 어린이집, 직장어린이집, 가정어린이집, 협동어린이집, 민간어린이집으로 분류되며, 이것은 어린이집의 설립 및 운영주체에 따라 나누어진 것이다.

### (1) 국공립어린이집

국공립어린이집은 국가와 지방자치단체가 설치·운영(위탁 운영 포함)하는 어린이집 중에서 직장어린이집을 제외한 어린이집을 말한다. 상시 영유아 11인 이상을 보육할 수 있는 기관이며, 어린이집의 명칭은 "○○어린이집"으로 하여야 한다. 저소득층 밀집 지역 및 농어촌지역 등 취약 지역과 어린이집이 부족한 지역에 우선적으로 설치하는 등 지역별로 균형 있게 배치하도록 하고 있다. 국공립어린이집 운영은 각급 기관의 장이 어린이집의 교직원을 공무원 등으로 채용하여 직접 운영하거나, 법인·단체 또는 개인에게 위탁하여 운영할 수 있다.

### (2) 사회복지법인어린이집, 법인 · 단체 등 어린이집

사회복지법인어린이집은 「사회복지법」에 의한 사회복지법인이 설치 · 운영하는 어린이집을 말한다. 법인 · 단체 등 어린이집은 각종 법인(사회복지법인을 제외한 비영리법인)이나 단체 등이 설치 · 운영하는 어린이집을 말한다. 이는 상시 영유아 21인 이상을 보육할 수 있는 시설을 갖추어야 하며, 명칭은 '○○어린이집'으로 하여야 하며, 지역 보육수요와 어린이집의 공급현황 등을 감안하여 지역별로 균형 있게 배치되도록 하고 있다.

### (3) 직장어린이집

직장어린이집은 사업주가 사업장의 근로자를 위하여 단독 또는 공동으로 사업장 내 또는 그에 준하는 인근 지역과 사원 주택 등 사업장 근로자 밀집 거주지역에 설치 · 운영하는 어린이집이다. 국가 또는 지방자치단체의 장이 소속 공무원을 위하여 설치 · 운영하는 기관을 포함한다. 이는 보육 아동 정원의 3분의 1 이상이 동 사업장 근로자의 자녀이어야 한다.

### (4) 가정어린이집

가정어린이집은 개인이 가정 또는 그에 준하는 곳에 설치 · 운영하는 어린이집을 말한다. 상시 영유아 5인 이상 20인 이하를 보육할 수 있고, 어린이집의 명칭은 '○○어린이집'으로 한다. 명칭 사용에 유치원, 학원 등 유사기관으로 오인할 수 있는 명칭은 사용할 수 없으며, 관할 시장 · 군수 또는 구청장에게 사전에 인가 신청을 한다.

### (5) 협동어린이집

협동어린이집은 보호자 또는 보호자와 보육교직원이 조합(영리를 목적으로 하지 아니하는 조합에 한정한다)을 결성하여 설치 · 운영하는 어린이집을 말한다. 상시 영유아 11인 이상 20인 이하를 보육하여야 하며 명칭은 '○○어린이집'으로 하여야 한다. 보육 아동을 둔 보호자 또는 보호자와 보육교직원 15인 이상이 상호 출자하여 공동으로 어린이집을 설치 · 운영할 것을 약정함으로써 그 효력이 발생한다. 출자는 조합원의 약정에 따라 금전, 기타 재산 또는 노무로 할 수 있으며, 조합원은 아동 보육의 필요성이 없게 되거나 기타 조합계약으로 정하는 시기에 탈퇴할 수 있으며, 출자금은 탈퇴 당시 조합의 재산 상태 및 지분에 의한다. 어린이집 운영에 관한 통상 사무는 원장이 전임하며, 주요 사항은 조합원 과반수의 찬성으로 결정한다.

### (6) 민간어린이집

민간어린이집은 국공립 · 사회복지법인 · 법인단체등 · 직장 · 가정 · 협동 어린이집에 해당하지 아니하는 어린이집을 말한다. 규모는 상시 영유아 21인 이상을 보육하여야 하며, '○○어린이집'으로 명명한다.

**표 3-1** 설립주체에 따른 어린이집의 유형

| 유형 | 설립주체 | 설치방법 | 규모 |
|---|---|---|---|
| 국공립어린이집 | 국가, 지방자치단체 | 인가 | 상시 영유아 11인 이상 |
| 사회복지법인어린이집 | 사회복지법인 | 인가 | 상시 영유아 21인 이상 |
| 법인 · 단체 등 어린이집 | 사회복지법인을 제외한 비영리법인 | 인가 | 상시 영유아 21인 이상 |
| 직장어린이집 | 사업주 | 인가 | 상시 영유아 5인 이상 |
| 가정어린이집 | 개인 | 인가 | 상시 영유아 5인 이상 20인 이하 |
| 협동어린이집 | 보호자 또는 보호자 및 보육교직원 조합 | 인가 | 상시 영유아 11인 이상 |
| 민간어린이집 | 개인 | 인가 | 상시 영유아 21인 이상 |

## 2) 보육대상에 따른 유형

어린이집은 보육대상의 연령과 장애아의 참여에 따라 영아전담어린이집, 장애아전문어린이집, 장애아통합어린이집으로 분류된다.

### (1) 영아전담어린이집

영아전담어린이집은 만 3세 미만 영아만을 20인 이상 보육하는 어린이집을 말한다. 영아전담어린이집은 영아를 전담하여 보육해야 하나 예외적으로 시설 정원범위 내 40%까지 유아를 보육할 수 있다. 영아전담어린이집에서 유아를 보육하는 경우에는 영아반을 우선 편성해야 하며, 유아 보육 현원이 9명 미만으로서 시장 · 군수 · 구청장이 지역 내 수급상황(인근지역 여유 정원이 없는 경우 등), 학부모의 요구(형제 등 동반 입소) 등 불가피한 사유가 있다고 인정하여 승인한 경우에는 예외적으로 2세반과 유아반 혼합 보육이 가능하다.

### (2) 장애아전문어린이집

장애아전문어린이집은 「장애아동복지지원법」 제32조의 규정에 의하여 장애인으로 등록된 영유아 등에게 보육서비스를 제공하는 것으로, 상시 12명 이상의 장애아(단, 미취학 장애아 9명 이상 포함)를 보육하는 시설 중 지방자치단체가 지정한 시설을 말한다. 장애의 종류 및 정도에 따라 반을 편성 · 운영하고, 12세까지의 장애아를 전담으로 하지만 통합보육을 위하여 정원 범위 내에서 40%의 비장애아를 보육할 수 있다.

### (3) 장애아통합어린이집

장애아통합어린이집은 장애아 전담교사를 배치하고 정원의 20% 이내에서 장애아 종일반을 편성, 운영하거나 미취학 장애아를 3명 이상 통합 보육하고 있는 어린이집으로 시·군·구가 지정한 시설을 말한다. 즉, 장애아통합어린이집은 장애를 가지고 있지 않은 비장애 영유아와 장애를 가지고 영유아를 같은 어린이집에서 함께 보육하는 형태이다.

## 3) 운영시간에 따른 유형

어린이집은 일반적으로 오전 7시 30분부터 오후 7시 30분까지 12시간 동안 운영되는 종일제 운영이 원칙이다. 하지만 지역사회 및 부모의 특성과 요구에 따라 종일제 보육, 반일제 보육, 24시간제 보육, 시간제 보육, 방과 전후 보육, 시간 연장·휴일 보육으로 분류된다.

### (1) 종일제 보육

종일제 보육은 주 6일, 평일 12시간 이상(월~금: 07:30~19:30, 토요일: 07:30~15:30) 운영하는 일반적인 보육을 말한다.

### (2) 반일제 보육

반일제 보육은 보통 오전 8시 30분이나 9시부터 오후 1시나 2시까지 하루 6시간 정도 운영되는 보육의 형태를 말한다. 반일제 보육은 오전 근무를 하는 부모나 취업과 관계없이 자녀를 보육하고자 하는 경우 그리고 부모가 매일 일정 시간을 활용하고자 하는 경우에 이용한다.

### (3) 시간제 보육

시간제 보육은 부모의 요구에 의해 필요한 시간만큼 제공되는 보육을 말한다. 부모에게 긴급한 사정이 생겼을 경우나 잠시 동안 보육이 필요한 경우에 필요한 시간만큼 영유아를 돌보아 주는 보육 형태이다. 부모의 여가 선용이나 쇼핑을 돕기 위해 스포츠 센터나 백화점 등의 기관에서 시간제 보육을 실시하기도 하고, 개인 보육자가 부모가 필요한 시간에 자녀를 돌보아 주기도 한다.

### (4) 시간 연장형 보육

시간 연장형 보육은 기준 보육시간(07:30~19:30) 외에 시간을 연장하여 보육 서비스를 제공하는 것으로 '시간 연장보육'과 '24시간 보육'을 말한다. 시간 연장보육은 오전 7시 30분부터 오후 7시 30분까지의 보육시간을 경과하여 최소 21시부터 최대 24시까지 시간을 연장하여 보육하는 경우를 뜻하고, 24시간 보육은 24시간 운영되는 형태로, 잠자리와 식사가 제공되는 보호적 보육을 의미한다. 24시간 보육은 야근이나 지방 출장이 잦은 맞벌이 부모나 밤늦게까지 근무해야 하는 직업에 종사하는 부모가 자녀를 맡기기 위해 주로 이용한다. 24시간 보육은 숙박시설을 갖추고 있으며, 보육교사는 대개 8시간씩 교대로 근무한다. 대부분 혼합연령집단으로 운영되며, 낮에는 보육 프로그램을 운영하지만 야간에는 주로 보호에만 초점을 맞춘다.

### (5) 방과 전후 보육

방과 전후 보육은 학령기 아동이 학교에 가기 전 또는 학교에 다녀온 이후 시간에 방과 전후 동안 운영되는 보육으로, 일반적으로 학교의 과제나 특별활동 지도가 기본적으로 이루어지는 보육을 말한다.

#### (6) 휴일보육 · 계절보육

휴일보육은 일요일 및 공휴일에 특별한 일로 영유아를 돌보기 어려운 경우에 이루어지는 보육을 말하며, 계절보육은 바쁜 농번기나 지역사회의 여건으로 인하여 특정 시기에 보육이 필요한 경우 일시적으로 이루어지는 보육을 말한다.

## 2. 어린이집의 설립

### 1) 어린이집 설립 사전 준비

#### (1) 철학 및 방향 선정

어린이집은 영유아의 보호와 교육을 통한 육성 및 가정복지증진의 목적을 가지고 이를 실천하는 유아교육기관이다. 이러한 기관의 설치 및 운영에 앞서 사전에 기관의 방향과 명확한 철학이 기초가 되어야 한다. 설립자는 영유아의 성장 · 발달, 어린이집의 사회적 의미 및 실천 방향에 대한 명확한 철학적 배경을 가지고 이를 실현할 수 있는 기본 관점을 가져야 한다.

#### (2) 관계 공무원과 기관운영자 면담

현재 어린이집 인가 관청에서는 어린이집의 효율적인 설치를 지원하는 '어린이집 설치 사전상담제'를 운영하고 있다. 이는 어린이집을 설치하고자 하는 자에게 해당 지역의 보육 수요 등 지역적 여건과 어린이집 설치기준 등에 관한 체계적이고 전문적인 대면 상담을 제공하고자 운영하는 민원행정서비스이다. 이를 위해서 '어린이집 설치 상담 신청서'를 작성하여 상담단계에 따른 필요 서류를 구비하여 제출하면

상담을 받을 수 있다.

상담방식은 시설설치 여건을 사전에 파악하고, 어린이집 설치와 운영에 필요한 정보를 적극 제공하기 위하여 대면 상담(민원인 기관 방문상담, 공무원 현장 방문상담)으로 이루어진다. 진행절차는 접수 → 상담 → 자료검토 → 인가 가능 여부 결정 → 구두 및 서면 통보 → 인가 준비의 순서로 이루어진다. 처리기한은 접수일로부터 14일 이내(통상 1주일 이내)이다.

### (3) 입지조건을 고려한 장소 및 기관 유형 선정

상담과 관련 자료를 검토한 결과 어린이집 설치 장소를 선정하여 기본 준비를 할 필요가 있다. 이러한 장소 선정 시는 보육 수요 및 환경여건을 파악하여 필요성과 실천 가능성을 분석해 보는 것이 중요하다. 이러한 과정을 통해 적절한 규모 및 기관 유형을 결정하여야 한다. 어린이집의 장소 선정이 잘못되면 원아 모집이 어려울 뿐 아니라 어린이집 폐원 또는 이전해야 하는 사태가 발생하므로 신중히 처리해야 한다.

### (4) 구체적 세부 계획안 작성

장소 및 기관 유형이 결정되면 이에 따른 세부 계획안이 작성되어야 한다. 신축이나 증·개축일 경우 건축을 위한 평면도부터 건축에 필요한 제반 준비를 철저히 계획하여야 한다. 이러한 과정에서 세부 계획안이 적절한지에 대한 전문가 의견 조사가 필요한데, 이때에도 '어린이집 설치 사전상담제'를 활용하여 상담을 받아볼 수 있다. 그리고 이후 개원에 이르기까지 준비과정에 대한 일정을 계획하여 단계적이고 조직적 관리를 실행하는 것이 어린이집 설립과정에서의 문제점을 줄이는 방법이 된다.

## 2) 어린이집 설립에 따른 구비여건

어린이집을 설치 운영하기 위해서는 우선 법적인 구비요건을 기본적으로 갖추고 있어야 한다. 이때 법적인 구비요건은 인적 요건과 물적 요건을 포함한다. 어린이집의 기관 기준은 「영유아보육법 시행규칙」(일부 개정 2020.09.01. 보건복지부령 제788호) 제9조와 관련한 별표 1에 명시되어 있는데, 그 내용을 요약하면 다음과 같다(국가법령정보센터, 2021). 구체적인 어린이집의 구조 및 설비 기준을 살펴보면 다음과 같다.

**표 3-2** 어린이집의 시설 · 설비 기준

| 구분 | 시설기준 |
|---|---|
| 입지조건 | • 보육수요 · 보건 · 위생 · 급수 · 안전 · 교통 · 환경 및 교통편의 등을 충분히 고려하여 쾌적한 환경의 부지를 선정하여야 한다.<br>• 위험시설로부터 50m 이상 떨어진 곳에 위치해야 한다.<br>• 「건축법 시행령」 별표 1에 따라 각 어린이집을 설치할 수 있는 곳에 설치한다. 다만, 영유아 20인 이하를 보육하는 직장어린이집과 부모협동어린이집 및 국공립어린이집은 가정어린이집을 설치할 수 있는 곳에도 설치할 수 있다. |
| 시설 규모 | • 국 · 공립어린이집: 상시 영유아 11명 이상<br>• 직장어린이집: 상시 영유아 5명 이상<br>• 사회복지법인어린이집, 법인 · 단체 등 어린이집 및 민간어린이집: 상시 영유아 21명 이상<br>• 가정어린이집: 상시 영유아 5명 이상 20명 이하<br>• 협동어린이집: 상시 영유아 11명 이상 |
| 시설면적 | • 보육실을 포함한 시설면적(놀이터 면적 제외): 영유아 1인당 4.29m² 이상 |
| 놀이터 | • 정원 5인 이상 어린이집은 영유아 1인당 3.5m² 이상 규모의 옥외놀이터 설치를 원칙으로 한다.<br>• 놀이터의 바닥은 모래밭, 천연 및 인공 잔디, 고무매트, 폐타이어 부속으로 설치해야 한다.<br>• 놀이터에 대근육활동 놀이기구(고정식) 1종 이상 포함하여 최소 3종 이상의 놀이기구를 설치해야 한다.<br>• 지역 특성에 따라 옥내 놀이터 설치 및 인근 놀이터 활용이 가능하다. |

<table>
<tr><th colspan="2">구분</th><th>시설기준</th></tr>
<tr><td rowspan="5">교<br>사<br>(원사)</td><td>보육실</td><td>• 보육실(거실, 공동놀이실 포함): 영유아 1인당 2.64m² 이상<br>• 1층 설치를 원칙으로 한다(해당 층 4면의 100분의 80 이상이 지상에 노출되어 있고, 해당 층 주 출입구의 하단이 지표면으로부터 1m 이내인 경우를 말함).<br>• 불가피한 경우, 2층과 3층에 설치할 수 있으나 영아반은 1층에 우선적으로 배치해야 한다.<br>• 보육실에는 침구, 놀이기구 및 교재 · 교구를 갖추어야 한다.<br>• 어린이집은 환기 · 채광 · 조명 · 온습도가 적절히 유지 · 관리되도록 하여야 한다.<br>• 보육실은 바닥 난방시설을 갖추어야 한다.</td></tr>
<tr><td>조리실</td><td>• 채광 및 환기가 잘되도록 하고, 창문에 방충망을 설치하여야 한다.<br>• 식기를 소독하고 위생적으로 취사 및 조리할 수 있는 설비를 갖추어야 한다.</td></tr>
<tr><td>목욕실</td><td>• 난방 및 바닥 미끄럼 방지 장치를 한다.<br>• 샤워 설비, 세면 설비 및 냉온수 공급을 위한 설비를 갖추어야 한다.<br>• 수도꼭지는 온수 사용 시 화상을 입지 않도록 온도를 조정 및 고정할 수 있어야 한다.</td></tr>
<tr><td>화장실</td><td>• 바닥은 미끄럼 방지장치를 한다.<br>• 세정장치와 수도꼭지 등은 냉온수의 온도를 조정 및 고정할 수 있어야 한다.<br>• 수세식 유아용 변기를 설치하고, 보육실과 동일층의 인접 공간에 설치해야 한다.</td></tr>
<tr><td>교사실</td><td>• 보육정원이 21명 이상인 어린이집은 교사가 교육활동을 계획 · 준비, 자료 제작 등을 할 수 있도록 구획된 교사실을 설치하여야 한다.<br>• 교사실에는 교육활동 준비와 행정사무, 휴식 등에 필요한 설비를 갖추어야 한다.</td></tr>
<tr><td colspan="2">급배수시설</td><td>• 상수도 또는 간이상수도에 의한 물 공급 시 직접 수도꼭지에 연결하여 공급하여야 한다.<br>• 음용수로 지하수를 사용할 경우에는 저수조 등의 시설을 경유하여야 한다.<br>• 더러운 물, 빗물 등이 잘 처리되도록 배수설비를 하여야 한다.</td></tr>
<tr><td colspan="2">비상재해<br>대비시설</td><td>• 소화용 기구를 비치하고, 비상구를 설치한다.<br>• 2층 이상인 경우 비상계단 또는 대피용 미끄럼대를 영유아용으로 설치한다.<br>• 비상재해에 대비한 대피시설, 장비 등을 구비한다.</td></tr>
</table>

### 3) 어린이집 설치 인가 과정

어린이집을 설치하기 위해서는 기관의 소재지를 관할하는 시장 · 군수 또는 구청장에게 사전에 인가를 신청하여야 한다. 이러한 신청 방법을 살펴보면 다음과 같다.

### (1) 어린이집 설치 사전상담

어린이집 설치의 적절성 여부를 계획하여 사전상담을 받아 준비하여야 한다. 설치를 위한 단계별 문제를 파악하고 이러한 설치상의 오류를 최소화하기 위해 전문가 상담이나 어린이집 설치인가 관청에서 사전상담을 받아보도록 하여야 한다. 그러한 상담 결과에 근거하여 여러 가지 인적·물적 구비 조건을 갖추어 나가는 것이 중요하다. 어린이집 설치를 계획할 때 어린이집의 규모는 기관의 유형에 따라 차이가 있어 이러한 측면을 고려하여 총 정원이 300인을 초과하지 않도록 구성해야 한다.

### (2) 어린이집 인가신청서 제출

어린이집의 제반 조건이 준비되면 기관의 소재지를 관할하는 시장·군수 또는 구청장에게 사전에 인가를 신청하여야 한다. 이때 「영유아보육법 시행규칙」 제5조(별지 제4호 서식)의 어린이집 인가 신청서를 제출하여야 한다. 제출 시 구비서류는 다음과 같다.

1. 법인의 정관 및 출연금 등에 관한 서류(법인인 경우만 해당)
2. 단체의 회칙 또는 규약(단체인 경우만 해당)
3. 임대차계약서(부동산을 임차하는 경우만 해당)
4. 어린이집의 구조별 면적이 표시된 평면도와 시설 및 설비 목록
5. 어린이집의 원장의 자격을 증명하는 서류
6. 보육교직원의 채용계획서
7. 어린이집 운영계획서(운영경비와 유지방법을 포함)
8. 경비의 지급 및 변제 능력에 관한 서류(설립자가 개인인 경우만 해당)
9. 인근 놀이터 이용계획서(영유아 50인 이상의 어린이집으로서 옥외놀이터나 옥내놀이터를 설치하지 않은 경우만 해당)
10. 「도시가스사업법 시행규칙」 제25조 및 「액화석유가스의 안전관리 및 사업법 시행규칙」 제29조에 따른 정기검사증명서
11. 「소방용품의 품질관리 등에 관한 규칙」 제5조에 따른 현장처리물품의 방염성능검사 성적서 및 방염성능검사확인표시

만약 기관유형별 특수 어린이집으로 지정을 받고자 한다면 특수 어린이집 지정신청서(장애아전문, 장애아통합, 시간 연장형, 휴일, 방과 후), 영아·장애아 전담어린이집 지정신청서 등을 추가로 제출하여야 한다.

### (3) 인가 적절성 검토

인가 신청서가 접수되면 보육부서 설치 인가 담당자가 관계 기관과 연계하여 인가 적절성을 검토하게 된다. 이때 신청인은 사전 상담을 통해 어린이집 설치에 관한 제반사항을 안내받고, 담당자는 여러 가지 검토사항을 서류 및 현장 확인을 통해 점검하게 된다. 인가처리기관은「영유아보육법」에 의한 시설설치안내 및 현장확인을 실시한다. 인가 시 검토사항을 보면 다음과 같다.

- 보육수요, 입지조건 등 지역적 타당성
- 시설기준의 적합 여부(시설 면적, 시설 설비 등)
- 건축물은 건축법령, 소방법령 등 각종 규정 준수 여부
- 원장의 자격 적정 여부, 보육교직원 확보 여부

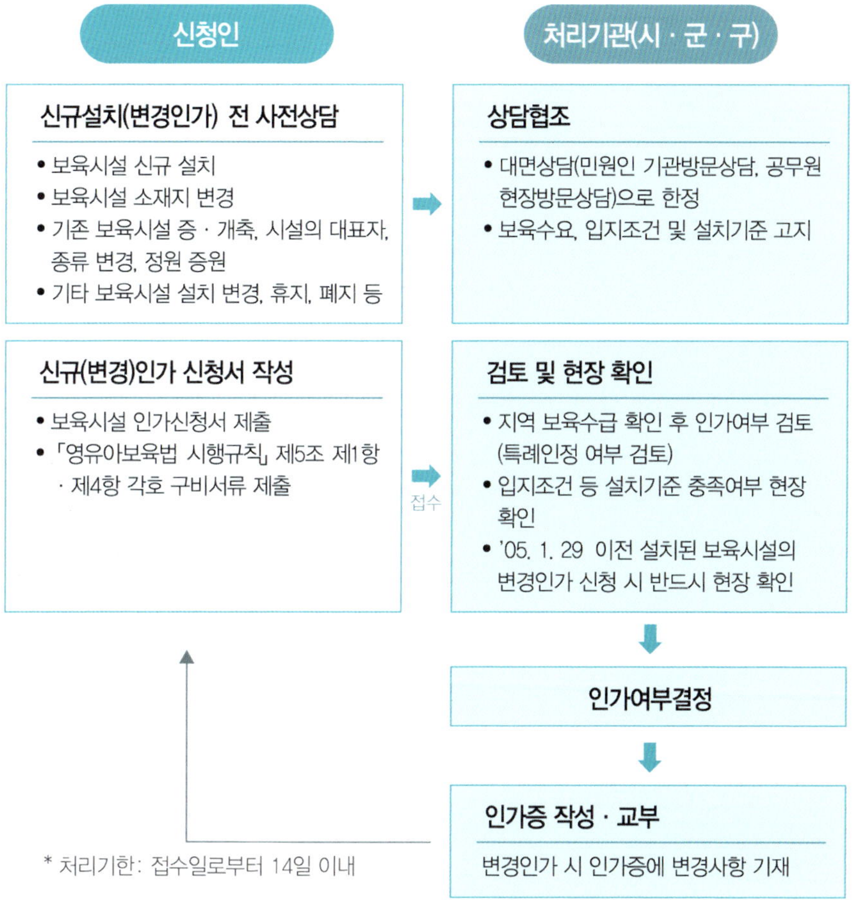


**그림 3-1** 어린이집 설치 인가 신청 처리 절차

출처: 중앙육아종합지원센터(2014).

Chapter

# 4

# 영유아 발달의 특성

## “영유아의 발달과 보육이야기”

1. 영유아 발달의 특성
2. 영유아의 발달 이론
3. 발달에 적합한 유아교육적 접근

'발달에 적합한'이라는 용어에 '경험적으로 적합한(experientially appropriate)'이라는 개념이 추가되어야 한다고 생각한다. "왜 내가 이것을 배워야 하는가?"라는 문제를 정말 진지하게 고려하기를 바란다. 교사가 가르치려는 내용은 아이의 이전 경험, 현재 상황, 미래의 삶과 연결되어야 한다. 이러한 연관이 맺어지지 않는다면 자신이 가르치려는 내용의 필요성에 의문을 제기해야 한다.

– John Van Dyk의 『The Craft of Christian Teaching』 중에서

# 1. 영유아 발달의 특성

## 1) 영유아는 자생과 보호 사이에서 발달하고 있다

영유아의 존재와 발달특성에 대한 이해는 학자마다 다양한 견해를 내놓으며, 인간의 본질에 대한 논의와 결부되어 이루어지고 있다. 영유아는 어떤 존재인가를 발견하고, 그들의 세계를 이해하려는 노력은 영유아교육에서 항상 중요한 논지였음에 틀림이 없다. 여러 가지 논의를 언급하지 않더라도 영유아가 가지는 세계를 이해하고자 하는 접근은 영유아의 발달에 대한 기초가 된다.

영유아의 발달과 변화를 살펴보면 때때로 놀라운 조화와 자발성에 놀라게 된다. 루소(Rousseau)는 「에밀」에서 교육의 목적을 '건강한 자연인'을 기르는 데 두고 있다. 즉, 아동에게 내재된 자기 계발 욕구에 근거한 발달의 중요성을 제기한 것이다. 영유아마다 자신이 가진 자연적 시간표와 모양을 가지고 빚어내는 개개인의 이야기는 영유아가 가지는 순수한 자연성의 표출이다.

그렇다면 영유아의 자연적 본성은 어떠한가? 영유아의 발달적 특성은 기본적으로 의존적이라고 보일 수 있다. 인간은 태어날 때 보호의 욕구를 가지고 삶을 이끌어가게 되는 것은 사실이다. 그러나 인간의 발달은 '시키는 것'이 아니라 '하는 것'이라는 본질에 유의하여야 한다. 임재택(2005)은 인간의 발달에 있어 '자생력 · 면역력'과 '공생력 · 적응력'을 갖고 있음을 제시한바 있다. 인간은 부모와 사람 및 자연 공동체의 보호를 받을 뿐 아니라 그 속에서 자신의 독립성을 드러내며 스스로 생명을 이끌어가는 능력이 있다는 것이다. 따라서 영유아는 자신을 보호하는 환경 및 공동체와 함께 하는 적응력을 본질적으로 가지고 있음을 제시하였다. 즉, 생명의 원리에 근거한 발달의 이해는 다른 유아에 대한 구체적이며 실제적인 삶의 모양에서 나올 수 있을 것이다.

영유아가 가지는 지성, 감성, 영성 등의 본질적 특성은 영유아가 자연인으로서 가지는 본질에 대한 겸허한 이해를 통해서만 그들의 세계를 이해할 수 있다는 결론에 도달한다. 즉, 영유아 발달의 이해는 영유아의 자연성이 가지는 본질을 이해할 때만 근접할 수 있는 영역이라 볼 수 있다.

### 2) 영유아는 독특한 특성을 가진 발달의 과정을 가지고 있다

영유아의 발달과정을 살펴보면 다른 시기와 다른 독특한 특성을 가지고 있다. 신체, 인지, 정서, 사회, 언어발달의 과정을 통해 드러나는 영유아기의 특성을 살펴보면 그들 세계의 독특성을 인정하지 않을 수 없다. 이러한 영유아기 발달특성은 단계에 따른 특성을 지닌다는 연구에 주목할 필요가 있다.

피아제(Piaget)가 제시하는 영유아기 사고의 특성인 자아중심적 사고나 직관적 사고는 영유아의 직감이나 인식의 현상적 특징으로 대변되며 알려졌다. 그러나 최근 영유아기 사고는 독특한 자신의 방식으로 세계와 대화하고 있다는 것에 대한 다양한 시각차를 드러내고 있다(Carey, 1991; Spelke, 1994).

최근 연구에 의하면 유아는 일상생활과 놀이의 과정에서 과학 및 수학 관련 능력을 가지고 있다는 결과가 제시되고 있다(김정원, 계정옥, 2006; Baroody, 2000). 아이는 교육이라는 이름을 빌리지 않더라도 삶 속에서 꾸준히 관찰하고 느끼면서 능동적인 탐색을 할 뿐 아니라 여러 가지 상황을 민감하게 인식하고 다양하고 독특하게 풀어내는 기본 능력과 태도를 가지고 있다.

### 3) 영유아는 일정한 발달의 원리를 가진다

뱃속에서의 태동을 시작으로 전개되는 아이의 움직임은 때로는 생명의 신비를 느끼게 한다. 아이의 움직임은 발달과정에서 건강한 영유아의 지표가 되기도 하는데, 이러한 움직임은 발달의 기본 원동력이자 영유아가 변화되고 있다는 증거이다. 영유아의 발달은 기본 방향과 일정한 원리를 가지고 이루어진다. 보편적으로 나타나는 영유아의 발달 원리는 다음과 같다.

첫째, 발달은 일정한 순서가 있으며 순차적이다. 발달은 유전적 특성이나 누적적 특성으로 인해 순서대로 진행되는 특성을 가진다. 이는 발달에 대해 예측을 가능하게 하며, 문제 발견의 준거가 되기도 한다.

둘째, 발달은 일정한 방향으로 진행된다. 일반적으로 발달의 방향은 위에서 아래로, 중앙(심장)에서 말초 부분으로, 전체에서 세분된 특수운동으로 진행된다.

셋째, 발달에는 개인차가 있다. 인간의 유전인자나 환경의 차이로 인해 발달은 속도나 정도에 있어 개인적 차이를 가지고 있는 것으로 보고 있다. 즉, 개인에 따라 성장 시기와 성장 속도가 다른 측면을 가지고 있어 발달의 영역에 따라 다양한 양상을 보이게 된다.

넷째, 발달에는 결정적 시기가 있다. 발달이 가장 잘 이루어질 수 있는 최적의 시기를 결정적 시기라고 본다. 또는 좀 더 교육적 영향에 따른 변화의 가능성을 내포하는 용어인 민감기(sensitive period)라는 용어로 제시될 수도 있다. 이는 발달에 있어서 민감한 시기적 특성을 이해하고, 교육적 환경 조성에 대한 이해가 함께 이루어져야 함을 시사한다.

다섯째, 발달은 분화와 통합의 과정을 거친다. 인간의 발달은 부분과 전체를 하나로 보아야 한다. 부분의 구체적 분화와 이를 연결하는 통합의 과정이 이어지면서 통일된 조화와 발달이 이루어지기 때문이다.

### 4) 영유아는 현대사회 속에서 발달하고 있다

영유아의 발달은 영유아가 살아가고 있는 사회적 환경과 맥락을 벗어날 수 없다. 영유아 발달은 현대사회 체제 및 구조 안에서 이루어지게 되는 것이다. 그렇다면 영유아는 어떤 환경 속에서 발달의 과업을 수행하게 되는 것일까?

첫째, 현대사회는 유아에 대한 양육이 개별화되어 있다. 과거 전통사회는 씨족사회로서 마을공동체가 함께 아이를 키웠다. 그러나 현대사회는 자녀의 발달과 교육이 핵가족 단위인 부모의 개별적 문제에 국한되는 경향이 있다. 따라서 영유아 발달에 대한 문제를 가족 단위로 고민하고, 해결책도 부모 스스로 감내해야 하는 사회에 직면해 있는 것이다.

둘째, 현대사회의 가족 일상은 기본적으로 바쁘다. 특히 맞벌이가 늘어나면서 부모로서 해야 하는 육아의 책임을 부모가 전적으로 감당하지 못하고 있다. 전통사회에서는 아이를 잉태·출산하여, 그 아이와 대화를 나누면서, 아이를 위해 밥을 짓고, 옷을 짓는 어머니를 기대하였다. 그러나 현대사회는 가족의 구조와 역할의 변화로 영유아 성장에 대한 가족 구성원의 이해나 도움이 상실되거나 갈등을 겪게 되는 경우가 생기게 된다.

셋째, 현대인의 바쁜 일상과 핵가족이라는 특성은 육아와 유아교육에 대한 부모의 불안을 가중시키고 있다. 이러한 상황 속에서 자녀 성장과 발달에 대한 부모의 부담감과 불안은 자녀에 대한 지나친 기대나 과잉 해석으로 나타나고, 영유아의 삶을 힘겹게 만드는 현실을 만들었다.

# 2. 영유아의 발달 이론

## 1) 성숙주의 이론

성숙주의 이론은 다윈, 홀 등에 근거한 발달의 예정론적 입장으로, 인간의 발달에 대한 생물학적 내재적 요인에 대한 영향력을 중시하는 접근이다. 홀의 제자인 게젤(Gesell)은 예정론적 입장을 성숙주의 이론으로 발전시켰다. 게젤은 아동의 성장 발달에서 표준이 되는 행동 목록을 만들어 표준 행동연구를 하였고, 이에 근거하여 발달적 변화에 대한 규준적 접근(normative approach)을 설정하였다.

성숙주의 이론에서는 '준비도'의 개념이 중요하다. 인간 발달은 내재적 성장의 영향을 받고 있어, 자연적 시간표에 따른 성숙이 이루어지는 것이 중요하다. 따라서 성숙이라는 개념에 근거하면 어떤 것을 할 충분한 준비가 되어 있을 때까지 기다리는 것이 중요하다고 본다. 즉, 교사는 유아가 준비될 때까지 기다리면서 안내하는 역할이 중요하다. 이처럼 성숙주의 이론에서 자연적 발달을 위해 충분한 환경과 자기 성장을 위한 터전을 마련해 주며 '준비도'에 따른 교육적 실제를 중시하게 된다.

게젤은 성숙주의적 관점에서 인간발달의 과정을 설명하면서 몇 가지 발달의 원리를 제시하였다. 첫째, 발달 방향의 원리로서 발달이 정해진 순서와 방향으로 이루어진다는 것이다. 일반적으로 발달은 머리에서 꼬리로, 중심에서 말초로 일정한 방향을 가지고 이루어진다. 둘째, 상호적 교류의 원리로서 대칭되는 두 부분이 서로 한 부분씩 발달한 뒤 균형적으로 통합되어 발달한다는 것이다. 아이가 한 손을 먼저 사용한 뒤 다른 한 손을 사용하고, 그리고 양손을 함께 사용하게 되는 것과 같다. 셋째, 기능적 비대칭의 원리로서 인간은 약간의 불균형이 오히려 기능적일 수 있다는 것이다. 신생아의 경직성 목 반사와 같이 펜싱 자세로 한쪽 팔다리는 구부리고, 다른 쪽 팔다리는 쭉 펴는 것은 기능적 비대칭의 예로 볼 수 있다. 넷째, 자기 규제의 원리로서 영유아 스스로가 자신의 수준에 맞도록 성장을 조절해 나가는 것이다.

즉, 자신의 능력에 맞추어 자기 규제를 하면서 발달해 나가는 과정을 나타낸다.

게젤의 성숙주의 이론은 신체 발달처럼 인간 행동도 계획된 방식에 따라 발달하기 때문에 예측 가능하다고 본다. 인간 발달을 일련의 발달적 시간표에 따른 예측 가능한 변화로 보고 이를 '성숙'이라는 개념으로 제시하였다. 이러한 관점에서는 영유아의 발달이 내재적인 성숙에 의해 영향을 받기 때문에 교육은 성숙이 이루어질 때까지 기다려야 한다는 입장이다.

## 2) 행동주의 이론

행동주의 이론은 인간발달을 인간행동의 형성과정을 분석하는 '행동분석(behavior analysis)'에서 출발한다. 행동주의는 경험론적 관점에 따라 환경과 경험을 통한 행동습득을 주요한 이론의 핵심으로 보고 있다. 이러한 행동주의는 파블로프, 왓슨, 손다이크, 스키너, 반두라를 통해 인간행동의 발달과 변화를 설명하며, 학습의 원리를 제공하고 있다.

### (1) 고전적 조건형성

#### ① 파블로프(Ivan Pavlov, 1849~1936)

소화 생리학자인 파블로프는 1904년 소화 생리에 관한 연구로 노벨상을 받은 이후, 개의 소화과정에 대한 실험과정에서 개가 먹이를 주지 않아도 발걸음 소리만 듣고 침을 흘린다는 사실에 흥미를 가지고 새로운 연구 문제에 도전하여 개의 타액 실험 장치를 통한 실험연구를 거쳐 고전적 조건형성 원리를 확립하게 되었다.

일정한 자극에 의해서 선천적으로 유발되는 반사를 처음에는 그것과 아무 관계 없는 중립 자극과 연합시킴으로써 중립 자극이 선천적 반사반응을 유발하게 되는 과정을 고전적 조건형성이라고 한다. 파블로프는 개의 타액 분비 연구를 통해 이러한 고전적 조건형성의 과정을 설명하였는데 이는 다음의 그림 4-1과 같다.

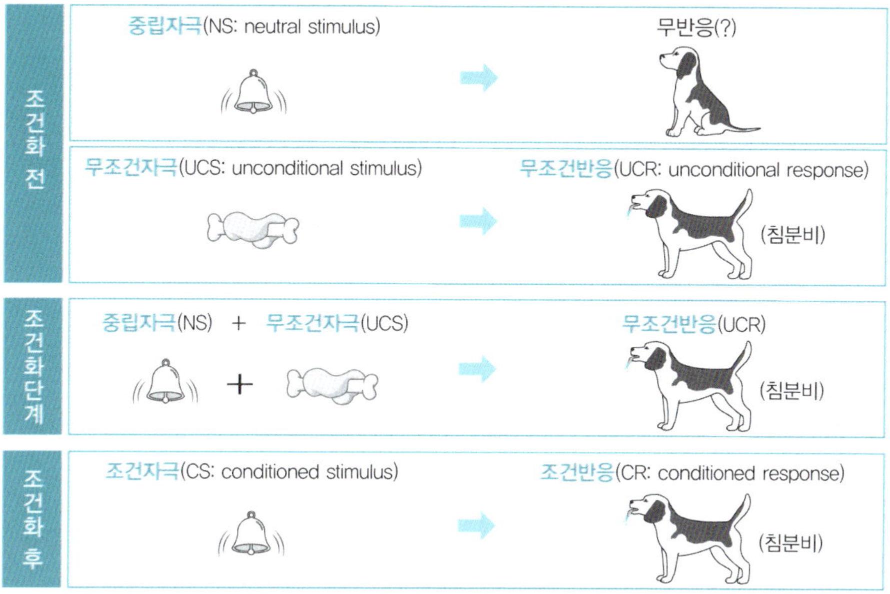


**그림 4-1** 고전적 조건형성의 과정

② 왓슨(John B. Watson, 1878~1958)

1878년 미국 남부 캐롤라이나의 그린빌에서 태어난 왓슨은 미국 행동주의의 창시자로서 고전적 조건형성의 원리를 인간 행동에 적용한 학자이다. 듀이에게 철학을 배우기 위해 시카고대학교에 진학했지만, 흥미를 느끼지 못하고, 전공을 심리학으로 바꾸면서 동물심리학에 관심을 가지게 된다. 왓슨은 심리학이 관찰 측정이 불가능한 정신 과정이나 의식에 관심을 가지기보다 관찰 측정이 가능한 행동에 관심을 가져야 한다고 보았다. 이로 인해 극단적 환경 결정론자로서 고전적 조건형성을 인간에게 적용하는 계기를 마련하였다.

그는 인간의 모든 행동은 학습된 것으로 보기 때문에 행동이 형성되는 과정에서의 행동연쇄와 반복을 중요시한다. 고전적 조건형성 원리를 아동의 발달에 적용하여 조건형성이 인간 행동의 변화를 유발할 수 있을 뿐 아니라 정서적 행동까지도 변화시킬 수 있음을 입증하고자 하였다. 그는 인간 행동의 조건형성 가능성을 제시하면서 "나에게 12명의 아이와 잘 형성된 환경을 준다면, 당신이 원하는 사람으로 키워주겠다"는 유명한 말을 남기게 된다.

정서 반응의 행동 획득 실험인 알버트(Albert) 실험은 자극과 반응의 연합을 통해 정서를 포함한 인간 행동 형성과정을 드러내 주었다. 여기서 유아는 수동적 존재로서 자극과 반응의 연합을 통해 원하는 방향으로 만들어질 수 있다고 믿음으로써 외부 환경의 영향을 극대화시킨 입장이었다.

알버트 실험은 흰쥐에 어떠한 특정 반응이 만들어지지 않은 알버트에게 흰쥐와 더불어 큰소리를 반복적으로 제시하면 큰소리에 대한 놀람의 정서와 결합하여 흰쥐만 보면 놀라는 정서가 형성된다는 것이다. 알버트의 공포는 추후 흰쥐뿐만 아니라 하얀 토끼, 흰옷 입은 간호사, 털코트, 개, 심지어 산타클로스 가면 등에도 일반화되어 나타났다. 이로 인해 알버트 실험은 연구의 도덕성 논란과 더불어 많은 비판을 받게 되었다. 이러한 알버트 실험은 그림 4-2와 같은 과정을 통해 실시되었다.

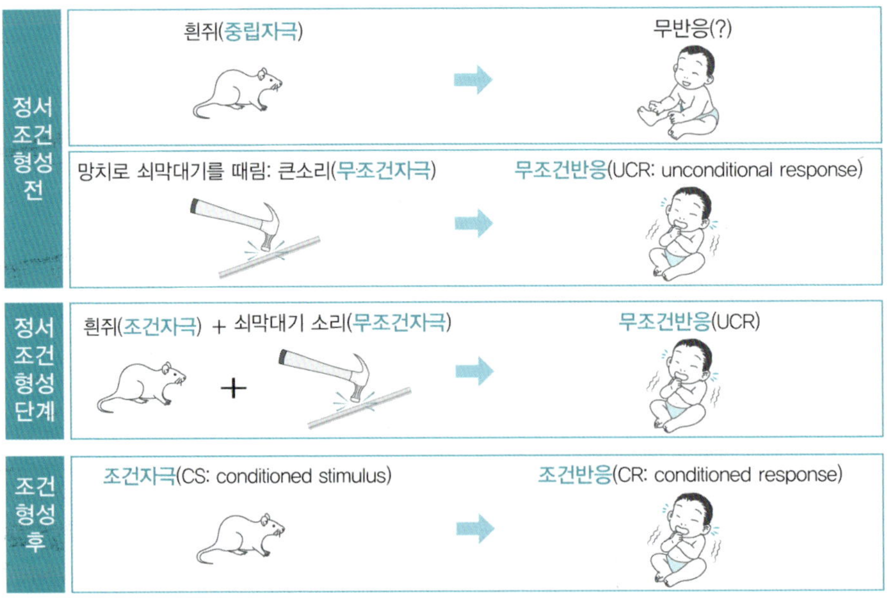


**그림 4-2 알버트 실험의 조건형성 과정**

### (2) 조작적 조건형성

스키너(Burrhus Frederic Skinner, 1904~1990)는 1904년에 미국 펜실베이니아주의 마을에서 태어나 화목한 유년기를 보냈다. 뉴욕 해밀턴대학교에서 영문학을 전공하였고, 하버드대학교에서 심리학을 전공하여 박사학위를 받았다. 이후 미네소타대학과 인디애나대학을 거쳐 하버드대학의 교수로 재직하면서 많은 연구 업적을 남겼다.

유기체가 자극과 반응의 연합에 기초하여 조건화를 형성한다는 스키너의 주장은 고전적 조건형성과 같지만, 스키너는 유기체가 환경을 스스로 조작하여 강화물을 구하는 과정을 제시하였고, 이를 조작적 조건형성이라고 한다.

스키너는 실험 상자에 비둘기를 넣고, 여러 개의 버튼 중에서 우연히 특정 버튼 하나를 밟았을 경우 먹이가 제공되도록 하였다. 비둘기는 반복적인 우연으로 모이가 나오는 버튼을 밟았고, 그러한 과정에서 스키너는 비둘기가 특정 버튼을 지속해서 쪼는 반응을 발견하게 되었다. 또한 실험 상자에서 배고픈 쥐가 우연히 지렛대를 밟았고, 먹이가 제공되는 과정이 반복되자 지렛대를 계속 밟는 행동을 하게 된다는 것이다. 여기서 강화는 유기체가 스스로 반응할 때, 그러한 반응을 초래하는 과정으로 설명될 수 있다. 강화이론에서 강화(强化)라는 것은 반응의 확률 혹은 강도를 증가시키는 과정 및 결과를 포함한다.

따라서 반응을 위해서는 실험 상자의 유기체에게 강화가 되는 강화물을 어떤 방식으로 제공하느냐가 중요한 학습의 방법이 될 수 있다. 이러한 강화물은 음식이나 수면처럼 기본욕구를 충족시키는 일차적 강화물이 있을 수 있다. 또한 칭찬, 성적, 자격증과 같은 학습된 강화물인 이차적 강화물과 돈, 지위, 권력 등과 같이 여러 개의 일차적 강화물과 결합된 일반화된 강화물 등이 있을 수 있다. 그리고 강화의 유형은 정적강화와 부적강화로 구분될 수 있다. 강화물이 어떻게 제공되느냐에 따라서는 강화 스케줄을 달리할 수 있는데 연속강화, 간헐적 강화 등에 따라 그 영향이 달라진다.

스키너는 행동을 형성하는 과정에서 '강화'라는 기제를 통해 고전적 조건형성이론에 새로운 지향점을 부여하였다. 그는 비둘기나 쥐를 대상으로 한 많은 실험을 통해 조작적 조건형성의 원리를 제시하기에 이른다. 학습자는 밖으로 드러나는 행동의 이해와 예측이 중요한데 이는 자극-반응의 관계를 통해 이해될 수 있다고 본다. 행동 뒤에 나타나는 결과에 따라서 그 행동이 학습될 수 있다고 보고, '강화'의 중요성을 강조하였다. 따라서 조작적 조건형성은 긍정적인 결과를 얻을 수 있는 행동은 반복하고, 부정적인 결과나 중립적인 결과가 나오는 행동은 반복하지 않는다는 원리에 근거하여 학습에서 강화의 원리를 제시하고, 이는 조건형성의 교육적 전략에 시사점을 던져주게 되었다.

### (3) 사회학습 이론

반두라(Albert Bandura)는 캐나다의 엠버타라는 작은마을의 출신으로 브리티시 컬럼비아대학교에서 심리학을 전공하고, 미국의 아이오와대학교 대학원에서 사회행동과 학습을 연구한 로버트 시어즈(Robert Sears)와 함께 사회학습과 공격성에 관한 연구를 하였다. 그리고 1977년 『사회학습이론(Social Learning Theory)』을 출간하면서 행동주의 기본관점에 토대를 두고 정신의 의미와 역할을 포함하는 새로운 이론을 제안하였고, 심리학의 새 지표를 열었다.

왓슨과 스키너와 같은 행동주의자들은 정신적 존재가 있다고 할지라도 교육에 있어서 취급할 의미가 없다고 보고, 단지 관찰 가능한 행동만이 교육에 있어서 의미있는 접근 대상으로 보았다. 그러나 1950년대에 이르러 사회학습 이론(social learning theory)은 행동 학습의 과정에서 보이지 않는 인지적 과정에 의미를 부여했다.

대표적인 학자 반두라는 반복적 직접 행동이 아닌 단순한 관찰만으로도 행동이 형성될 수 있다는 '관찰학습'의 개념을 제시하면서 모델을 통한 모델링(Modeling)의 과정을 제시하였다. 이는 반복이나 강화를 통한 행위적 형성이 아니라 타인의 행동을 관찰만 하여도 이를 모방함으로써 새로운 행동을 학습할 수 있다는 면에서 학습 이론에 새로운 관점을 제공하였다고 볼 수 있다. 관찰학습은 다음의 네 가지 인지 과정을 거치게 된다.

첫째, 주의단계는 행동을 주의 깊게 관찰하고, 세심하게 특정 모델의 유사성, 사회적 힘 등에 근거하여 정보를 선택하게 되는 과정이다.

둘째, 파지단계는 모델의 행동을 상징적 형태로 기억해 두는 과정으로서 관찰한 사항을 상징화하고, 이해하고, 조직화하는 과정이다.

셋째, 재생단계는 운동 재생과정으로, 관찰했던 것을 운동기술을 통해 수행하는 단계로서 자신의 관찰과 비교하며 스스로 교정하고 연습하게 되는 과정이다.

넷째, 동기화단계는 어떤 행동을 학습한다는 것은 행동이 나타날 수 있는 강화요인이 있어야 수행한다는 것이다. 즉, 긍정적 결과를 얻을 것이라는 예측할 수 있는 동기화가 있어야만 수행으로 연결될 수 있다.

이러한 사회학습 이론은 행동주의와 인지주의의 만남이라고도 불리면서 최근에는 사회인지이론(social cognitive theory)으로 불리고 있다. 즉, 조작적 조건형성의 원리를 통해 인간의 학습을 설명하고, 또한 인지과정의 중요성도 인정하는 것이 특성이라고 볼 수 있다.

## 3) 정신분석 이론

### (1) 프로이트의 심리성적 발달 이론

정신분석 이론의 창시자인 프로이트(Sigmund Freud, 1856~1939)는 오스트리아의 정신과 의사로서 신경증 환자에 관한 임상적 연구를 통해 인간발달의 과정을 분석하였다.

프로이트는 인간의 정신을 빙산에 비유하며 의식, 전의식, 무의식으로 구성되어 있다고 하였다. 즉, 빙산에서 물 위에 보이는 부분은 의식으로서 우리가 인식할 수 있는 사고, 감정, 지각 등이라고 본다. 물속에 감추어져 있는 부분은 무의식으로 정신의 가장 큰 부분을 차지하지만, 전혀 볼 수 없고 의식할 수 없다. 또한 전의식은 원할 때 의식화할 수 있는 것으로 기억, 사고, 꿈 등으로 이루어져 있다. 실제로 인간의 대부분 행동은 무의식의 지배를 받는다는 사실에 근거하여 무의식에 대한 인간 사고와 행동의 영향을 설명하고자 하였다.

프로이트는 인간의 성격 구조는 원초아(id), 자아(ego), 초자아(superego)의 체계로 구성되었고, 이들의 조화가 발달에 있어서 중요하다고 주장하였다. 원초아는 원초적인 쾌락 원리가 지배하고 있고, 자아(ego)는 현실 원리가 지배하는 것으로 이성의 작용으로 조절될 수 있다. 또한 초자아(superego)는 양심과 도덕성에 기초하여 조절과 통제의 역할을 하게 된다. 따라서 건강한 성격은 이러한 구조들이 어떻게 상호작용하느냐에 따라 결정될 수 있다.

또한 인간은 선천적으로 가지고 태어나는 심리성적 에너지인 리비도(libido)가 있다고 보고 이에 근거해 심리성적 발달단계를 제시하였다. 리비도는 신체의 어느 부위에 집중되는데, 어느 부위에 집중되느냐에 따라 발달단계를 설명하고 있다. 프로이트(Freud)는 성감대의 변화에 따라 구강기, 항문기, 남근기, 잠복기, 생식기로 단계를 구분하였고, 이를 살펴보면 **표 4-1**과 같다.

표 4-1 프로이트의 심리성적 발달단계

| 단계 | 연령 | 리비도 위치 | 특징 |
|---|---|---|---|
| 구강기 | 0~2세 | 구강 | • 구강 욕구를 가지는 시기로서 구강을 통해 성적쾌감을 얻음<br>• 지나친 충족을 하거나 지나친 좌절을 경험하게 되면, 현재 단계에 계속 머물려고 하는 경향이 있는데, 이것을 고착(fixation)이라고 함 |
| 항문기 | 2~3세 | 항문 | • 똥, 오줌 같은 배설물을 보유하고, 그것을 배출하면서 쾌감을 느낌<br>• 배변 훈련 방법이나 배변 경험에 따라 항문기 강박적 성격이나 항문기 폭발적 성격이 형성됨 |
| 남근기 | 3~6세 | 남근(성기) | • 남근을 통해 성적쾌감을 얻음<br>• 이성의 부모를 사랑하게 되는데 남자아이는 아버지에 대해 적의를 품는 오이디푸스 콤플렉스(Oedipus complex)를 경험하고, 여자아이는 반대로 엘렉트라 콤플렉스(Electra complex)를 경험함<br>• 콤플렉스를 적절히 해결하는 과정을 통해 성역할과 도덕성이 발달됨 |
| 잠복기 | 6~12세 | 온몸에 잠재 | • 리비도가 온몸에 고루 퍼져 있어 특정한 성감대를 형성하지 않는 조용한 시기 |
| 생식기 | 12세 이후 | 생식기관(성기) | • 잠재되어 있던 리비도가 사춘기가 시작되면서 다시 활성화됨<br>• 생식기에 리비도가 집중되어 이성과의 직접적 관계로 쾌감을 얻고자 하는 시기<br>• 적절한 방법으로 해소하면 원만한 인간관계와 책임감이 발달됨<br>• 적절하게 해소하지 못하면 부적응적이고 반사회적 성격 특성을 나타냄 |

### (2) 에릭슨의 심리사회적 이론

에릭슨(Erik H. Erikson, 1902~1994)의 심리사회적 이론은 프로이트의 정신분석학에 기초하였기 때문에 인간의 초기 경험을 중요시하며 어린 시절 경험의 영향을 강조하였다. 그러나 에릭슨은 프로이트의 심리성적 발달 이론이 강조하는 성적 에너지에 대해 부정적 입장을 가지고 있다. 그는 인간 발달이 성적 에너지에 의한다고 보는 프로이트의 이론을 비판하며 사회적 에너지와 개인과 사회의 상호작용을 통해 과업을 성취하는 자아의 역할을 강조하였다.

프로이트가 무의식과 원초아를 중시하면서 심리성적 발달 이론을 주장하지만, 에릭슨은 자아와 의식을 중시하는 심리사회적 이론을 제시하였다. 에릭슨은 개인이 속해 있는 사회적 관계 속에서 개인의 자아 역할과 사회문화적 경험을 중시하였다.

에릭슨은 이러한 경향에 기초하여 사회적 요인들로 인한 인간발달의 범위를 확장하였다. 발달에 있어서 자아의 역할을 강조하면서 전 생애에 걸쳐 8단계를 제시하였다. 무엇보다도 에릭슨의 정신분석 이론은 인간발달을 생애 전 단계로 확장하여 제시하였다는 측면에서 의의가 있다. 출생에서 노년에 이르기까지 단계마다 거쳐야 하는 발달과업을 통해 단계마다 대칭되는 두 개념으로 제시하고, 이 개념이 균형을 이루며 발달해야 성공적으로 다음 단계로 이행할 수 있다고 보았다. 이러한 에릭슨의 생애 8단계를 구체적으로 살펴보면 표 4-2와 같다.

표 4-2 에릭슨의 생애 8단계

| 단계 | 연령 | 발달과제 |
|---|---|---|
| 기본적 신뢰감 대 기본적 불신감 | 출생에서 1세까지 | • 주 양육자와의 관계에서 신뢰감 형성<br>• 일관성 있는 관계를 지속하지 못하면 불신감을 형성 |
| 자율성 대 수치감과 회의감 | 1세에서 3세까지 | • 배변활동의 괄약근 통제, 걷기 등을 자율적으로 수행하면서 자율성이 형성<br>• 배변 실수 등 기대에 적합한 행동을 수행하지 못하면 수치심과 회의감 형성 |
| 주도성 대 죄책감 | 3세에서 6세까지 | • 어떤 목표나 계획을 수행하려는 과정에서 주도성이 형성<br>• 미숙함과 금지된 것들을 느끼면서 초자아를 내면화하여 죄책감 경험 |
| 근면성 대 열등감 | 6세에서 12세경까지 | • 여러 가지 기능을 열심히 배우는 과정에서 근면성을 형성<br>• 실수나 실패를 하면 열등감을 형성 |
| 정체감 대 역할 혼미 | 13세경부터 사춘기까지 | • 자신의 위치, 역할, 능력 등에 대한 자아 정체감을 고민하면서 정체감을 형성<br>• 누군가 동일시 대상을 찾기도 하고, 역할 혼미가 생기기도 함 |
| 친밀감 대 고립감 | 20세경부터 초기성인기 | • 직업과 배우자를 찾게 되며 이러한 과정에서 다른 사람과의 친밀감을 형성<br>• 친밀감 형성이 잘 이루어지지 않으면 고립감 형성 |
| 생산성 대 침체성 | 중년기 | • 자녀 출산 및 양육, 사회적 직업적 성취 등에서 생산성을 발휘<br>• 생산성이 제대로 이루어지지 않으면 침체성을 겪게 됨 |
| 자아통합 대 절망감 | 노년기 | • 자신의 삶을 되돌아보고 인생의 의미를 발견하면 통합감을 형성<br>• 후회와 실패로 무력감을 느끼면 절망감을 가지게 됨 |

## 4) 인지 이론

### (1) 피아제 인지발달 이론

스위스의 생물학자이며 심리학자인 피아제(Jean Piaget, 1896~1980)는 인간의 지적 능력 발달과정에 대한 이해에 기초하여 인지발달 이론을 제시하였다. 피아제는 인간이 능동적 존재이기 때문에 주변 환경과의 적극적인 상호작용을 통해 적응해 나간다고 보았고, 인간의 인지를 생물학적 적응의 한 형태로 보았다.

인지구조에 있어서 기본 개념으로 도식(scheme)이라는 지식의 기본 단위를 제시하고 있다. 도식은 한 유기체가 외부의 사물을 인지하기 위해 사용하는 유아의 인지구조, 즉 '이해의 틀'로서 피아제가 사용한 개념이다. 인지구조의 발달에 영향을 미치는 요인은 성숙, 물리적 경험, 사회적 경험, 동화와 조절을 통한 평형화 등이 있다.

피아제는 인간의 정신구조도 외부 환경에 적응하는 것으로 보았는데, 이러한 적응은 동화와 조절을 통해 이루어진다. 동화는 외부 환경이나 요소를 유아(유기체)의 기존 도식 속으로 통합하는 과정이며, 조절은 특정 환경이나 요인이 유아 자신의 기존 도식으로 이해되지 않으면 기존의 도식을 변형하는 과정으로, 인지구조를 수정하는 과정이다. 예를 들어 멍멍이라는 도식을 가진 아이가 고양이나 호랑이 그림을 보고, 멍멍이라고 부르는 것은 기존 도식에 환경을 통합하는 동화의 과정이다. 그러나 멍멍이라는 도식을 가진 아이가 고양이를 보고 다름에 대한 갈등을 겪다가 이것은 멍멍이와 다른 야옹이라는 인지적 수정을 하는 과정이 조절이라는 적응 과정이 된다. 새로운 경험은 긴장과 갈등을 통해 인지구조의 불평형을 일으키는데, 인지구조의 균형을 유지하기 위해 유기체는 동화와 조절 등의 과정을 통해 평형화로 나아가게 된다. 이러한 과정을 통해 인지구조는 더 복잡하고 정교한 형태로 구성된다.

피아제는 인지 구성의 과정에서 질적으로 상이한 인지발달 단계가 존재한다고 보았다. 각 단계의 주요 발달적 특징을 살펴보면 표 4-3과 같다.

표 4-3 피아제의 인지발달 단계

| 단계 | 연령 | 발달과제 |
|---|---|---|
| 감각운동기 | 0~2세 | • 지적발달의 최초 단계<br>• 생득적인 반사(reflex) 기능을 기초로 초보적인 감각적 도식에 의한 활동에 의존하는 단계<br>• 감각 운동의 행동적 도식을 형성해서 외부 환경을 이해하고 적응해 가는 시기<br>• 시각, 청각, 촉각, 미각, 후각 등 인간의 오감을 통해 감각적 경험을 하는 가운데 인지의 기초가 발달하는 단계<br>• 초기에는 어떤 사물이나 사람이 눈앞에서 사라졌다 하더라도 계속 존재한다는 사실을 인식하는 대상영속성이 없으나 차츰 이러한 인지 개념을 발달시키기 시작함 |
| 전조작기 | 2~7세 | • 인지가 내면화되긴 하였으나 아직 그 작용에 한계가 많아 어른의 사고와 큰 차이를 보이는 시기<br>• 기호적 기능(semiotic function), 자기중심성(ego-centrism), 중심화(centration)의 경향을 보이는 것과 더불어 보존성(conservation)의 개념을 갖고 있지 못한 특성을 가짐 |
| 구체적 조작기 | 7~12세 | • 중심화를 벗어나는 시기로, 탈중심화(decentration)가 이루어짐<br>• 한 가지 차원만 고려하고, 두 가지 이상의 차원을 동시에 고려하지 못하는 전조작적 사고기와는 달리 두 가지 이상의 차원을 동시에 고려할 줄 앎<br>• 자기중심성에서 벗어나게 되고, 체계적이고 논리적인 사고가 발달하게 되며, 가역적 사고(reversibility)를 통해 논리적 사고가 발달함 |
| 형식적 조작기 | 12세 이후 | • 논리적 · 추상적 · 과학적 사고가 가능해짐<br>• 추상적이고 가설적인 수준에서도 체계적으로 사고할 수 있는 능력이 발달함(예: 'A는 B보다 크고 B는 C보다 크면 A는 C보다 크다'라는 가설적 수준의 사고가 가능해짐) |

### (2) 비고츠키 인지발달 이론

비고츠키(Lev Vygotsky, 1896~1934)는 구소련 태생으로서 인지발달 이론을 인간 발달의 사회, 문화, 역사적 측면을 강조하면서 설명하였다. 피아제가 유기체 개인의 발달 자체를 강조하였다면, 비고츠키는 인간발달의 사회 · 문화적 기원과 사회문화적 요인의 중요성을 강조하면서 인간의 사고 과정과 학습의 전체적 상호과정을 이론화하였다.

한 유아가 속해 있는 사회·문화는 가치와 신념을 내재하고 있으면서 지적 적응 도구를 제시하게 된다. 즉, 사회의 구조가 한 개인의 행동 및 정신구조에 결정적 역할을 한다고 보기 때문에 인간의 사고 과정은 사회적 상호작용을 통해 형성된다.

비고츠키는 다른 사람과의 상호작용이 유아의 학습 및 발달에 중요한 영향을 미친다고 주장하였다. 그는 근접발달영역(zone of proximal development)이란 개념을 통해 역동적 발달의 개념을 제시하고 있다. 근접발달영역이란 한 개인이 스스로 문제를 해결할 수 있는 실제적 발달 수준과 성인이나 더 나은 또래의 도움을 얻어 문제를 해결할 수 있는 잠재적 발달 수준 사이의 영역을 말한다. 즉, 현재 수행할 수 있는 문제 해결 수준이 비슷한 두 아이라 할지라도 성인이나 더 나은 또래의 도움을 받아 해결할 수 있는 수준은 다를 수 있으며, 이러한 차이는 학습자의 발달에 있어서 중요한 차이라고 볼 수 있다는 것이다.

또한 발달에 선행하여 학습이 발달을 유도할 수 있다고 보았기 때문에 발달을 주도할 수 있도록 학습을 통해 사회·문화적 환경을 조성해야 하며, 이를 위한 다양한 방법이 필요함을 주장하였다. 여기서 교사–학생 간의 상호작용, 학생–학생 간의 상호작용이 중요한 의미를 지니게 된다. 스캐폴딩(발판화, scaffolding)은 이러한 상호작용과정을 통해 학습이 점진적으로 이루어져 가는 것을 비유한 개념으로써 일반적으로 콘크리트 구조물을 만들 때 콘크리트가 굳을 때까지 구조물의 모양을 지탱해 주는 거푸집이나 지지대를 가리킨다. 스캐폴딩을 설정해 주는 것을 비계설정(飛階設定)이라고 하는데, 이는 아동이 혼자 하기 어려운 지식이나 기능을 성인이나 좀 더 나은 또래가 도움을 주어 그것을 내면화하도록 지지해 주는 과정을 뜻한다.

비고츠키는 내면화(internalization)를 통해 개인이 지식을 획득하는 과정을 설명하였다. 이는 사회적 현상인 유기체 외부의 활동을 심리적 현상인 내적 수준으로 실행시켜 나가는 과정으로, 이때 사회와 문화에 대한 지식이 매개가 된다. 이러한 과정은 특히 독특한 문화가 가지는 상징인 언어가 중요한 역할을 한다. 따라서 발달에서 언어는 사고발달의 중요한 도구적 역할을 하게 된다는 것이다.

비고츠키의 인지 이론은 사회·문화적 환경 속에서 외부가 내부로 내면화되는 과정을 설명함으로써 사회적 상호작용과 학습의 중요성을 중시하는 새로운 견해를 제시하였다. 예를 들어 피아제의 경우 언어발달은 단지 사고발달의 결과물로 여기는 데 반해 비고츠키는 언어가 사고발달의 도구적 역할을 하는 것으로 보고, 학습이 발달에 선행한다고 봄으로써 학습의 중요성과 방법적 필요성에 대한 논의를 열어두고 있다.

## 3. 발달에 적합한 유아교육적 접근

### 1) 신체발달과 관련된 영역

영유아의 신체적 성장은 새로운 행동을 하게 하는 원동력일 뿐 아니라 일상생활의 기본이 된다. 따라서 신체 운동기능의 발달은 인지, 정서, 사회, 언어발달을 촉진하는 기초가 되며, 건강한 성장과 발달을 위한 중요 준거가 된다.

유아교육은 다양한 신체활동을 통하여 일상생활에 필요한 기본운동능력을 기르며, 건강한 생활 습관을 형성함으로써 유아의 심신을 조화롭게 발달시키기 위한 접근이 되어야 한다. 최근 유아교육에서 삶의 문제에 관한 관심이 급증하면서 유아의 의식주 생활을 통한 몸과 마음의 건강한 조화와 성장을 교육의 근본으로 제시하는 논의가 있다. 따라서 '건강', '기본운동능력', '감각과 지각능력'에 대한 것을 포함한 활동과 생활을 통한 교육적 접근이 이루어질 수 있어야 한다.

## 2) 인지발달과 관련된 영역

유아의 인지발달의 특성은 피아제(Piaget)의 전조작기에 해당하므로 일반적으로 상징적 사고, 자아중심적 사고, 물활론적 사고, 직관적 사고를 하는 것으로 인식되고 있다. 그러나 최근에는 유아기 사고가 가지는 독특성에 가치와 의미를 발견하는 연구들(송영주, 2007; 한유진, 2005; Lutz & Keil, 2002)도 활발하게 이루어지고 있다. 특히 영유아기 물리적 지식의 다양성에 대한 증거와 더불어 영유아기의 직관적 물리적 지식의 개념과 접근 방식의 상이함에 대한 논란들이 일어나고 있다(Carey, 1991; Spelke, 1994). 즉, 유아기 사고는 독특한 자신의 방식으로 세계와 대화한다는 것에 대한 다양한 시각차를 드러내고 있다. 이는 인지발달에 대한 폭넓은 이해와 교육적 접근 가능성에 다양한 시사점을 던져주고 있다.

피아제나 몬테소리처럼 영유아의 감각 발달과 민감성을 주장하는 이론을 언급하지 않더라도 유아가 실존 세계를 탐색하는 탁월한 능력이 있음은 알려진 바이다. 이러한 맥락에서 유아교육에 접근할 때, 유아 인지발달과 관련한 활동은 실제적인 방법으로 이루어져야 한다. 우선 과학적 영역에서 유아의 탐색이 유아발달의 적합성을 고려하여 직접적 방법으로 이루어져야 한다. 즉, 자연과 물리적 세계에 대한 이해와 교류가 수동적인 방법이 아닌 적극적이고 맥락적 성향을 띠어야 한다는 것이다. 감성을 가지고 탐색하는 유아 자신의 인지 방식을 인정하는 교육이 필요하다.

다음으로 수학적 탐구의 영역을 보면 최근 수학적 능력에 대한 피아제와 다른 견해를 제시한 겔만(Gelman, 1980)에 의하면 유아의 수학적 접근은 그들의 사고 수준과 방식에 근거한 접근이 이루어질 때 더 많은 가능성을 가진다고 주장하였다. 따라서 유아의 놀이와 생활 방식에 근거한 수학의 기초개념과 수학적 기술의 사용법을 적용해 나가는 것이 필요하다고 볼 수 있다.

### 3) 언어발달과 관련된 영역

언어라는 매체를 통해서 의사소통하는 능력의 발달은 매우 어린 시기에 시작되며 유아기에 있어 가장 중요한 과업 중의 하나이다. 유아는 성장해 나가는 동안 계속해서 자신이 속한 사회에서 자극을 받고 다양한 사람들과의 상호작용을 통하여 여러 영역의 발달이 이루어진다. 유아기는 표상을 통한 상징적 사고를 할 수 있어 빠른 속도로 단어를 획득하게 된다. 또한 사회적 상호작용도 활발해지게 되므로 언어발달에 빠른 진전을 가져오게 된다. 이러한 언어발달은 의사소통 능력을 향상시키고, 다양한 언어발달을 통한 사회생활의 변화를 가져오게 된다.

의사소통 기술은 사회적 상호작용의 기초로서, 사회적 관계를 시작하고 유지시키게 된다. 유치원에서 나타나는 유아들의 담화나 의사소통은 발달에 있어서 간과할 수 없는 중요한 의미를 지니는 중요한 영역임에 대한 인식이 필요하다.

김영국 · 최석란(1997)은 극놀이에서 교사의 단계별 지지가 유아의 언어적 의사소통의 긍정적 효과를 밝힌 바 있다. 특히 유아들의 생활 현장에서 나타나는 담화나 언어적 상호작용은 발달에 있어서 중요한 의미가 있음(이칠영, 1985; Leaper, 1991)은 주지되어 온 바이다. 따라서 유치원 현장에서 유아가 즐거운 언어생활을 할 수 있도록 지원하는 환경 조성이 필요하다. 특히 유아기 발달 특성을 고려하여 구어와 문어 발달의 통합적 접근이 필요하다. 최근 문학적 접근이나 토론을 통한 언어생활의 활성화에 대한 중요성(이경우, 1996; Richard & Anderson, 2003)도 제기되고 있다. 이처럼 영유아기의 구체적이고 경험적 삶으로서의 언어발달은 통합적 언어교육의 형태로 이루어지고 있다.

최근 유아 언어교육에 관한 연구(강은진 · 박혜경 · 정대련, 2005)는 유아의 문해력 신장을 위해서 언어와 미술 교육과정의 통합을 주장하며 언어활동과 미술활동의 통합 효과를 제시한 바 있다. 즉, 유아 언어교육은 유아의 전인적 발달 특성을 고려하여 분과적 접근이 아니라 맥락적 연계에 대한 중요성이 주목받고 있다.

### 4) 정서발달과 관련된 영역

심리발달에서 정서는 유아에게 자신의 행동을 조직하여 조절하도록 하는 역할을 한다. 브리지스(Bridges, 1932)는 유아의 정서 분화는 생후 2, 3개월 무렵부터 시작되어 2세경이 되면 성인이 보이는 거의 모든 정서를 나타낸다고 하였다. 이러한 정서 이해 능력은 연령이 증가함에 따라 발달하여 5, 6세경이 되면 '샘나는', '뽐내는', '난처한'과 같은 복잡한 정서를 이해할 수 있게 된다. 이러한 정서를 기초로 하여 유아는 정서 이해 능력, 정서 표현능력, 감정이입 능력, 정서 조절 능력 등이 발달하게 된다.

메이어와 샐러비(Mayer & Salovey, 1997)는 정서지능 구성요소를 정서 이해 능력, 정서 표현능력, 감정이입 능력, 정서 조절 능력 등으로 제안하였다. 이러한 정서 영역의 유아교육적 접근방안은 유아에게 감정을 경험하고, 관찰하고, 표현하는 기회를 줌으로써 활성화될 수 있다. 특히 공포와 불안, 질투, 기쁨과 애정 등을 사회가 받아들이는 적절한 방법으로 표출할 수 있는 경험이 필요하다. 이는 정서 이해 능력뿐 아니라 정서 표현능력을 향상시킨다.

또한 타인이 느끼는 감정과 상황에 대한 공감의 기회를 가지는 것은 조망수용능력(perspective-taking ability)의 발달로 감정이입 능력 향상에 도움을 줄 수 있다. 이는 이후 이타적 행동에 대한 관계성을 가지면서 발달적 접근을 이루게 된다. 이러한 측면에 대한 경험의 기회가 확대될 때 유아는 자신의 정서 조절 능력을 갖출 수 있게 된다. 따라서 자유선택활동, 토론, 이야기 나누기의 다양한 방식을 통해 유아들이 자신의 생각, 느낌, 정서를 사회와 문화가 수용하는 방식으로 발달적으로 적합하게 표출하는 생활 방식을 유지하도록 도와주는 것이 필요하다.

### 5) 사회발달과 관련된 영역

유아는 출생 이후 사회 속에서 다양한 기술 및 태도를 습득하게 된다. 특히 자신과 타인에 대한 이해가 발달하고, 친사회적 기술들이 발달하면서 친사회적 행위와 사회적 개념들을 형성하게 된다. 이러한 과정에서 유아가 자신의 특유한 방식으로 상호작용 전략을 발전시키기도 하고, 다양한 다른 발달 영역과 연관성을 가지며 발달하게 된다.

유아기도 다양한 사회관계를 형성하고 독특한 지배구조를 가진다. 유아기도 수직적인 지배 위계 구조가 존재한다는 것과 유아들도 또래들의 지배 위계를 인식한다는 것을 밝히는 연구가 있다(Sluckin & Smith, 1977; 이부미, 1991; 조경서, 1991). 특히 권미량·서영희(2007) 연구는 유아기 담화를 통해 집단에서의 권력 행사 전략을 사용하는 유아들의 생활 세계를 탐색하였는데, 이를 통해 유아기 나름의 독특한 조직적 사회생활을 제시하였다. 이처럼 유아기는 독특한 자신들의 생활방식을 가지면서 발달해 가고 있음을 볼 수 있다.

유아기에 다양한 사회발달의 특성에 근거한 유아교육기관 활동은 유아의 유아교육기관 생활을 원만하고 활발하게 이루어지게 도울 뿐 아니라 사회성 발달의 기초가 된다. 우선 자신에 대한 긍정적 자아개념을 가지고 친사회적 기술을 사용할 다양한 기회가 제공되어야 한다.

유아는 타인과의 의사소통 기회를 통해 함께 더불어 생활할 수 있는 리듬을 형성할 수 있다. 뿐만 아니라 공유하기, 협상하기, 협동하기 등은 유아가 적절한 공동체 삶의 기초를 형성하도록 한다. 또래와 관계를 맺고, 유지하는 가운데 발생한 문제를 바람직한 방향으로 해결하기 위해서는 상호작용의 기술적 이해가 뒤따라야 한다. 박진재(2002)는 '사회적 기술'은 협동, 도움 나누기, 차례 지키기, 교환하기, 사회적 문제 해결 등을 통해 사회적 환경을 조절할 수 있는 능력이라고 하였다. 따라서 유치원에서 관련된 다양한 경험을 제공하고, 문제를 가진 유아를 발견하고, 중재하는 접근이 필요하다.

또한 유아에게 사회에 대한 이해의 기초가 되는 역사, 지리, 경제에 관한 관심과 기본 사회개념에 대한 경험의 기회를 제공할 필요가 있다. 그러나 이러한 접근은 유아의 생활과 지역사회의 특성에 따라 생활 중심으로 접근돼야 한다.

Chapter

# 5

# 영유아 보육과정

"표준보육과정과 누리과정 생각하기"

1. 표준보육과정
2. 누리과정

인간이 자연의 지도하에 모든 것에 대한 지식을 통달할 수 있다는 것은 명백하다. 가정교사의 지겨운 교육을 받고 학습한 사람들보다는 스스로 학습하거나 베른하르트가 말하는 것같이 참나무와 너도밤나무를 선생님으로 모시고 학습한 사람들이 더 탁월한 발전을 이룩하고 있는 경우가 많다.

– John Amos Comenius의 『Opera Didactica Omonia(The great Didactic)』 중에서

# 1. 표준보육과정

어린이집 표준보육과정은 국가 수준의 보육목표와 영유아의 발달과 개인차를 고려하여 이들이 경험하게 될 보편적인 보육내용을 제시한다. 표준보육과정은 「영유아보육법」 제29조 제2항, 「영유아보육법 시행규칙」 제30조 및 별표 8의 4에 의해 규정된 것으로, 만 6세 미만의 영유아가 갖추어야 할 바람직하고 적합한 태도와 가치, 지식과 기술을 포함하며, 이를 통해 영유아의 잠재력을 최대한 발휘하도록 구성되었다. 제2차 고시 개정(2012)과 제3차 고시 개정(2013)에 이어 2020년에 「제4차 어린이집 표준보육과정」 고시로 개정하였다. 제4차 표준보육과정은 어린이집 3~5세 보육과정인 「2019 개정 누리과정」을 반영하여 유아중심, 놀이중심, 교사의 자율성 강화를 기본 방향으로 하여 개정되었다. 표준보육과정의 개정과정을 구체적으로 살펴보면 표 5-1과 같다.

**표 5-1** 표준보육과정의 개정과정

| 구분 | | 내용 |
|---|---|---|
| 2004.1. | 영유아보육법 전문 개정 | • 표준보육과정 개발의 근거 마련(영유아보육법 제29조 제2항, 제4항, 시행규칙 제30조) |
| 2005.1. | 표준보육과정 연구 | • 보육관련 6개 학회가 참여한 기초연구에 이어 총 30명의 보육관련 학계 교수와 현장 보육교사들이 참여하여 내용 개발, 영역전문가와 초등교사의 자문을 거쳐 지역별 협의, 총괄자문, 공청회 실시를 통해 연구 완성 |
| 2007.1. | 표준보육과정 고시 | • 「표준보육과정」의 구체적 보육내용 및 교사지침 고시함(여성가족부 고시 제2007-1호) |
| 2008.7. | 제1차 표준보육과정에 기초한 0~5세 연령별 보육프로그램 | • 제1차 표준보육과정에 기초하여 총론(1권), 0~5세용 어린이집 프로그램(6권), 장애아용 프로그램(1권) 개발 및 보급 |
| 2010.9. | 표준보육과정 재고시 | • 여성가족부의 보육업무가 보건복지부로 이전되면서 2007.1.의 표준보육과정 고시가 보건복지부 고시 제2010-71호로 재고시함 |
| 2011.9. | 5세 누리과정 고시 | • 보건복지부, 교육과학기술부에서 어린이집과 유치원 5세를 위한 공통과정으로서 「5세 누리과정」을 제정 고시함 |
| 2012.2. | 누리과정에 기초한 5세 어린이집 프로그램 | • 5세 누리과정에 기초하여 5세 어린이집 프로그램(4권)과 DVD(4개), 연령 연계 프로그램(1권)을 개발하여 보급 |
| 2012.2. | 제2차 표준보육과정 개정 고시 | • 5세 누리과정 제정과 더불어 0~4세를 포함한 「제2차 표준보육과정」을 고시함(보건복지부 고시 제2012-28호) |
| 2012.7. | 3~4세 누리과정 제정 고시 및 5세 누리과정 개정 고시 | • 보건복지부와 교육과학기술부가 함께 5세 누리과정 개정과 더불어 3~4세 누리과정을 제정하여 고시함 |
| 2013.1. | 제3차 어린이집 표준보육과정 개정 고시 | • 0~1세 보육과정, 2세 보육과정, 3~5세 보육과정(누리과정)을 포함하여 전체적으로 개정 고시함(보건복지부 고시 제2013-8호). 2013년 3월부터 적용 |
| 2019.7. | 2019 개정 누리과정 고시 | • 유아 · 놀이 중심 교육과정 개편 방향을 반영하여 「2019 개정 누리과정」 고시 (보건복지부 고시 제2019-152호). 2020년 3월부터 시행 |
| 2020.4. | 제4차 어린이집 표준보육과정 고시 | • 「제3차 표준보육과정」 현장 적용 결과 및 「2019 개정 누리과정」에 따른 요구를 반영하여 「제4차 어린이집 표준보육과정」 고시(보건복지부 고시 제2020-75호). 2020년 9월부터 시행 |

어린이집 표준보육과정(이하 '표준보육과정'이라 함)은 0~5세 영유아를 위한 국가 수준의 보육과정이며 0~1세 보육과정, 2세 보육과정, 3~5세 보육과정(누리과정)으로 구성한다. 따라서 0~2세의 표준보육과정에 대한 구체적 내용을 살펴보면 다음과 같다.

## 1) 구성 방향

### (1) 추구하는 인간상

표준보육과정에서 추구하는 인간상은 건강한 사람, 자주적인 사람, 창의적인 사람, 감성이 풍부한 사람, 더불어 사는 사람이다. 이는 0~5세 영유아를 보육하는 어린이집 현장에서의 혼란을 최소화하기 위하여 「2019 개정 누리과정」에서 추구하는 인간상을 동일하게 적용하여 변경하였고, 또한 미래의 핵심역량을 반영한 초·중등학교 교육과정의 인간상과 연계되어 있다. 표준보육과정에서 추구하는 인간상의 내용을 구체적으로 살펴보면 표 5-2와 같다.

**표 5-2** 표준보육과정에서 추구하는 인간상

| 인간상 | 내용 |
|---|---|
| 건강한 사람 | 몸과 마음이 고루 발달하고, 스스로 건강함을 유지하며 안정적이고 안전한 생활을 하는 사람을 의미 |
| 자주적인 사람 | 자신을 잘 알고 존중하며 자신감을 가지고 스스로 할 수 있는 일을 주도적으로 해 나가는 사람을 의미 |
| 창의적인 사람 | 주변 세계에 열려 있고, 호기심이 많으며, 자기만의 방식으로 상상하고 느끼고 표현하고 탐구하는 가운데 새롭고 독창적인 생각을 하는 사람을 의미 |
| 감성이 풍부한 사람 | 예술을 사랑하고 존중하며 자신을 둘러싼 주변 세계에 경이감과 아름다움을 느끼고 즐길 수 있는 풍부한 문화적 감수성을 지닌 사람을 의미 |
| 더불어 사는 사람 | 자신이 속해 있는 사회에 소속감을 느끼고, 다른 사람과 생명을 존중하고 자연과 더불어 살아가며 보다 나은 사회를 만들기 위해 사회문제에 관심을 갖고 협력하는 민주 시민을 의미 |

### (2) 목적과 목표

표준보육과정의 목적은 영유아가 놀이를 통해 심신의 건강과 조화로운 발달을 이루고 바른 인성과 민주 시민의 기초를 형성하는 데 있다. 이를 실현하기 위한 목표는 다음과 같다.

① 자신의 소중함을 알고, 건강하고 안전한 환경에서 즐겁게 생활한다.
② 자신의 일을 스스로 하고자 한다.
③ 호기심을 가지고 탐색하며 상상력을 기른다.
④ 일상에서 아름다움에 관심을 가지고 감성을 기른다.
⑤ 사람과 자연을 존중하고 소통하는 데 관심을 가진다.

### (3) 구성의 중점

표준보육과정 구성의 중점은 다음과 같다.

① 영유아는 개별적인 특성을 지닌 고유한 존재임을 전제로 구성한다.
② 0~5세 모든 영유아에게 적용할 수 있도록 구성한다.
③ 추구하는 인간상 구현을 위한 지식, 기능, 태도 및 가치를 반영하여 구성한다.
④ 표준보육과정은 기본생활, 신체운동, 의사소통, 사회관계, 예술경험, 자연탐구의 6개 영역을 중심으로 구성한다.
⑤ 0~5세 영유아가 경험해야 할 내용으로 구성한다.
⑥ 초등학교 교육과정과의 연계성을 고려하여 구성한다.

## 2) 운영

### (1) 편성 · 운영

편성 · 운영은 어린이집에서 영유아 · 놀이 중심 보육과정을 편성하고 운영하기 위해 고려해야 할 공통적 기준을 안내한 것이다. 다음의 사항에 따라 표준보육과정을 편성 · 운영한다.

① 어린이집의 운영 시간에 맞추어 편성한다.
② 표준보육과정을 바탕으로 각 기관의 실정에 적합한 계획을 수립하여 운영한다.
③ 하루 일과에서 바깥 놀이를 포함하여 영유아의 놀이가 충분히 이루어지도록 편성하여 운영한다.
④ 성, 신체적 특성, 장애, 종교, 가족 및 문화적 배경 등에 따른 차별이 없도록 편성하여 운영한다.
⑤ 영유아의 발달과 장애 정도에 따라 조정하여 운영한다.
⑥ 가정과 지역사회와의 협력과 참여에 기반하여 운영한다.
⑦ 교사 연수를 통해 표준보육과정의 운영을 개선할 수 있도록 한다.

### (2) 교수 · 학습

교수 · 학습은 영유아가 즐겁게 놀이하며 스스로 배울 수 있도록 교사가 지원할 때 고려해야 할 사항이다. 표준보육과정에서는 교사를 영유아의 놀이 지원자로 제안하고 있다. 교사는 놀이의 특성, 의미, 가치를 이해하며 영유아가 즐겁게 놀이하면서 배우는 경험을 지원할 수 있다. 교사는 적절하게 환경을 구성하고, 영유아와 바람직한 상호작용을 하여 영유아가 놀이에 몰입하고 놀이를 확장하도록 돕는 역할을 한다. 교사는 다음 사항에 따라 영유아를 지원한다.

① 영유아의 의사 표현을 존중하고 민감하게 반응한다.

② 영유아가 흥미와 관심에 따라, 놀이에 자유롭게 참여하고 즐기도록 한다.

③ 영유아가 놀이를 통해 배우도록 한다.

- 놀이를 통한 배움의 이해: 교사는 영유아의 놀이를 배움의 과정으로 이해하고 영유아의 놀이를 지원
- 놀이와 연계한 활동을 통한 영유아의 배움 지원: 활동을 운영할 때 교사는 영유아가 주도하는 놀이의 내용과 활동이 연계되도록 지원하여 영유아가 즐겁게 배우도록 함
- 자율성을 바탕으로 영유아의 놀이 배움 지원: 놀이에서의 영유아의 배움을 지원하기 위한 교사의 자율성을 강조함. 따라서 교사는 영유아의 특성, 안전, 놀이 환경, 자료, 날씨, 기관의 상황 등을 고려하여 놀이를 지원해야 함

④ 영유아가 다양한 놀이와 활동을 경험할 수 있도록 실내외 환경을 구성한다.

- 다양하고 안전한 실내외 놀이 공간 구성: 교사는 놀이 공간을 구성하고, 변형해 나가며 영유아의 자유로운 놀이를 지원함. 영유아의 관심과 흥미, 요구에 따라 새로운 영역을 구성할 수 있으며, 영유아가 주도적으로 놀이 영역을 창조할 수 있도록 지원함
- 풍부한 놀이자료 제공: 놀이자료는 놀잇감, 매체, 재료와 도구 등을 포함하는 것으로, 영아의 발달특성에 맞게 크기, 감촉, 모양, 색 등을 고려하여 제공하는 것이 좋음

⑤ 영유아와 영유아, 영유아와 교사, 영유아와 환경 사이에 능동적인 상호작용이 이루어지도록 한다.

- 영유아 사이의 상호작용: 영유아가 주도하는 보육과정에서는 영유아와 영유아 사이의 상호작용이 활발하게 이루어짐. 교사는 영유아들이 자유롭고 활기차게 놀이할 수 있는 분위기를 제공하여 영유아 사이의 다양한 상호작

용을 격려함

- 교사와 영유아의 상호작용: 교사는 영유아의 놀이에 귀 기울여 놀이의 의미와 배움을 발견하고, 이를 확장하기 위해 다양한 상호작용을 함. 교사는 영유아와 주변 세계를 이해하는 공동의 놀이자로서 놀이에서 발생하는 문제를 함께 해결하면서 영유아의 배움을 이끄는 상호작용을 할 수 있음
- 영유아와 환경과의 상호작용: 환경은 영유아의 놀이가 활성화되는 배경이자 영유아가 다양한 배움을 경험하는 원천임. 영유아는 혼자 충분하고 반복적으로 환경을 탐색하는 과정을 통해 배워 나가므로, 교사는 영유아의 환경 탐색에 대해 관심을 가지고 지원해야 함

⑥ 각 영역의 내용이 통합적으로 영유아의 경험과 연계되도록 한다.

⑦ 개별 영유아의 요구에 따라 휴식과 일상생활이 원활히 이루어지도록 한다.

⑧ 영유아의 연령, 발달, 장애, 배경 등을 고려하여 개별 특성에 적합한 방식으로 배우도록 한다.

### (3) 평가

표준보육과정에서 평가는 어린이집에서 영유아가 중심이 되고, 놀이가 살아나는 표준보육과정의 운영을 되돌아보고 개선해 가는 과정이다. 표준보육과정은 어린이집에서 영유아 · 놀이 중심 보육과정을 운영하는 데 도움이 되고자 평가를 간략화하고 각 어린이집의 자율적인 평가를 강조하였다. 어린이집은 평가의 목적, 대상, 방법, 결과의 활용을 바탕으로 표준보육과정 평가를 자율적으로 실시할 수 있다. 평가는 다음 사항에 중점을 두고 실시한다.

① 표준보육과정 운영의 질을 진단하고 개선하기 위해 평가를 계획하고 실시한다.

② 영유아의 특성 및 변화 정도와 표준보육과정의 운영을 평가한다.

③ 평가의 목적에 따라 적합한 방법을 사용하여 평가한다.

④ 평가의 결과는 영유아에 대한 이해와 표준보육과정 운영 개선을 위한 자료로 활용할 수 있다.

## 3) 영역별 목표와 내용

### (1) 0~1세 영역별 목표와 내용

#### ① 기본생활

0~1세 영아는 씻고, 먹고, 자고, 배변하는 등의 일상에 적응하면서 어린이집 생활에 편안함을 느끼게 된다. 따라서 기본생활 영역은 0~1세 영아가 건강하고 안전한 일상생활을 편안하고 자연스럽게 경험하는 것을 목표로 한다. 기본생활 영역의 구체적인 목표는 표 5-3과 같다. 교사는 영아의 개별적 요구를 수용, 영아가 스스로 시도해 볼 수 있도록 안전한 환경과 기회를 마련하고, 적절한 도움과 격려로 영아가 편안하고 자연스럽게 일상을 경험하도록 지원한다.

**표 5-3** 기본생활 영역의 목표

| | |
|---|---|
| 건강하고 안전한 일상생활을 경험한다. | • 건강한 일상생활을 경험한다.<br>• 안전한 일상생활을 경험한다. |

기본생활 영역의 내용 체계는 '건강하게 생활하기', '안전하게 생활하기'로 제시되어 있다. 건강하게 생활하기는 영아가 신체의 청결과 위생, 즐거운 식사, 편안한 수면, 휴식과 배변 경험 등을 통해 건강한 일상을 경험하는 내용이고, 안전하게 생활하기는 영아가 안전한 상황에서 놀이하고 생활하며, 위험하다고 알려주면 주의할 수 있는 안전한 생활을 경험하는 내용이다. 세부 내용은 표 5-4와 같다.

표 5-4 기본생활 영역의 내용 체계

| 내용범주 | 내용 | 내용 해설 |
|---|---|---|
| 건강하게 생활하기 | 도움을 받아 몸을 깨끗이 한다. | • 영아가 몸을 깨끗이 할 때의 기분 좋음을 경험, 위생과 청결에 대한 기본적인 감각을 기르는 것으로 교사의 도움으로 손과 몸을 씻고, 이를 경험하는 내용 |
| | 음식을 즐겁게 먹는다. | • 영아가 먹는 것에 대한 즐거움을 알고, 수유-이유식-고형식 등 다양한 음식을 섭취하는 과정을 즐겁게 경험하는 내용 |
| | 하루 일과를 편안하게 경험한다. | • 영아가 어린이집에서의 수면, 휴식, 놀이 등의 일과를 건강하고 편안하게 경험하는 내용 |
| | 배변 의사를 표현한다. | • 영아가 대소변의 마려움을 인식하고 배변 의사를 나타낼 수 있도록 하여 배변훈련을 준비하는 내용 |
| 안전하게 생활하기 | 안전한 상황에서 놀이하고 생활한다. | • 영아가 안전한 상황에서 놀이하고 생활하도록 하는 내용 |
| | 안전한 상황에서 교통수단을 이용해 본다. | • 영아가 차량으로 이동할 경우 안전 장구를 착용하고 안전하게 이용하는 내용 |
| | 위험한다는 말에 주의한다. | • 영아가 위험하다는 말을 듣고 이에 반응을 보이며 주의할 수 있도록 하는 내용 |

### ② 신체운동

0~1세 영아는 감각적 자극에 반응하는 것과 주변 및 자신의 신체 탐색 과정을 통해 자연스럽게 몸의 움직임을 발전시켜 나간다. 탐색을 통한 감각과 신체 인식 과정은 영아가 자신의 몸을 구성하는 대근육, 소근육을 사용함으로써 조절 능력을 키워 나가는 기초가 된다. 또한 다양한 운동을 시도하는 것을 좋아하는 영아가 자신의 몸을 사용함으로써 다양한 신체활동을 경험한다. 교사는 0~1세 영아가 오감각으로 자극에 반응하고 주변을 탐색할 수 있도록 하고, 대소근육을 움직이면서 실내외 활동에 관심을 가지고 즐길 수 있도록 지원한다. 신체운동 영역의 구체적인 목표는 표 5-5와 같다.

**표 5-5** 신체운동 영역의 목표

| | |
|---|---|
| 감각으로 탐색하고 신체활동을 즐긴다. | • 감각 탐색을 즐긴다.<br>• 신체활동을 즐겁게 경험한다. |

신체운동 영역의 내용 체계는 '감각과 신체 인식하기', '신체활동 즐기기'로 제시되어 있다. 감각과 신체 인식하기는 영아가 여러 가지 다양한 감각적 자극에 오감각으로 반응, 감각기관으로 주변을 탐색, 자신의 신체를 즐겁게 탐색하면서 스스로 신체를 인식하게 하는 내용이다. 신체활동 즐기기는 영아가 자신의 몸을 움직이는 가운데 대소근육의 조절력을 키우고, 이를 기반으로 몸을 움직이면서 실내외에서 이루어지는 다양한 신체활동을 즐기는 내용이다. 세부 내용은 **표 5-6**과 같다.

**표 5-6** 신체활동 영역의 내용 체계

| 내용범주 | 내용 | 내용 해설 |
|---|---|---|
| 감각과 신체 인식하기 | 감각적 자극에 반응한다. | • 영아가 오감각으로 다양한 감각 경험을 통해 자극을 느끼고 그 자극에 반응하는 내용 |
| | 감각으로 주변을 탐색한다. | • 영아가 오감각으로 주변의 사물을 포함한 환경을 탐색하는 내용 |
| | 신체를 탐색한다. | • 영아가 자신의 손이나 발 등을 입에 넣어보거나 바라보고 팔, 다리. 몸통 등의 움직임을 탐색하는 가운데 자신에 대해 인식하게 되는 내용 |
| 신체활동 즐기기 | 대소근육을 조절한다. | • 영아가 목 가누기, 뒤집기, 앉기, 서기 등의 대근육 조절 능력을 발달시키는 것으로, 신체 균형을 잡으면서 안정되게 자세를 유지할 수 있는 능력을 키우는 내용 |
| | 기본 운동을 시도한다. | • 영아가 몸을 한 곳에서 다른 곳으로 이동하는 기기, 걷기 등의 이동 운동과 제자리에서 몸을 축으로 하여 원하는 방향이나 물체를 향해 움직여 보는 뻗기, 흔들기 등의 제자리 운동을 시도해 보는 내용 |
| | 실내외 신체활동을 즐긴다. | • 영아가 몸을 움직이는 것에 활발히 참여하고 도구를 이용하여 다양하게 시도하며 실내뿐만 아니라 인근 놀이터나 공원, 지역사회 시설 등 실외에서도 신체활동을 즐기는 내용 |

### ③ 의사소통

0~1세 영아는 적극적 의사소통자로 비언어와 언어를 이용하여 자신의 생각, 느낌, 감정을 표현하고 상대방의 표현과 반응을 보고 들으며 소통한다. 또한 주변의 그림과 상징에 관심을 갖고, 자유롭게 끼적이기를 즐기며 책과 이야기에도 관심을 갖는다. 의사소통 영역은 일상에서 영아가 다른 사람과 소통하는 다양한 방식을 경험하면서 의사소통의 즐거움을 느끼며 의사소통능력의 기초를 형성하는 것을 목표로 한다. 의사소통 영역의 구체적인 목표는 표 5-7과 같다. 교사는 0~1세 영아가 자유롭고 편안하게 자신의 의사를 표정, 몸짓, 옹알이, 말소리, 말, 끼적이기 등 다양한 방식으로 표현할 수 있도록 하고, 책에 관심을 갖고 자유롭게 즐기는 것을 지원한다.

표 5-7 의사소통 영역의 목표

| | |
|---|---|
| 의사소통 능력의 기초를 형성한다. | • 일상생활에서 듣기와 말하기를 즐긴다.<br>• 읽기와 쓰기에 관련된 관심을 가진다.<br>• 책과 이야기에 관심을 가진다. |

의사소통 영역의 내용 체계는 '듣기와 말하기', '읽기와 쓰기에 관심 가지기', '책과 이야기 즐기기'로 제시되어 있다. 듣기와 말하기는 영아가 다른 사람의 표정, 몸짓, 말 등에 관심을 갖고 보고 들으며, 표정, 몸짓, 말소리로 자신의 의사를 표현하는 내용이다. 읽기와 쓰기에 관심 가지기는 영아가 주변의 그림과 상징, 자유롭게 끼적이기에 관심을 가지는 내용이고, 책과 이야기 즐기기는 영아가 책과 이야기에 관심을 가지는 내용이다. 세부 내용은 표 5-8과 같다.

**표 5-8** 의사소통 영역의 내용 체계

| 내용범주 | 내용 | 내용 해설 |
|---|---|---|
| 듣기와 말하기 | 표정, 몸짓, 말과 주변의 소리에 관심을 갖고 듣는다. | • 영아가 주변 사람의 표정과 몸짓에 관심을 가지고 반응하며, 주변에서 들리는 말소리와 소리에 관심을 보이면서 다양한 말과 소리에 주의를 기울여 들으며 소통하는 내용 |
| | 상대방의 이야기를 들으면서 말소리를 낸다. | • 영아가 주변에서 말하는 이야기에 주의를 기울여 들으면서 다양한 발성과 옹알이로 반응하고 점차 적극적으로 말소리를 내며 소통하는 내용 |
| | 표정, 몸짓, 말소리로 의사를 표현한다. | • 영아가 표정과 몸짓의 비언어적인 방법을 포함하여 점차 말소리와 같은 언어적인 방법으로 표현하게 되면서 소통의 방식을 다양하게 활용하여 의사를 표현하는 내용 |
| 읽기와 쓰기에 관심 가지기 | 주변의 그림과 상징에 관심을 가진다. | • 영아가 주변의 친숙한 그림이나 표지판, 상표와 같은 상징에 관심을 가지는 내용 |
| | 끼적이기에 관심을 가진다. | • 영아가 벽이나 바닥면에 끼적이기를 시도하며 의도적으로 움직여 어떤 결과가 나타나는 것에 관심을 가지는 내용 |
| 책과 이야기 즐기기 | 책에 관심을 가진다. | • 영아가 책을 탐색하는 경험을 하며 책에 관심을 가지고 책과 자신의 경험을 관련짓고, 상징행동을 하며 상상해 보면서 책에 대한 선호가 생기는 내용 |
| | 이야기에 관심을 가진다. | • 영아가 이야기를 자주 접하면서 점차 자신이 좋아하는 이야기에 선호가 생기게 되는 내용 |

### ④ 사회관계

0~1세 영아는 자신을 독립된 존재로 인식하기 시작하고, 정서가 다양하게 분화되면서 여러 가지 감정을 느끼게 되고, 기본적인 욕구와 감정을 말과 행동으로 나타낼 수 있다. 0~1세 영아의 사회관계는 가정에서 자신을 돌보아주는 가족에서 점차 교사와 안정된 애착을 형성하면서 반에서 함께 생활하는 또래, 교사와 편안하게 지낼 수 있는 과정으로 확대된다. 따라서 0~1세의 사회관계 영역은 영아가 자신과 다른 사람의 감정을 인식함으로써 사회적 상호작용의 기초를 형성하는 것을 목표로 한다. 사회관계 영역의 구체적인 목표는 표 5-9와 같다. 교사는 영아가 주변의 친숙한 사람과 긍정적인 관계를 경험하고 어린이집에서 하루 일과를 편안하게 지낼 수 있도록 지원한다.

표 5-9 사회관계 영역의 목표

| | |
|---|---|
| 나를 인식하고, 친숙한 사람과 관계를 맺는다. | • 나를 고유한 존재로 안다.<br>• 안정적인 애착을 형성하고, 또래, 교사와 함께 지낸다. |

사회관계 영역의 내용 체계는 '나를 알고 존중하기', '더불어 생활하기'로 제시되어 있다. 나를 알고 존중하기는 영아가 자신을 인식하고 기본적인 욕구와 감정을 나타내며 자신에 친숙한 것을 알아가는 내용이고, 더불어 생활하기는 영아가 교사와 안정적인 애착을 형성하고, 또래와 다른 사람에게 관심을 가지면서 반에서 편안하게 지내는 것을 경험하는 내용이다. 세부 내용은 표 5-10과 같다.

**표 5-10** 사회관계 영역의 내용 체계

| 내용범주 | 내용 | 내용 해설 |
|---|---|---|
| 나를 알고 존중하기 | 나를 인식한다. | • 영아가 자신의 몸을 스스로 움직이기 시작하면서 자신의 신체를 탐색하고, 교사와 개별적으로 상호작용하는 일상적 경험을 통해 자신을 다른 사람과 독립된 존재로 인식하는 내용 |
| | 나의 욕구와 감정을 나타낸다. | • 영아가 자신의 생리적 욕구와 감정을 나타내고 이에 대한 민감하고 따뜻한 반응과 돌봄을 받는 경험을 통해 자신의 욕구와 감정 표현에 익숙해지는 내용 |
| | 나와 친숙한 것을 안다. | • 영아가 이름이나 친숙한 물건 등 자기에게 속한 것이 있다는 것을 일상에서 경험하면서 자신의 고유성을 인식하는 내용 |
| 더불어 생활하기 | 안정적인 애착을 형성한다. | • 영아가 교사에게 정서적 유대와 심리적 안정감을 갖고 자신의 욕구와 관심을 표현함으로써 자신이 안전하게 보호받고 있다는 것을 인식하는 내용 |
| | 또래에게 관심을 가진다. | • 영아가 교사 외에 다른 영아와 함께 지내는 경험을 통해 자연스럽게 자신과 구별되는 것에 관심을 가지는 내용 |
| | 다른 사람의 감정과 행동에 관심을 가진다. | • 영아가 자신이 여러 가지 감정을 표현하는 것처럼 다른 사람도 감정과 행동을 나타내는 존재임을 알고 관심을 가지는 내용 |
| | 반에서 편안하게 지낸다. | • 영아가 자기가 속한 반의 쾌적한 환경, 반응적인 교사, 불편함을 주지 않는 또래, 규칙적인 일과 운영 속에서 생활하며 정서적 안정감을 가지고 편안하게 지내는 내용 |

### ⑤ 예술경험

0~1세 영아는 자연과 생활 속에서 감각을 통한 자극에 호기심을 가지고 반응하며 다양한 방법으로 표현하기를 즐긴다. 영아는 자연물, 사물, 환경의 아름다움에 관심을 가지고 즐김으로써 풍부한 정서를 경험하고, 아름다운 요소를 발견하고 좋아하는 태도를 형성한다. 영아는 자신의 관심과 경험을 소리나 움직임으로 표현하고, 감각을 통한 미술을 경험하며 익숙한 사람의 행동을 모방하는 것을 즐기고, 이러한 경험을 통하여 감성을 계발하고 심미감을 형성하며 행복한 일상을 영유하게 된다.

교사는 영아가 익숙한 일상환경에서 호기심을 가지고 주의 깊게 바라보며 경험할 수 있도록 지원하고, 자신의 경험을 자유롭게 표현할 수 있도록 허용적인 환경을 조성한다. 예술경험 영역의 구체적인 목표는 표 5-11과 같다.

**표 5-11 예술경험 영역의 목표**

| | |
|---|---|
| 아름다움을 느끼고 경험한다. | • 자연과 생활에서 아름다움에 관심을 가진다.<br>• 예술적 경험을 표현한다. |

예술경험 영역의 내용 체계는 '아름다움을 찾아보기', '창의적으로 표현하기'로 제시되어 있다. 아름다움 찾아보기는 영아가 자연과 생활 예술에서 아름다움을 느끼고 관심을 가지며 감상하는 경험을 반영한 내용이고, 창의적으로 표현하기는 영아가 자신의 느낌과 경험을 소리, 음악과 리듬, 미술경험, 모방행동 등을 통해 표현하는 과정을 즐기는 내용이다. 세부내용은 표 5-12와 같다.

**표 5-12 예술경험 영역의 내용 체계**

| 내용범주 | 내용 | 내용 해설 |
|---|---|---|
| 아름다움 찾아보기 | 자연과 생활에서 아름다움을 느낀다. | • 영아가 자신을 둘러싼 일상적인 환경에서 소리나 움직임, 색과 모양 등에 호기심을 기울이며 미적이고 감성적인 경험을 통해 아름다움을 인식하는 과정으로 발전시켜 나가는 내용 |
| | 아름다움에 관심을 가진다. | • 영아가 일상생활에서 자연이나 사물의 아름다움을 감상하고 즐길 수 있는 내용과 친근한 사람의 목소리, 주변의 소리와 리듬 있는 소리 그리고 익숙한 노래 등에 관심을 가지며 아름다움의 요소를 경험하는 가운데 이를 즐기는 내용 |
| 창의적으로 표현하기 | 소리와 리듬, 노래로 표현한다. | • 영아가 주변 환경에서 들려오는 다양한 소리, 리듬과 노래, 움직임에 주의를 기울여 관심을 두다가 익숙한 노래나 리듬을 선호하며 이를 표현하는 내용 |
| | 감각을 통해 미술을 경험한다. | • 영아가 감각을 통해 미술 표현을 시도하고, 다양한 미술을 경험하며 즐기는 내용 |
| | 모방 행동을 즐긴다. | • 영아가 익숙하고 의미 있는 사람과 상호작용하며 타인의 표정이나 모습, 움직임을 모방하는 것부터 단순한 상징을 놀이로 즐기는 내용 |

### ⑥ 자연탐구

0~1세 영아는 주변 세계와 자연에 관심을 가지고 끊임없이 알고자 하며 자유롭게 탐색하기를 즐긴다. 0~1세 영아는 자신이 궁금해하는 것을 직접 보고 듣고 맛보고 만지면서 감각을 통해 확인한다. 자연탐구 영역은 0~1세 영아가 주변 환경과 자연에 관심을 두고 탐색을 즐기고, 일상생활과 놀이 속에서 자연스럽게 수학적, 과학적 상황을 경험하며 주변 환경과 자연에 관심을 가지는 것을 목표로 한다. 자연탐구 영역의 구체적인 목표는 표 5-13과 같다. 교사는 영아가 안전하고 자유롭게 탐색을 즐길 수 있도록 돕고, 생활 속에서 자연스럽게 주변의 동식물, 생명, 자연환경에 관심을 가질 수 있도록 지원한다.

**표 5-13 자연탐구 영역의 목표**

| | |
|---|---|
| 주변 환경과 자연에 관심을 가진다. | • 일상에서 탐색을 즐긴다.<br>• 주변 환경을 탐색한다.<br>• 생명과 자연에 관심을 가진다. |

자연탐구 영역의 내용 체계는 '탐구과정 즐기기', '생활 속에서 탐구하기', '자연과 더불어 살기'로 제시되어 있다. 탐구과정 즐기기는 영아가 보고 듣고 만지면서 주변 세계와 자연에 호기심을 가지고 탐색을 즐기는 내용, 생활 속에서 탐구하기는 영아가 일상생활과 놀이를 하면서 물체의 특성, 수량, 공간과 모양, 규칙성을 자연스럽게 경험하는 내용, 자연과 더불어 살기는 영아가 주변의 동식물에 관심을 가지고, 날씨의 변화를 감각으로 느끼는 내용이다. 세부 내용은 표 5-14와 같다.

**표 5-14** 자연탐구 영역의 내용 체계

| 내용범주 | 내용 | 내용 해설 |
|---|---|---|
| 탐구과정 즐기기 | 주변 세계와 자연에 대해 호기심을 가진다. | • 영아가 주변의 물체와 물질, 동식물, 자연물, 자연현상 등에 대해 궁금해하고 알고자 하며 작은 변화를 발견하고 즐거워하는 내용 |
| | 사물과 자연 탐색하기를 즐긴다. | • 영아가 주변의 물체, 자연물 등을 다양한 방법과 자신만의 방법으로 탐색하기를 즐기는 내용 |
| 생활 속에서 탐구하기 | 친숙한 물체를 감각으로 탐색한다. | • 영아가 주변에서 쉽게 발견할 수 있는 친숙한 물체와 물질, 사물, 자연물을 오감각을 이용하여 탐색하는 내용 |
| | 물체의 수량에 관심을 가진다. | • 영아가 놀이와 일상생활에서 물체가 있다가 없어지는 경험을 하면서 물체의 있고 없음과 물체의 많고 적음에 관심을 가지는 내용 |
| | 주변 공간과 모양을 탐색한다. | • 영아가 뒤집고 눕고, 앉고, 기고, 서고, 걷고, 오르내리며 몸으로 공간을 탐색하며, 주변에서 접하는 물체를 늘어놓고, 쌓고, 끼우고 굴리면서 모양을 탐색하는 내용 |
| | 규칙성을 경험한다. | • 영아가 일상에서 반복적인 하루 일과 흐름을 경험하고, 일상생활과 놀이에서 자연스럽게 소리, 리듬, 동작, 모양 등에 나타나는 규칙성을 경험하는 내용 |
| 자연과 더불어 살기 | 주변의 동식물에 관심을 가진다. | • 영아가 풀, 꽃, 나무, 곤충, 동물 등 주변의 익숙한 동식물의 모양, 색, 소리, 움직임, 냄새, 촉감 등에 관심을 가지는 내용 |
| | 날씨의 변화를 감각으로 느낀다. | • 영아가 일광욕하거나 산책, 바깥놀이를 하면서 바람, 햇빛, 비 등을 직접 감각으로 느끼는 내용 |

### (2) 2세 영역별 목표와 내용

#### ① 기본생활

2세 영아는 어린이집에 등원하여 즐겁게 놀이하면서 일상생활을 경험한다. 식사와 휴식, 낮잠을 통해 에너지를 충전하고, 필요할 때 혼자 칫솔질을 하거나 씻어 보는 시도를 할 수 있으며, 스스로 배변하는 습관을 갖추어 간다. 또한 2세 영아는 움직임이 활발하고 주변에 대한 호기심이 많으므로 놀이와 일상생활의 위험 상황에서 조심해 보는 경험을 통해 점차 안전에 대한 인식을 키우게 된다. 기본생활 영역은 2세 영아가 건강하고 안전한 생활 습관의 기초를 형성하는 것을 목표로 하고, 구체적인 목표는 표 5-15와 같다. 교사는 위생과 청결, 급·간식, 낮잠, 배변 및 안전 경험을 통해 2세 영아가 즐겁고 쾌적하며 안전하게 일과를 보냄으로써 몸과 마음이 건강해질 수 있도록 지원한다.

**표 5-15 기본생활 영역의 목표**

| | |
|---|---|
| 건강하고 안전한 생활습관의 기초를 형성한다. | • 건강한 생활습관의 기초를 형성한다.<br>• 안전한 생활습관의 기초를 형성한다. |

기본생활 영역의 내용 체계는 '건강하게 생활하기', '안전하게 생활하기'로 제시되어 있다. 건강하게 생활하기는 영아가 신체의 청결과 위생, 급·간식, 배변습관의 형성, 즐거운 하루 일과 등을 통해 건강한 생활습관의 기초를 형성하는 내용이고, 안전하게 생활하기는 영아가 놀이와 일상생활에서 안전하게 지내고, 위험한 상황에서 어른의 지시에 따라 대피하여 자신의 안전을 지키는 경험을 해보는 내용이다. 세부 내용은 표 5-16과 같다.

표 5-16 기본생활 영역의 내용 체계

| 내용범주 | 내용 | 내용 해설 |
|---|---|---|
| 건강하게 생활하기 | 자신의 몸을 깨끗이 해 본다. | • 영아가 스스로 손과 몸 씻기, 이 닦기 등을 시도하고 경험하며, 위생적이고 청결한 생활습관의 기초를 형성하는 내용 |
| | 음식에 관심을 가지고 즐겁게 먹는다. | • 영아가 위생적인 환경에서 다른 사람과 더불어 음식을 즐기며, 건강한 식사 습관의 기초를 형성하는 내용 |
| | 하루 일과를 즐겁게 경험한다. | • 영아가 놀이, 휴식(수면), 식사 등 어린이집의 규칙적인 일과 속에서 즐겁게 생활하고, 일과 중 옷 입고 신발 신는 등의 자조기술을 시도하며 자율감을 경험하는 내용 |
| | 건강한 배변 습관을 갖는다. | • 영아가 배변과 관련된 신체 조절능력 발달을 바탕으로 즐겁게 배변훈련을 시도하고 경험해 보도록 함으로써 건강하고 자율적인 배변습관을 형성하는 내용 |
| 안전하게 생활하기 | 일상에서 안전하게 놀이하고 생활한다. | • 영아가 안전한 상황과 장소에서 놀이 및 일상생활을 하고, 주변의 위험 요소에 주의를 기울이거나 이를 조심하여 안전하게 지내도록 하는 내용 |
| | 교통수단을 안전하게 이용해 본다. | • 영아가 교통수단을 안전하게 이용해 보는 경험을 통해 교통수단의 위험을 인식하고 사고위험으로부터 자신을 보호하는 안전습관의 기초를 형성하는 내용 |
| | 위험한 상황에서 대처하는 방법을 경험한다. | • 영아가 사고, 화재, 재난 등 위험한 상황에서 어른의 지시에 따라 대피·대처하는 방법을 경험해 봄으로써 비상시 대처 능력의 기초를 형성하는 내용 |

### ② 신체운동

2세 영아는 일상생활에서 감각적 자극을 경험하고 감각기관을 활용하여 감각적 차이를 구분하며 자신의 신체를 탐색하고 움직이면서 자신의 신체를 인식하고 기본적이고 세부적인 신체 명칭에 대해 알아간다. 또한 영아는 대·소근육을 조절하면서 신체의 움직임과 사물에 미치는 영향을 이해하고 걷기와 같은 기본적인 이동운동을 잘할 뿐 아니라 여러 가지 이동 동작과 단순한 비이동 동작을 시도하고 즐긴다. 신체운동 영역은 2세 영아가 감각 능력을 활용하고 신체활동을 즐기는 것을 목표로 한다. 신체운동 영역의 구체적인 목표는 표 5-17과 같다. 교사는 2세 영아가 다양한 감각 능력을 활용하고 신체의 각 부분을 움직일 수 있는 기회를 제공, 대·

소근육을 조절하며 몸의 균형감각을 기를 수 있는 기본운동과 신체활동을 즐길 수 있는 경험을 지원한다.

**표 5-17** 신체운동 영역의 목표

| | |
|---|---|
| 감각을 활용하고 신체활동을 즐긴다. | • 감각을 활용하고 신체를 인식한다.<br>• 신체활동을 즐긴다. |

신체운동 영역의 내용 체계는 '감각과 신체 인식하기', '신체활동 즐기기'로 제시되어 있다. 감각과 신체 인식하기는 영아가 자신의 감각을 활용하고 신체를 인식하며 움직이는 경험을 하도록 하는 내용이고, 신체활동 즐기기는 영아가 대 · 소근육을 조절하고 기본 운동과 실내외 신체활동을 즐기도록 하는 내용이다. 세부 내용은 표 5-18과 같다.

**표 5-18** 신체활동 영역의 내용 체계

| 내용범주 | 내용 | 내용 해설 |
|---|---|---|
| 감각과 신체 인식하기 | 감각 능력을 활용한다. | • 영아가 다양한 감각기관을 활용하여 주변의 사물과 환경을 탐색하면서 사물의 특성과 환경을 인식하는 경험을 하는 내용 |
| | 신체를 인식하고 움직인다. | • 영아가 자신의 신체를 탐색하면서 자신의 신체에 대해 인식하고 움직이는 경험을 하는 내용 |
| 신체활동 즐기기 | 대소근육을 조절한다. | • 영아가 몸의 균형을 잡고 몸을 자유롭게 움직이면서 대 · 소근육을 조절하는 경험을 하는 내용 |
| | 기본 운동을 즐긴다. | • 영아가 자신의 신체의 위치를 바꾸면서 몸을 한 곳에서 다른 곳으로 옮기는 이동 운동이나 장소를 움직이지 않고 제자리에서 움직이는 비이동 운동을 경험하는 내용 |
| | 실내외 신체활동을 즐긴다. | • 영아가 실내외 다양한 신체활동과 도구를 이용한 신체활동에 참여하면서 즐거움을 느끼는 경험을 하는 내용 |

### ③ 의사소통

2세 영아는 의사소통 경험을 통해 일상의 기초적인 어휘를 습득하여 구어로 소통하는 능력이 향상되고 상징과 문자를 읽고 쓰며 문어로 소통하는 방식을 경험한다. 의사소통 영역은 자신의 의사를 다른 사람에게 표현하여 전달하고, 상대방의 이야기를 듣고 말하며, 일상에서 읽기, 쓰기와 관련된 경험에 관심을 가지며 책과 이야기를 즐기고 상상의 즐거움을 가질 수 있는 경험을 하는 것에 목표를 두고 있다. 의사소통 영역의 구체적인 목표는 표 5-19와 같다. 교사는 2세 영아가 일상에서 자유롭고 편안하게 상대방에게 표정, 몸짓, 말로 의사를 표현하는 기회를 제공하고, 다른 사람과 소통하는 것을 격려하고, 영아가 읽고 쓰는 데 관심을 가질 수 있는 다양한 그림과 사물의 상징이 담긴 인쇄물 등을 충분히 제공하며, 책과 이야기에서 자유로운 상상을 즐길 수 있도록 지원한다.

**표 5-19** 의사소통 영역의 목표

| | |
|---|---|
| 의사소통 능력과 상상력의 기초를 기른다. | • 일상생활에서 듣기와 말하기를 즐긴다.<br>• 읽기와 쓰기에 관심을 가진다.<br>• 책과 이야기에 재미를 느낀다. |

의사소통 영역의 내용 체계는 '듣기와 말하기', '읽기와 쓰기에 관심 가지기', '책과 이야기 즐기기'로 제시되어 있다. 듣기와 말하기는 영아가 다른 사람의 표정, 몸짓, 말에 관심을 갖고, 상대방의 이야기를 듣고 말하며, 표정, 몸짓, 단어로 자신의 의사를 표현하며, 자신의 요구와 느낌을 자유롭게 말하는 내용이다. 읽기와 쓰기에 관심 가지기는 영아가 주변의 그림과 상징, 글자에 관심을 가지고, 이를 활용하여 자유롭게 끼적이며 표현을 즐기는 내용, 책과 이야기 즐기기는 영아가 다양한 책과 이야기에 관심을 가지고 상상하기를 즐기며, 말놀이와 이야기 짓기에 재미를 느끼는 내용이다. 세부 내용은 표 5-20과 같다.

**표 5-20** 의사소통 영역의 내용 체계

| 내용범주 | 내용 | 내용 해설 |
|---|---|---|
| 듣기와 말하기 | 표정, 몸짓, 말에 관심을 갖고 듣는다. | • 영아가 상대방의 표정, 몸짓, 말에 관심을 갖고, 적극적으로 들으며, 상대방의 생각과 의도를 파악하고, 다양한 말과 소리의 차이에 관심을 가지고 듣는 내용 |
| | 상대방의 이야기를 듣고 말한다. | • 영아가 상대방의 말 혹은 이야기를 듣고 반응하며 자신의 생각, 느낌을 상대방에게 말하는 경험을 하는 내용 |
| | 표정, 몸짓, 단어로 의사를 표현한다. | • 영아가 표정과 몸짓의 비언어를 포함하여 단어 혹은 말로 자신의 의사를 표현하여 상대방과 소통하는 경험을 하는 내용 |
| | 자신의 요구와 느낌을 말한다. | • 영아가 상대방에게 자신의 요구와 느낌을 자유롭고 편안하게 말하는 경험을 하는 내용 |
| 읽기와 쓰기에 관심 가지기 | 주변의 그림과 상징, 글자에 관심을 가진다. | • 영아가 주변 인쇄물의 그림이나 표지판, 상표와 같은 상징, 자신의 이름과 같이 친숙한 글자에 관심을 가지며 상징 읽기를 시도하는 내용 |
| | 끼적이며 표현하기를 즐긴다. | • 영아가 다양한 쓰기 도구를 이용하여 의도적으로 끼적이며 이를 상징화하며 표현하는 것에 관심을 갖고 즐기는 내용 |
| 책과 이야기 즐기기 | 책에 관심을 가지고 상상한다. | • 영아가 주변의 다양한 책 보는 것을 즐기며 책의 내용을 자유롭게 상상하는 내용 |
| | 말놀이와 이야기에 재미를 느낀다. | • 영아가 다양한 표현의 말과 이야기 짓기를 즐기면서 말과 이야기의 변화에 재미를 느끼게 되는 내용 |

### ④ 사회관계

2세 영아는 자신을 다른 사람과 구별하고, 여러 가지 감정을 표현할 수 있으며, 다른 사람의 감정이나 생각이 자신과 다를 수 있음을 알게 된다. 좋아하는 것이 생기고, 스스로 선택한 놀이를 해보면서 고유성과 독특성을 인식, 가족에게 특별한 애정과 소속감을 느끼며, 또래에게 관심을 보이고 함께 놀이하는 것을 즐긴다. 자율성과 자기 조절이 증가하고, 사회의 규칙과 약속이 있다는 것을 알게 된다. 사회관계 영역은 영아가 독립된 존재로서 자신을 알고 긍정적으로 느끼며, 다른 사람과 더불어 생활하면서 사회관계 형성의 기초를 기르는 것을 목표로 하고, 구체적인 목표는 표 5-21과 같다. 교사는 2세 영아가 긍정적인 경험과 자기표현을 통해 자신을 긍정적으로 여기는 데 중점을 둔다. 그리고 친숙한 사람에게 애정을 표현하도록 하고, 다른 사람의 감정과 행동에 적절히 반응하고 공감하며, 기본적인 사회적 규칙과 약속을 생활 속에서 자연스럽게 익히고 지키고자 노력하도록 격려하며 다른 사람과 즐겁게 생활할 수 있도록 지원한다.

표 5-21 사회관계 영역의 목표

| 나를 알고, 다른 사람과 더불어 생활하는 경험을 한다. | • 나를 알고 긍정적으로 여긴다.<br>• 다른 사람과 즐겁게 지내기 위한 태도를 기른다. |
|---|---|

사회관계 영역의 내용 체계는 '나를 알고 존중하기', '더불어 생활하기'로 제시되어 있다. 나를 알고 존중하기는 영아가 자신을 다른 사람과 구별하고, 자신의 여러 가지 감정을 표현해 보며, 스스로 선택한 놀이를 즐겁게 해봄으로써 자신을 긍정적으로 여기는 내용이다. 더불어 생활하기는 영아가 가족에게 관심과 특별한 감정을 갖고, 또래와 함께 놀이하며, 다른 사람의 감정과 행동에 적절하게 반응하고, 반에서의 기본적인 규칙과 약속을 알고 지킬 수 있도록 하여 사회관계의 기초를 경험하는 내용이다. 세부 내용은 표 5-22와 같다

표 5-22 사회관계 영역의 내용 체계

| 내용범주 | 내용 | 내용 해설 |
|---|---|---|
| 나를 알고 존중하기 | 나와 다른 사람을 구별한다. | • 영아가 자신과 다른 사람의 신체적 특징, 능력, 성별 등을 바탕으로 구별함으로써 자신이 고유한 존재임을 인식하도록 하는 내용 |
| | 나의 감정을 표현한다. | • 영아가 즐거움이나 기쁨, 슬픔이나 두려움, 화남 등 자신의 욕구와 감정을 인식하고, 다른 사람이 알도록 적절한 말과 표정, 행동으로 표현할 수 있도록 하는 내용 |
| | 내가 좋아하는 것을 한다. | • 영아가 자신이 좋아하는 것, 관심이 생기는 것을 찾아 직접 해보는 경험을 통해 자신이 스스로 무엇을 한다는 것에 만족감을 느끼며 자신에 대한 긍정적인 인식을 갖게 하는 내용 |
| 더불어 생활하기 | 가족에게 관심을 가진다. | • 영아가 주변의 친숙한 사람 중에서도 가족이 보다 특별한 대상임을 알고, 가족에게 관심과 소속감, 애정을 가지고 표현할 수 있도록 하는 내용 |
| | 또래와 함께 놀이한다. | • 영아가 또래와 함께 놀이하는 경험을 통해 또래에게 자연스럽게 관심을 가지고, 또래의 모습과 행동을 모방하면서 또래관계를 익히도록 하는 내용 |
| | 다른 사람의 감정과 행동에 반응한다. | • 영아가 다른 사람의 긍정적인 감정뿐만 아니라 슬픔, 화남, 두려움, 아픔 등의 부정적인 감정을 알아차리고, 상대방의 감정에 기뻐하고, 공감하며, 돕거나 위로하는 등의 반응을 할 수 있도록 돕는 내용 |
| | 반에서의 규칙과 약속을 알고 지킨다. | • 영아가 자신이 지켜야 할 간단한 규칙이나 약속이 있다는 것을 인식하고, 이를 지키고자 노력하도록 돕는 내용 |

### ⑤ 예술경험

2세 영아는 자연과 생활 속에서 경험하는 다양한 감각 자극을 통해 아름다움을 느끼고, 아름다움을 인식하게 되고, 점차 아름다움에 관심을 가지고 찾아보며 표현하기를 즐긴다. 노래나 리듬을 흥얼거리고 움직임과 춤으로 나타내고, 스스로 다룰 수 있는 재료와 도구로 미술을 즐기며 일상에서 체험한 것을 상상놀이로 표현하며 즐거움을 경험한다. 예술경험은 2세 영아가 일상에서 아름다움을 느끼고 즐기는 것을 목표로 한다. 예술경험 영역의 구체적인 목표는 표 5-23과 같다. 교사는 영아가 익숙한 일상에서 접하는 대상과 공간에 주의를 기울여 아름다움을 느낄 수 있도록 충분한 시간과 여유로운 공간을 제공하고, 영아가 다양한 예술을 자신의 방법으로 자유롭게 표현하도록 지원한다.

**표 5-23 예술경험 영역의 목표**

| | |
|---|---|
| 아름다움을 느끼고 즐긴다. | • 자연과 생활에서 아름다움을 느끼고, 관심을 가진다.<br>• 예술을 통해 자유롭게 표현한다. |

예술경험 영역의 내용 체계는 '아름다움을 찾아보기', '창의적으로 표현하기'로 제시되어 있다. 아름다움 찾아보기는 영아가 일상에서 접하는 사물과 공간, 동식물과 사람, 자신과 또래의 표현 등에서 아름다움을 느끼고 즐기며, 아름다움에 관심을 가지고 찾아보는 내용이고, 창의적으로 표현하기는 영아가 노래와 리듬, 움직임과 춤, 미술 표현, 상상놀이의 다양한 방법으로 생각과 느낌을 자유롭게 표현하는 내용이다. 세부 내용은 표 5-24와 같다

**표 5-24** 예술경험 영역의 내용 체계

| 내용범주 | 내용 | 내용 해설 |
|---|---|---|
| 아름다움 찾아보기 | 자연과 생활에서 아름다움을 느끼고 즐긴다. | • 영아가 일상의 자연이나 생활 속 공간, 사물 등의 아름다움에 주의를 기울여 아름다움을 풍부하게 느끼며, 자신과 또래의 다양한 예술적 표현을 감상하고 즐기는 내용 |
| | 아름다움에 관심을 갖고 찾아본다. | • 영아가 다양한 소리나 리듬 등의 음악적 요소, 색이나 형태 등과 같은 미술적 요소, 사람과 사물, 동식물의 움직임에서 아름다움을 발견하고 경험하는 내용 |
| 창의적으로 표현하기 | 익숙한 노래와 리듬을 표현한다. | • 영아가 일상에서 익숙해진 노래를 부르고 간단한 리듬을 표현하는 것을 즐기는 내용 |
| | 움직임과 춤으로 자유롭게 표현한다. | • 영아가 운율 있는 소리나 노래 또는 보고 만지고 맛보는 등 감각적 경험에서의 느낌을 움직임이나 춤으로 표현하는 내용 |
| | 미술 재료와 도구로 표현해 본다. | • 영아가 스스로 다루기 적절한 재료와 도구를 이용하여 자유롭게 미술 표현을 시도하고, 이 과정을 즐기는 내용 |
| | 일상생활 경험을 상상놀이로 표현한다. | • 영아가 일상생활에서 경험한 사건에 포함된 대상이나 상황을 상상놀이로 표현하며 즐기는 내용 |

### ⑥ 자연탐구

2세 영아는 주변 세계에 대해 다양하고 반복적인 탐색하기를 좋아하며 주변 환경과 자연세계에 대해 알고자 한다. 영아는 궁금한 것을 직접 조작해 보고 감각을 통해 확인해보고자 하며, 주변 세계에 대한 감각적 탐색 경험을 통합하여 자신의 방식으로 재구성하는 시도를 즐긴다. 자연탐구 영역은 2세 영아가 주변 환경과 자연에 호기심을 가지고 다양하게 탐색하기를 즐기고, 놀이와 일상에서 자연스럽게 수학적, 과학적 상황을 경험하며 주변의 동식물과 자연에 관심을 가지도록 하는 것을 목표로 한다. 자연탐구 영역의 구체적인 목표는 표 5-25와 같다. 교사는 2세 영아가 실내외에서 안전하고 자유롭게 탐색을 즐길 수 있도록 돕고, 영아가 호기심을 가지고 주도적으로 탐색하는 과정을 생활 속에서 자연스럽게 경험하도록 지원한다.

**표 5-25 자연탐구 영역의 목표**

| | |
|---|---|
| 주변 환경과 자연을 탐색하는 과정을 즐긴다. | • 일상에서 탐색하는 과정을 즐긴다.<br>• 주변 환경에 관심을 가지고 탐색한다.<br>• 생명과 자연에 관심을 가진다. |

자연탐구 영역의 내용 체계는 '탐구과정 즐기기', '생활 속에서 탐구하기', '자연과 더불어 살기'로 제시되어 있다. 탐구과정 즐기기는 영아가 주변 세계와 자연에 대해 호기심을 가지고 반복하여 탐색을 즐기는 내용, 생활 속에서 탐구하기는 영아가 놀이와 일상생활에서 자연스럽게 물체의 특성, 수량, 주변 공간과 모양, 규칙성을 경험하는 내용과 자신이 사용하는 생활도구에 관심을 가지는 내용, 자연과 더불어 살기는 영아가 주변의 동식물에 관심을 가지고, 날씨와 계절의 변화를 감각으로 느끼는 내용이다. 세부 내용은 표 5-26과 같다.

**표 5-26** 자연탐구 영역의 내용 체계

| 내용범주 | 내용 | 내용 해설 |
|---|---|---|
| 탐구과정 즐기기 | 주변 세계와 자연에 대해 호기심을 가진다. | • 영아가 자신이 관심 있는 물체와 물질, 동식물, 자연물, 자연현상 등에 대해 주의를 기울이고 궁금해하며 호기심을 가지는 내용 |
| 탐구과정 즐기기 | 사물과 자연 탐색하기를 즐긴다. | • 영아가 자신이 관심 있는 물체와 물질, 자연물을 주도적으로 반복하여 탐색하기를 즐기는 내용 |
| 생활 속에서 탐구하기 | 친숙한 물체의 특성과 변화를 감각으로 탐색한다. | • 영아가 주변에서 쉽게 발견할 수 있는 친숙한 물체와 물질의 모양, 색, 냄새, 소리, 질감과 같은 특성 및 물체의 변화를 감각을 이용하여 탐색하는 내용 |
| 생활 속에서 탐구하기 | 물체의 수량에 관심을 가진다. | • 영아가 일상생활에서 익숙한 물체의 많고 적은 양을 구별하고 수에 관심을 가지는 내용 |
| 생활 속에서 탐구하기 | 주변 공간과 모양을 탐색한다. | • 영아가 자신의 몸과 물체를 움직여 자신과 사물, 사물과 사물 간의 위치, 방향, 거리 등의 관계를 탐색하고 주변에서 자주 접하는 물체의 모양을 탐색하는 내용 |
| 생활 속에서 탐구하기 | 규칙성에 관심을 가진다. | • 영아가 일상생활과 놀이를 통해 사물이나 사건, 자연의 변화가 일정한 순서로 반복되는 것에 관심을 가지는 내용 |
| 생활 속에서 탐구하기 | 주변 사물을 같고 다름에 따라 구분한다. | • 영아가 관심 있는 사물이나 놀이자료를 영아 나름의 같고 다름의 기준에 따라 구분하는 내용 |
| 생활 속에서 탐구하기 | 생활 도구에 관심을 가진다. | • 영아가 일상생활에서 사용하는 다양한 도구에 관심을 가지고 일상에서 직접 도구를 사용해 보는 내용 |
| 자연과 더불어 살기 | 주변의 동식물에 관심을 가진다. | • 영아가 주변의 반려동물이나 작은 곤충, 친숙한 동물, 꽃과 나무 등의 모양, 소리, 움직임에 관심을 가지는 내용 |
| 자연과 더불어 살기 | 날씨와 계절의 변화를 감각으로 느낀다. | • 영아가 바깥놀이나 산책을 통해 바람, 눈, 비, 추위, 더위 등 자연현상에 따라 변화하는 날씨와 계절을 감각으로 느끼는 내용 |

## 2. 누리과정

유치원교육과정은 1969년 최초로 국가수준 교육과정으로 제정, 공포된 이후 여러 차례의 개정을 거쳐 「2007 개정 유치원 교육과정」으로 이어졌다. 한편 표준보육과정은 2007년 최초로 고시·시행되어 우리나라는 유치원에서는 유치원교육과정을, 어린이집에서는 표준보육과정을 운영하여 이원화된 운영체제를 정비해야 할 필요성이 제기되었다.

2011년 9월, 보건복지부와 교육과학기술부는 유아교육·보육에 대한 국가의 책임을 강화하기 위해 5세의 유아교육과 보육내용을 통합하여 「5세 누리과정」을 '공통과정'으로 제정하여 고시하고, 2012년 3월부터 어린이집과 유치원에 다니는 5세 모든 유아에게 공통으로 시행하였다.

2012년 7월, 누리과정 적용 대상을 5세에서 3~4세 유아까지 확대하여 어린이집과 유치원에 다니는 3~5세 유아를 위한 '공통과정'인 「3~5세 연령별 누리과정」이 고시되어, 2013년 3월부터 시행되었다. 이로써 어린이집의 보육과정은 0~2세 표준보육과정과 3~5세 누리과정으로 정리되었다. 2015년 3월, 「3~5세 연령별 누리과정」은 운영시간을 3~5시간에서 4~5시간으로 조정하여 개정·고시되었다.

교육부는 국정과제 구현과 출발선 평등 실현을 위해 2017년 12월 '유아교육 혁신방안'을 발표하였다. '유아교육 혁신방안'의 주요 내용으로 '유아가 중심이 되는 놀이 위주의 교육과정 개편'이 명시되었고, 이에 유아·놀이 중심 교육과정 개편 방향을 반영하여 2019년 7월, 「2019 개정 누리과정」이 고시되었다. 「2019 개정 누리과정」은 어린이집과 유치원에 다니는 3~5세 유아에게 공통으로 적용되는 교육과정으로 2020년 3월부터 시행되었다. 「2019 개정 누리과정」에 대한 구체적 내용을 살펴보면 다음과 같다.

## 1) 구성 방향

### (1) 추구하는 인간상

개정 누리과정은 국가 수준의 교육과정으로서 누리과정이 추구해야 할 교육적 비전으로 추구하는 인간상을 제시하고 있다. 누리과정에서 추구하는 인간상은 건강한 사람, 자주적인 사람, 창의적인 사람, 감성이 풍부한 사람, 더불어 사는 사람이다. 교사는 유아가 놀이를 통해 인간상을 통합적으로 경험하도록 지원해야 한다. 추구하는 인간상은 유아가 일상에서 놀이하며 배우는 현재의 모습에서 발견할 수 있으며 동시에 유아가 앞으로 배우며 성장해 가야 할 모습이기도 하다. 누리과정에서 추구하는 인간상의 내용을 구체적으로 살펴보면 표 5-27과 같다.

표 5-27 누리과정에서 추구하는 인간상

| 인간상 | 내용 |
| --- | --- |
| 건강한 사람 | 몸과 마음이 고루 발달하고, 스스로 건강함을 유지하며 안정적이고 안전한 생활을 하는 사람을 의미 |
| 자주적인 사람 | 자신을 잘 알고 존중하며 자신감을 가지고 스스로 할 수 있는 일을 주도적으로 해나가는 사람을 의미 |
| 창의적인 사람 | 주변 세계에 열려 있고, 호기심이 많으며, 자기만의 방식으로 상상하고 느끼고 표현하고 탐구하는 가운데 새롭고 독창적인 생각을 하는 사람을 의미 |
| 감성이 풍부한 사람 | 예술을 사랑하고 존중하며 자신을 둘러싼 주변 세계에 경이감과 아름다움을 느끼고 즐길 수 있는 풍부한 문화적 감수성을 지닌 사람을 의미 |
| 더불어 사는 사람 | 자신이 속해 있는 사회에 소속감을 느끼고, 다른 사람과 생명을 존중하고 자연과 더불어 살아가며 보다 나은 사회를 만들기 위해 사회문제에 관심을 갖고 협력하는 민주 시민을 의미 |

### (2) 목적과 목표

누리과정의 목적은 유아가 놀이를 통해 심신의 건강과 조화로운 발달을 이루고 바른 인성과 민주 시민의 기초를 형성하는 데 있다. 이를 실현하기 위한 목표는 다음과 같다.

① 자신의 소중함을 알고, 건강하고 안전한 생활 습관을 기른다.
② 자신의 일을 스스로 해결하는 기초능력을 기른다.
③ 호기심과 탐구심을 가지고 상상력과 창의력을 기른다.
④ 일상에서 아름다움을 느끼고 문화적 감수성을 기른다.
⑤ 사람과 자연을 존중하고 배려하며 소통하는 태도를 기른다.

교사는 개정 누리과정에서 추구하는 인간상 그리고 목적과 목표를 5개 영역의 내용과 연계하여 이해하는 것이 필요하다. 유아는 5개 영역의 내용을 일상적으로 경험하며 궁극적으로 추구하는 인간상을 향하여 성장해 간다. 누리과정의 목표는 5개 영역의 목표와 일대일 대응 관계가 아니며, 59개의 내용에 고르게 분포되어 있다. 추구하는 인간상, 목표, 5개의 연계성을 구체적으로 나타내면 그림 5-1과 같다.

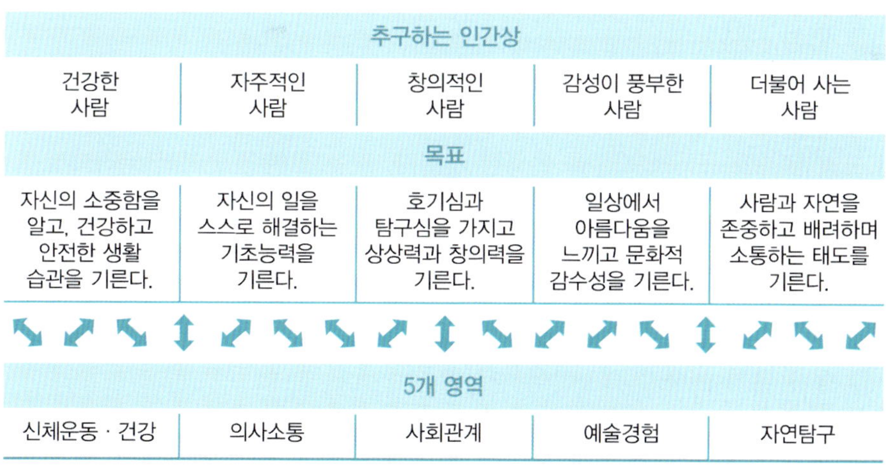


그림 5-1 추구하는 인간상, 목표, 5개 영역의 연계성

#### (3) 구성의 중점

구성의 중점은 개정 누리과정을 구성할 때 주요하게 고려해야 하는 것으로, 그 내용은 다음과 같다.

① 3~5세 모든 유아에게 적용할 수 있도록 구성한다.
② 추구하는 인간상 구현을 위한 지식, 기능, 태도 및 가치를 반영하여 구성한다.
③ 신체운동 · 건강, 의사소통, 사회관계, 예술경험, 자연탐구의 5개 영역을 중심으로 구성한다.
④ 3~5세 유아가 경험해야 할 내용으로 구성한다.
⑤ 0~2세 보육과정 및 초등학교 교육과정과의 연계성을 고려하여 구성한다.

### 2) 운영

#### (1) 편성 · 운영

편성 · 운영은 어린이집에서 유아 · 놀이 중심 교육과정을 편성하고 운영하기 위해 고려해야 할 공통적 기준을 안내한 것이다. 다음의 사항에 따라 누리과정을 편성 · 운영한다.

① 1일 4~5시간을 기준으로 편성한다.
② 일과 운영에 따라 확장하여 편성할 수 있다.
③ 누리과정을 바탕으로 각 기관의 실정에 적합한 계획을 수립하여 운영한다.
④ 하루 일과에서 바깥 놀이를 포함하여 유아의 놀이가 충분히 이루어지도록 편성하여 운영한다.
⑤ 성, 신체적 특성, 장애, 종교, 가족 및 문화적 배경 등에 따른 차별이 없도록

편성하여 운영한다.

⑥ 유아의 발달과 장애 정도에 따라 조정하여 운영한다.

⑦ 가정과 지역사회와의 협력과 참여에 기반하여 운영한다.

⑧ 교사 연수를 통해 누리과정의 운영이 개선되도록 한다.

### (2) 교수 · 학습

교수 · 학습은 유아가 즐겁게 놀이하며 스스로 배울 수 있도록 교사가 지원할 때 고려해야 할 사항이다. 개정 누리과정은 교사를 영유아의 놀이 지원자로 제안하고 있다. 교사는 놀이의 특성, 의미, 가치를 이해하며 유아가 즐겁게 놀이하면서 배우는 경험을 지원할 수 있다. 교사는 적절하게 환경을 구성하고, 유아와 바람직한 상호작용을 하여 유아가 놀이에 몰입하고 놀이를 확장하도록 돕는 역할을 한다. 교사는 다음 사항에 따라 유아를 지원한다.

① 유아가 흥미와 관심에 따라, 놀이에 자유롭게 참여하고 즐기도록 한다.

② 유아가 놀이를 통해 배우도록 한다.

③ 유아가 다양한 놀이와 활동을 경험할 수 있도록 실내외 환경을 구성한다.

④ 유아와 유아, 유아와 교사, 유아와 환경 사이에 능동적인 상호작용이 이루어지도록 한다.

⑤ 5개 영역의 내용이 통합적으로 유아의 경험과 연계되도록 한다.

⑥ 개별 유아의 요구에 따라 휴식과 일상생활이 원활히 이루어지도록 한다.

⑦ 유아의 연령, 발달, 장애, 배경 등을 고려하여 개별 특성에 적합한 방식으로 배우도록 한다.

### (3) 평가

개정 누리과정에서 평가는 어린이집과 유치원에서 유아가 중심이 되고, 놀이가 살아나는 누리과정의 운영을 되돌아보고 개선해 가는 과정이다. 개정 누리과정은 어린이집과 유치원에서 유아·놀이 중심 교육과정을 운영하는 데 도움이 되고자 평가를 간략화하고, 각 기관의 자율적인 평가를 강조하였다. 어린이집과 유치원은 평가의 목적, 대상, 방법, 결과의 활용을 바탕으로 누리과정 평가를 자율적으로 실시할 수 있다. 평가는 다음 사항에 중점을 두고 실시한다.

① 누리과정 운영의 질을 진단하고 개선하기 위해 평가를 계획하고 실시한다.
② 유아의 특성 및 변화 정도와 누리과정의 운영을 평가한다.
③ 평가의 목적에 따라 적합한 방법을 사용하여 평가한다.
④ 평가의 결과는 유아에 대한 이해와 누리과정 운영 개선을 위한 자료로 활용할 수 있다.

## 3) 3~5세 영역별 목표와 내용

### (1) 신체운동·건강

유아는 몸을 움직여 놀이하는 것을 좋아하며, 자신의 몸을 건강하고 안전하게 지키고자 하는 힘을 가지고 있다. 신체운동·건강 영역은 유아가 자신의 몸에 관심을 가지고 신체활동에 즐겁게 참여하며, 건강하고 안전한 생활을 해 나가도록 하는 것을 목표로 한다. 신체운동·건강 영역의 구체적인 목표는 표 5-28과 같다. 교사는 유아가 몸을 충분히 움직이는 경험을 통해 신체활동에 즐거움을 느끼고, 기초체력을 키우도록 돕고, 유아가 일상에서 건강하고 안전한 생활을 실천할 수 있도록 지원한다.

표 5-28 신체운동 · 건강 영역의 목표

| 실내외에서 신체활동을 즐기고, 건강하고 안전한 생활을 한다. | • 신체활동에 즐겁게 참여한다.<br>• 건강한 생활습관을 기른다.<br>• 안전한 생활습관을 기른다. |
|---|---|

신체운동 영역의 내용 체계는 '신체활동 즐기기', '건강하게 생활하기', '안전하게 생활하기'로 제시되어 있다. 신체활동 즐기기는 유아가 스스로 신체를 움직이는 동안 자연스럽게 자신의 신체를 인식하고 조절하며, 실내외에서 다양한 신체활동에 자발적으로 참여하여 신체활동을 즐기는 내용이다. 건강하게 생활하기는 유아가 스스로 몸과 주변을 깨끗이 하고, 즐겁게 식사하며, 자신의 신체 리듬에 맞게 휴식을 취하고, 질병을 예방하는 다양한 방법을 실천하는 내용이다. 안전하게 생활하기는 유아가 안전하게 놀이하고 생활하며, 자주 접하는 TV, 컴퓨터, 스마트폰을 바르게 사용하고, 안전하게 다닐 수 있도록 교통안전 규칙을 지키며, 안전사고, 화재, 재난, 학대, 유괴 등의 위험한 일이 발생하였을 때 도움을 요청하거나 대처할 수 있는 방법을 경험하는 내용이다. 세부 내용은 표 5-29와 같다.

**표 5-29** 신체운동 · 건강 영역의 내용 체계

| 내용범주 | 내용 | 내용 해설 |
|---|---|---|
| 신체활동 즐기기 | 신체를 인식하고 움직인다. | • 유아가 자신의 신체에 관심을 가지며 신체 각 부분의 특성을 알고 다양하게 움직이는 내용 |
| | 신체 움직임을 조절한다. | • 유아가 몸을 움직이며 균형을 잡고, 몸이나 도구의 움직임을 다양하게 조절하는 내용과 눈과 손을 협응하며 소근육 움직임을 조절하는 내용 |
| | 기초적인 이동운동, 제자리 운동, 도구를 이용한 운동을 한다. | • 유아가 한 곳에서 다른 곳으로 몸을 움직이는 걷기, 달리기, 뛰어넘기 등의 이동운동, 구부리기, 뻗기, 돌기 등의 제자리 운동, 공, 줄, 후프 등의 도구를 이용한 운동을 하는 내용 |
| | 실내외 신체활동에 자발적으로 참여한다. | • 유아가 일과에서 실내외의 다양한 신체활동에 자발적으로 즐겁게 참여하는 내용 |
| 건강하게 생활하기 | 자신의 몸과 주변을 깨끗이 한다. | • 유아가 손을 씻고 이를 닦는 등 몸을 깨끗이 하는 적절한 방법을 알고 실천하며, 자기 주변을 깨끗하게 정리정돈하는 내용 |
| | 몸에 좋은 음식에 관심을 가지고 바른 태도로 즐겁게 먹는다. | • 유아가 몸을 건강하게 하는 음식에 관심을 가지고, 음식을 소중히 여기며, 제자리에 앉아서 골고루 즐겁게 먹는 내용 |
| | 하루 일과에서 적당한 휴식을 취한다. | • 유아가 피곤하거나 몸이 아플 때, 몸을 많이 움직여서 쉬고 싶을 때, 적절한 휴식을 취하는 내용 |
| | 질병을 예방하는 방법을 알고 실천한다. | • 유아가 질병의 위험으로부터 건강을 유지할 수 있는 다양한 생활방식을 경험하는 내용 |
| 안전하게 생활하기 | 일상에서 안전하게 놀이하고 생활한다. | • 유아가 일상에서 위험한 장소, 상황, 도구 등을 알고, 안전한 놀이 방법과 놀이 규칙을 지키며 놀이하고 생활하는 내용 |
| | TV, 컴퓨터, 스마트폰 등을 바르게 사용한다. | • 유아가 일상에서 자주 접하는 TV, 컴퓨터, 스마트폰 등을 필요한 상황에서 적절하게 사용하며, 바른 자세로 이용하는 내용 |
| | 교통안전 규칙을 지킨다. | • 유아가 안전한 보행 및 도로 횡단, 교통기관의 안전한 이용 등 교통안전 규칙을 알고 실천하는 내용 |
| | 안전사고, 화재, 재난, 학대, 유괴 등에 대처하는 방법을 경험한다. | • 유아가 안전사고, 화재, 재난, 학대, 유괴 등의 위험에 처한 상황을 알고, 주변에 도움을 요청하는 방법을 배우며, 평소 훈련에 따라 대피하는 연습을 하는 등의 안전교육과 관련된 내용 |

### (2) 의사소통

유아는 주변 사람과 소통하며 관계를 맺는 능동적인 의사소통자이다. 유아는 다른 사람의 말을 주의 깊게 듣고 자신의 생각과 느낌을 다양한 방법으로 표현하며 소통하는 것을 즐기고, 책과 이야기에 관심을 갖는다. 의사소통 영역은 유아가 다른 사람과 소통하며, 일상에서 만나는 글자나 상징에 관심을 가지고 책과 이야기를 즐기는 것에 목표를 두고 있다. 의사소통 영역의 구체적인 목표는 표 5-30과 같다. 교사는 유아가 자신의 느낌과 생각을 적절하게 말하는 경험을 통해 바른 언어생활을 할 수 있도록 돕고, 유아가 아름다운 우리말이 담긴 책과 이야기에 흥미를 가지고 언어가 주는 재미와 상상을 충분히 즐길 수 있도록 지원한다.

표 5-30 의사소통 영역의 목표

| 일상생활에 필요한 의사소통 능력과 상상력을 기른다. | • 일상생활에서 듣고 말하기를 즐긴다.<br>• 읽기와 쓰기에 관심을 가진다.<br>• 책과 이야기를 통해 상상하기를 즐긴다. |
|---|---|

의사소통 영역의 내용 체계는 '듣기와 말하기', '읽기와 쓰기에 관심 가지기', '책과 이야기 즐기기'로 제시되어 있다. 듣기와 말하기는 유아가 다른 사람의 말이나 이야기를 관심 있게 듣고, 자신의 경험, 느낌, 생각을 상황에 적절한 단어를 사용하여 말하고, 고운 말을 사용하는 내용이다. 읽기와 쓰기에 관심 가지기는 유아가 말과 글의 관계에 관심을 가지고, 주변의 상징, 글자 등을 읽으며, 자신의 생각을 글자와 비슷한 형태로 표현해 보는 내용이다. 책과 이야기 즐기기는 유아가 다양한 책에 관심을 가지고 상상하며, 동화, 동시에서 말의 재미를 느끼고, 말놀이와 이야기 짓기를 즐기는 내용이다. 세부 내용은 표 5-31과 같다.

**표 5-31** 의사소통 영역의 내용 체계

| 내용범주 | 내용 | 내용 해설 |
|---|---|---|
| 듣기와 말하기 | 말이나 이야기를 관심 있게 듣는다. | • 유아가 다른 사람이 하는 말과 흥미로운 주제, 익숙한 경험이 담긴 이야기에 관심을 가지며 듣는 내용 |
| 듣기와 말하기 | 자신의 경험, 느낌, 생각을 말한다. | • 유아가 상대방에게 자신의 경험, 느낌, 생각을 자유롭게 말하는 내용 |
| 듣기와 말하기 | 상황에 적절한 단어를 사용하여 말한다. | • 유아가 때와 장소, 대상과 상황을 고려하여 적절한 단어와 문장을 선택하여 말하는 내용 |
| 듣기와 말하기 | 상대방이 하는 이야기를 듣고 관련해서 말한다. | • 유아가 다른 사람이 이야기하는 내용을 듣고 말하는 사람의 생각, 의도, 감정을 고려하여 말하는 내용 |
| 듣기와 말하기 | 바른 태도로 듣고 말한다. | • 유아가 말하는 사람에게 주의를 기울이며 듣는 내용 |
| 듣기와 말하기 | 고운 말을 사용한다. | • 유아가 일상생활에서 자주 쓰는 유행어, 속어, 신조어, 상대방을 비난하는 말을 사용하지 않고, 우리말을 바르게 사용하는 내용 |
| 읽기와 쓰기에 관심 가지기 | 말과 글의 관계에 관심을 가진다. | • 유아가 일상에서 말이 글로, 글이 말로 옮겨지는 것에 관심을 갖는 내용 |
| 읽기와 쓰기에 관심 가지기 | 주변의 상징, 글자 등의 읽기에 관심을 가진다. | • 유아가 일상에서 자주 보는 상징이나 글자 읽기에 관심을 가지는 내용 |
| 읽기와 쓰기에 관심 가지기 | 자신의 생각을 글자와 비슷한 형태로 표현한다. | • 유아가 자신의 생각이나 말을 끼적거리거나 글자와 비슷한 선이나 모양, 형태로 표현하는 내용 |
| 책과 이야기 즐기기 | 책에 관심을 가지고 상상하기를 즐긴다. | • 유아가 책에 흥미를 가지며 책 보는 것을 즐기고 상상하는 즐거움을 경험하는 내용 |
| 책과 이야기 즐기기 | 동화, 동시에서 말의 재미를 느낀다. | • 유아가 동화와 동시를 자주 들으며 우리말의 재미와 아름다움을 느끼는 내용 |
| 책과 이야기 즐기기 | 말놀이와 이야기 짓기를 즐긴다. | • 유아가 끝말잇기, 수수께끼, 스무고개 등 다양한 말놀이를 즐기는 내용과 자신의 경험, 생각, 상상을 기초로 새로운 이야기를 만드는 과정을 즐기는 내용 |

### (3) 사회관계

유아는 자신을 소중히 여기고 주변 사람과 관계를 맺어 나가며 다른 사람을 배려하고 존중한다. 유아는 자신이 사는 사회와 세상에 대해 알고 싶어 한다. 사회관계 영역은 유아가 자신과 다양한 삶의 모습을 이해하고, 다른 사람과 더불어 살아가는 태도를 익히는 데 목표를 두고 있다. 사회관계 영역의 구체적인 목표는 표 5-32와 같다. 교사는 유아가 자신을 소중하고 가치 있는 사람으로 여기며 다른 사람과 더불어 살아가는 방법을 익히도록 돕고, 유아가 자신이 속한 사회와 주변 세계에 대해 관심을 가지고 적응해 나갈 수 있도록 지원한다.

표 5-32 사회관계 영역의 목표

| | |
|---|---|
| 자신을 존중하고 더불어 생활하는 태도를 가진다. | • 자신을 이해하고 존중한다.<br>• 다른 사람과 사이좋게 지낸다.<br>• 우리가 사는 사회와 다양한 문화에 관심을 가진다. |

사회관계 영역의 내용 체계는 '나를 알고 존중하기', '더불어 생활하기', '사회에 관심 가지기'로 제시되어 있다. 나를 알고 존중하기는 유아가 자신을 나타낼 수 있는 것과 자신의 감정을 알고 상황에 맞게 표현하며, 자신이 할 수 있는 것을 스스로 해봄으로써, 긍정적인 자아존중감과 자율성을 경험하는 내용이다. 더불어 생활하기는 유아가 가족의 의미와 소중함을 알며, 친구와 서로 돕고 양보, 배려, 협력하며 사이좋게 지내고, 사람들마다 감정, 생각, 행동이 각기 다름을 알고 존중하며, 친구와의 갈등을 여러 가지 긍정적인 방법으로 해결하는 내용이다. 사회에 관심 가지기는 유아가 사회구성원으로서 자신이 사는 지역에 관심을 가지고 탐구하며, 우리나라의 상징, 언어, 문화를 알아가면서 대한민국 국민으로서 긍지와 자부심을 가지는 내용과 다른 나라의 다양한 문화에 관심을 가지고 존중하는 경험을 담고 있다. 세부 내용은 표 5-33과 같다.

**표 5-33** 사회관계 영역의 내용 체계

| 내용범주 | 내용 | 내용 해설 |
|---|---|---|
| 나를 알고 존중하기 | 나를 알고 소중히 여긴다. | • 유아가 자신을 나타내는 나이, 성별, 모습 등에 대해 알고, 자신을 소중히 여기며 가치 있는 존재로 느끼는 내용 |
| | 나의 감정을 알고 상황에 맞게 표현한다. | • 유아가 자신의 감정에 대해 알고 다양한 상황에서 자신의 감정을 적절하게 표현하는 내용 |
| | 내가 할 수 있는 것을 스스로 한다. | • 유아가 자신이 할 수 있는 일을 알고 자신감을 가지며 자율적으로 실천해 가는 내용 |
| 더불어 생활하기 | 가족의 의미를 알고 화목하게 지낸다. | • 유아가 자신의 가족 구성원을 알고, 가족과 함께 생활하며, 가족은 서로 돕고 살아간다는 것을 경험하는 내용과 가족의 구성원이 다양함을 이해하고 존중하는 내용 |
| | 친구와 서로 도우며 사이좋게 지낸다. | • 유아가 친구와 함께 놀이하는 즐거움을 느끼고 친구와 서로 도우며 배려하고 협력하며 더불어 살아가는 내용 |
| | 친구와의 갈등을 긍정적인 방법으로 해결한다. | • 유아가 친구와 갈등이 생겼을 때 자신의 감정과 생각을 제대로 표현하고, 배려, 양보, 타협 등을 통해 해결하는 내용 |
| | 서로 다른 감정, 생각, 행동을 존중한다. | • 유아가 다른 사람들의 감정, 생각, 행동에 관심을 갖고 감정, 생각, 행동이 서로 다를 수 있음을 이해하고 존중하는 내용 |
| | 친구와 어른께 예의 바르게 행동한다. | • 유아가 친구와 어른께 배려, 존중, 공경하는 마음을 담아 예절을 실천하는 내용 |
| | 약속과 규칙의 필요성을 알고 지킨다. | • 유아가 다른 사람과 더불어 살아가기 위해 필요한 약속과 규칙이 있음을 이해하는 내용과 상황에 따라 필요한 약속과 규칙을 의논하여 정하고 지키는 내용 |
| 사회에 관심 가지기 | 내가 살고 있는 곳에 대해 궁금한 것을 알아본다. | • 유아가 자주 접하는 가까운 주변 지역과 이웃에 대해 관심을 가지고, 궁금한 것을 알아보며, 지역 구성원으로서 유대감과 소속감을 느끼는 내용 |
| | 우리나라에 대해 자부심을 가진다. | • 유아가 우리나라의 전통에 친숙해지고, 우리나라의 상징, 언어, 문화 등을 경험하면서 우리나라에 대해 자랑스러운 마음을 가지는 내용 |
| | 다양한 문화에 관심을 가진다. | • 유아가 다른 나라의 다양한 문화와 생활양식에 대해 관심을 가지고, 문화의 다양성을 이해하며 존중하는 내용 |

### (4) 예술경험

유아는 일상에서 아름다움과 경이감을 느끼고 즐기며 표현하는 풍부한 감성을 가진 존재다. 예술경험 영역은 유아가 자연, 생활, 예술에서 아름다움을 찾아보고 느끼며, 다채롭고 창의적인 방법으로 자신의 경험, 생각, 느낌을 표현, 다양한 예술 표현을 존중하는 것에 목표를 두고 있다. 예술경험 영역의 구체적인 목표는 표 5-34와 같다. 교사는 유아가 아름다움을 느끼고 즐기면 창의적으로 표현하는 과정을 통해 풍부한 감수성을 기르도록 돕고, 유아가 다양한 예술 감상을 통해 상상력을 키우고 예술 표현이 가지고 있는 고유의 가치를 존중하도록 지원한다.

**표 5-34 예술경험 영역의 목표**

| | |
|---|---|
| 아름다움과 예술에 관심을 가지고 창의적 표현을 즐긴다. | • 자연과 생활 및 예술에서 아름다움을 느낀다.<br>• 예술을 통해 창의적으로 표현하는 과정을 즐긴다.<br>• 다양한 예술 표현을 존중한다. |

예술경험 영역의 내용 체계는 '아름다움을 찾아보기', '창의적으로 표현하기', '예술 감상하기'로 제시되어 있다. 아름다움 찾아보기는 유아가 자연과 생활에서 아름다움을 느끼며 예술적 요소에 관심을 가지고 찾아보는 내용이다. 창의적으로 표현하기는 유아가 노래를 즐겨 부르고, 간단한 소리와 리듬을 만들어 보며, 자유롭게 움직이며 춤추고, 다양한 미술 재료와 도구를 활용하여 표현하며, 경험과 이야기를 극놀이로 표현하는 내용이다. 예술 감상하기는 유아가 자신과 또래의 작품뿐만 아니라 다양한 예술을 감상하며 상상하기를 즐기고, 서로 다른 예술 표현을 존중하며, 우리 고유의 전통 예술에 친숙해지는 내용이다. 세부 내용은 표 5-35와 같다.

**표 5-35** 예술경험 영역의 내용 체계

| 내용범주 | 내용 | 내용 해설 |
|---|---|---|
| 아름다움 찾아보기 | 자연과 생활에서 아름다움을 느끼고 즐긴다. | • 유아가 자신의 주변에서 만나는 자연, 공간, 사물 등의 아름다움을 풍부하게 느끼며 즐기는 내용 |
| | 예술적 요소에 관심을 갖고 찾아본다. | • 유아 주변의 자연과 생활에서 다양한 소리나 리듬 등의 음악적 요소, 색이나 형태 등과 같은 미술적 요소를 발견하고, 사물이나 동식물의 움직임에서 아름다움을 경험하는 내용 |
| 창의적으로 표현하기 | 노래를 즐겨 부른다. | • 유아가 흥얼거리거나 친구들과 함께 소리와 박자 등을 느끼고 노랫말을 바꾸어 불러 보며 노래 부르기를 즐기는 내용 |
| | 신체, 사물, 악기로 간단한 소리와 리듬을 만들어 본다. | • 유아가 자신의 신체, 주변의 사물, 리듬 악기 등을 사용하여 소리와 리듬을 창의적으로 만들어 보는 내용 |
| | 신체나 도구를 활용하여 움직임과 춤으로 자유롭게 표현한다. | • 유아가 자연과 생활에서 발견한 다양한 움직임을 자유롭게 표현하고 나아가 자신의 생각과 느낌을 자신의 신체나 다양한 도구를 활용하여 움직임과 춤으로 표현하는 내용 |
| | 다양한 미술 재료와 도구로 자신의 생각과 느낌을 표현한다. | • 유아가 자연과 생활에서 발견한 다양한 재료와 도구를 활용하여 여러 가지 방법으로 표현하는 내용과 자신의 경험, 느낌, 생각 등을 창의적으로 표현하는 과정을 즐기는 내용 |
| | 극놀이로 경험이나 이야기를 표현한다. | • 유아가 자신의 경험, 다양한 상황, 이야기를 자유롭게 상상하며 극놀이로 표현하는 과정을 즐기는 내용 |
| 예술 감상하기 | 다양한 예술을 감상하며 상상하기를 즐긴다. | • 유아가 자신과 또래의 작품이나 음악, 춤, 미술작품, 극 등 다양한 예술을 감상하고 자유롭게 상상하기를 즐기는 내용 |
| | 서로 다른 예술 표현을 존중한다. | • 유아가 자신과 또래의 작품, 음악, 춤, 미술작품, 극 등에 포함된 다양한 표현을 존중하는 내용 |
| | 우리나라 전통 예술에 관심을 갖고 친숙해진다. | • 유아가 우리나라 고유의 전통 음악, 춤, 미술, 건축물, 극 등에 관심을 가지고 전통 예술을 감상하며 우리나라 문화에 친숙해지는 내용 |

### (5) 자연탐구

유아는 호기심이 넘치는 과학자다. 궁금한 것에 대해 답을 찾기 위해 적극적으로 탐색·탐구하며 이를 즐긴다. 자연탐구 영역은 유아가 탐구하는 과정을 즐기고, 자연과 더불어 살아가는 태도를 가지도록 하는 것을 목표로 한다. 자연탐구 영역의 구체적인 목표는 표 5-36과 같다. 교사는 유아가 호기심을 가지고 주도적으로 탐구하는 과정을 즐기며, 스스로 궁금증을 해결하도록 돕고, 유아가 주변의 동식물, 생명, 자연환경에 관심을 가지며 생명을 소중히 여기고 사람과 자연이 더불어 살아가는 방법을 실천하도록 지원한다.

표 5-36 자연탐구 영역의 목표

| | |
|---|---|
| 탐구하는 과정을 즐기고, 자연과 더불어 살아가는 태도를 가진다. | • 일상에서 호기심을 가지고 탐구하는 과정을 즐긴다.<br>• 생활 속의 문제를 수학적, 과학적으로 탐구한다.<br>• 생명과 자연을 존중한다. |

자연탐구 영역의 내용 체계는 '탐구과정 즐기기', '생활 속에서 탐구하기', '자연과 더불어 살기'로 제시되어 있다. 탐구과정 즐기기는 유아가 주변 세계와 자연에 대해 지속적으로 호기심을 가지고, 궁금한 것을 탐구하는 과정에 적극적으로 참여하면서 서로 다른 생각에 관심을 갖는 내용이다. 생활 속에서 탐구하기는 유아가 물체의 특성과 변화를 여러 가지 방법으로 탐색하고, 물체를 세어 수량을 알아보고, 물체의 위치와 방향, 모양을 알고 구별하며, 길이와 무게 등의 속성을 비교하고, 반복되는 규칙을 찾아보고, 모은 자료를 기준에 따라 분류하며, 도구와 기계에 관심을 가지고 생활 속의 문제를 다양하게 탐구하는 내용이다. 자연과 더불어 살기는 유아가 주변의 동식물에 관심을 가지고, 생명과 자연환경을 소중히 여기며, 날씨와 계절의 변화를 생활과 관련짓는 내용이다. 세부 내용은 표 5-37과 같다.

**표 5-37** 자연탐구 영역의 내용 체계

| 내용범주 | 내용 | 내용 해설 |
|---|---|---|
| 탐구과정 즐기기 | 주변 세계와 자연에 대해 지속적으로 호기심을 가진다. | • 유아가 물질, 물체, 동식물, 자연현상 등에 호기심을 가지고, 놀이에서 지속적으로 궁금한 것을 찾아가거나 표현하는 내용 |
| | 궁금한 것을 탐구하는 과정에 즐겁게 참여한다. | • 유아가 궁금한 것을 알아보기 위해 관찰, 비교, 분류, 예측, 실험 등의 다양한 탐구과정을 자발적으로 즐기는 내용 |
| | 탐구과정에서 서로 다른 생각에 관심을 가진다. | • 유아가 탐구하는 과정에서 자신의 생각을 또래나 교사와 함께 공유하고, 서로 다른 생각에 관심을 가지는 내용 |
| 생활 속에서 탐구하기 | 물체의 특성과 변화를 여러 가지 방법으로 탐색한다. | • 유아가 주변에서 쉽게 발견할 수 있는 친숙한 물체나 물질의 크기, 모양, 색, 냄새, 소리, 질감과 같은 기본적 특성에 관심을 갖는 내용과 그 물체나 물질을 자르고 섞는 등 다양한 방법으로 변화시켜 보며, 변화되는 특성과 변화되지 않는 특성이 무엇인지 탐색해 보는 내용 |
| | 물체를 세어 수량을 알아본다. | • 유아가 일상에서 수에 관심을 가지고, 수량을 세어 많고 적음 및 수량의 변화를 알아보는 내용 |
| | 물체의 위치와 방향, 모양을 알고 구별한다. | • 유아가 자신의 물체를 기준으로 앞, 뒤, 옆, 위, 아래 등 공간 안에서 위치와 방향을 알아가는 내용과 유아가 주변 환경에서 네모나 세모, 둥근 기둥, 상자 모양 등을 찾고 다양한 모양에서 공통점과 차이점을 알아가는 내용 |
| | 일상에서 길이, 무게 등의 속성을 비교한다. | • 유아가 일상에서 길이나 무게 등 측정 가능한 속성을 알고, 이 속성을 기준으로 물체를 비교하여 순서 지어 보는 내용과 이 과정에서 유아는 자신의 신체를 비롯하여 다양한 물체를 활용하고, 다양한 비교 어휘를 사용하면서 순서를 지어 보는 내용 |
| | 주변에서 반복되는 규칙을 찾는다. | • 유아가 생활 주변에서 사물이나 사건의 양상이 일정한 순서로 반복 배열되는 것에 관심을 갖고 즐기며, 반복되는 배열에 숨어 있는 질서와 규칙을 발견하여 다음에 올 것이 무엇인가를 예측하는 내용 |
| | 일상에서 모은 자료를 기준에 따라 분류한다. | • 유아가 일상생활에서 흥미와 관심에 따라 필요한 자료를 다양한 방법으로 모으고, 수집한 자료의 공통점과 차이점을 탐색하며 이를 하나 또는 그 이상의 다양한 기준에 따라 정리하고 조직해 보는 내용 |
| | 도구와 기계에 대해 관심을 가진다. | • 유아가 일상생활에서 사용하는 다양한 도구와 기계에 관심을 가지고 직접 사용해 보면서, 도구와 기계가 우리의 생활에 어떠한 도움을 주는지에 대해 관심을 가지는 내용 |

| 내용범주 | 내용 | 내용 해설 |
| --- | --- | --- |
| 자연과 더불어 살기 | 주변의 동식물에 관심을 가진다. | • 유아가 등하원, 산책, 바깥놀이터, 교실에서 접할 수 있는 동식물을 관찰하거나 직접 길러 보면서, 동식물의 특성에 관심을 가지고 탐구하는 내용 |
| | 생명과 자연환경을 소중히 여긴다. | • 유아가 동식물뿐만 아니라 동식물이 살아가기에 좋은 환경에 대해 관심을 가지고, 이들을 생명체로서 소중히 여기는 내용 |
| | 날씨와 계절의 변화를 생활과 관련짓는다. | • 유아가 낮과 밤, 날씨, 계절의 변화를 느끼고, 자연의 변화가 자신의 옷차림, 놀이 등 일상생활에 영향을 준다는 것을 이해하고 적절하게 대처하는 내용 |

Chapter

# 6

# 보육환경

"영유아의 보육환경 열어보기"

1. 실내 환경의 구성
2. 실외 환경의 구성

어느 봄날 아침. 병아리 아저씨가 그해 처음 나타난 날이었습니다. 쉬는 시간에 나는 친구들에게 자랑스럽게 이야기를 했습니다. "시골에서 보았는데 병아리 정말 예뻐". "그리고 전부 노란색이 아니야". "여러 가지 색이 섞여 있어". "밤색. 빨간색. …그리고 몸이 완전히 새까만 병아리도 있어". 친구들은 표정이 조금씩 이상해지더니 결국 까만색 병아리가 있다는 대목에서는 모두 같은 목소리를 내었습니다. 거짓말!. 한순간에 나는 거짓말쟁이가 되고 말았습니다.……

– 김성호의 「나의 생명 수업」 중에서

## 1. 실내 환경의 구성

어린이집의 환경은 종일 어린이집에서 지내야 하는 영유아의 행동과 발달에 밀접한 영향을 미친다. 따라서 영유아를 위한 어린이집 환경 구성은 영유아의 발달에 적합하고, 생리적 욕구를 충족시킴과 동시에 다양한 놀이와 활동을 계획하고 운영할 수 있도록 이루어져야 한다. 즉, 어린이집 환경이 쾌적하고 즐거운 공간으로 이루어질 때 교사와 영유아 간의 신뢰감과 애착은 더욱 긍정적으로 이루어진다. 또한, 영유아를 돌보는 교사에게도 행복함과 편안함을 제공하여 영유아에게 더욱 따뜻한 사랑과 정서적인 안정감을 제공하게 된다.

어린이집 환경은 대체로 흥미 영역을 중심으로 구성된다. 흥미 영역은 주제, 계절, 영유아 요구, 유아수 등을 고려하여 영역별로 분리한 것으로, 분리대나 칸막이 등을 이용하여 영유아에게 경계를 암시하며 배치한다. 이러한 영역별 환경은 영유아가 안정감을 느끼고 자신의 욕구를 충족시키며 상호작용 할 수 있어야 한다. 따라서 교사는 영유아의 발달을 이해하고, 각 연령과 특성에 따라 어떤 놀이가 이루어져야 하는가에 대한 이해를 바탕으로 흥미 영역을 구성해야 한다.

일반적으로 흥미 영역별로 구성하는 실내공간에는 쌓기놀이 영역, 조작놀이 영역, 미술 영역, 과학 및 요리 영역, 음률 영역, 수학 영역, 역할놀이 영역, 언어 영역, 물놀이 · 모래놀이 영역이 있으며, 개별 공간 영역도 포함된다.

프로스트와 키신저(Frost & Kissinger, 1976)는 교실의 흥미 영역 구성의 기본을 그림 6-1과 같이 제시하였다.

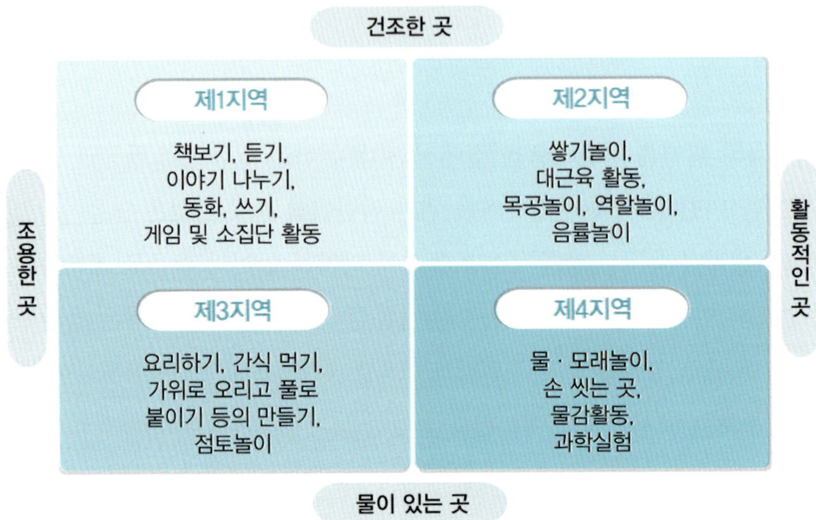


그림 6-1 **프로스트와 키신저(Frost & Kissinger)의 교실 흥미영역의 구성**

흥미 영역은 영역별로 그 특수성을 유지하면서도 통합적으로 운영된다. 또한 낮은 분리대, 칸막이 이동식 교구장, 가리개, 책꽂이 등을 이용하여 구분하며, 소음을 줄일 수 있도록 충분한 공간을 줘야 한다. 물이 필요한 영역은 바닥이 젖지 않도록 깔개를 깔아 주며, 건조한 영역은 부분 카펫 등을 깔아 소음을 줄이고, 안락감을 주도록 한다. 또한 영역 간의 통행이 원활하며, 흥미 영역이 교사의 시야에 들어올 수 있도록 개방적으로 구성하는 것이 바람직하다. 흥미 영역의 종류는 영유아의 연령과 발달 수준에 따라 달라져야 하며 보육프로그램의 성격이나 목적, 시설 여건, 시기 및 계절 등에 따라 적절히 선정하고, 활동해야 한다. 그리고 흥미 영역을 구성하는 데 무엇보다도 중요한 것은 영유아의 흥미와 놀이를 지원하는 것이다. 「제4차 어린이집 표준보육과정」과 「2019 개정 누리과정」은 영유아가 주도하는 놀이가 활성화될 수 있도록 흥미 영역의 운영 방식을 자율화하였다. 기존에 영유아의 놀이를 제한했던 고정된 흥미 영역의 개수, 유형, 운영 방식을 자율적으로 개선하여 영유아의 자유로운 놀이가 가능하도록 제안하고 있다. 따라서 흥미 영역 구성의 기본 방향은 첫째, 영유아가 가장 좋아하는 놀이를 중심으로 구성하고, 둘째, 영유아가 흥미를 보이지 않는 영역은 다른 영역과 통합하여 재구성하거나 다른 영역으로 대체한다. 셋째, 영유아의 관심과 흥미, 요구에 따라 새로운 영역을 구성할 수 있으며, 넷째, 영유아가 주도적으로 놀이 영역을 창조할 수 있도록 지원해야 한다. 결론적으로 교사는 영유아의 놀이가 미리 계획한 생활주제에 맞지 않더라도 영유아의 놀이를 우선적으로 고려하여 흥미 영역을 지원해야 한다(교육부, 보건복지부, 2019a; 보건복지부, 2020). 여기서는 보육실의 흥미영역의 기본적인 구성 및 연령별 공간 구성의 실제적인 측면에 대해 살펴보고자 한다.

### 1) 0~2세반 영아를 위한 실내 놀이공간 구성

영아를 위한 실내 놀이공간은 가정의 안방이나 거실과 같이 편안하고, 친숙하게 느낄 수 있는 분위기로 구성해야 한다. 청결하고 안전한 환경에서 영아가 자신의 생리적 리듬에 따라 먹고, 자고, 배변이 편안하게 이루어지도록 하고, 머리 들기, 뒤집기, 앉기 등 운동기술이 발달할 수 있도록 연습할 수 있는 충분한 공간도 마련되어야 한다.

Sebastin(1990)은 영아를 위한 환경을 구성할 때 환경변화의 용이성, 세심한 공간 구성, 영아의 질서에 대한 요구, 분리된 수면 영역, 쾌적한 화장실 영역 및 교사 휴식 공간, 부모와 만나고 헤어지는 현관을 고려해야 한다고 하였다. 장영희(2000)는 건강 및 안전, 정서적인 안정감, 움직임과 이동성, 탐색적 행동, 질서 및 통제의 요소 등을 고려해야 함을 강조하였다.

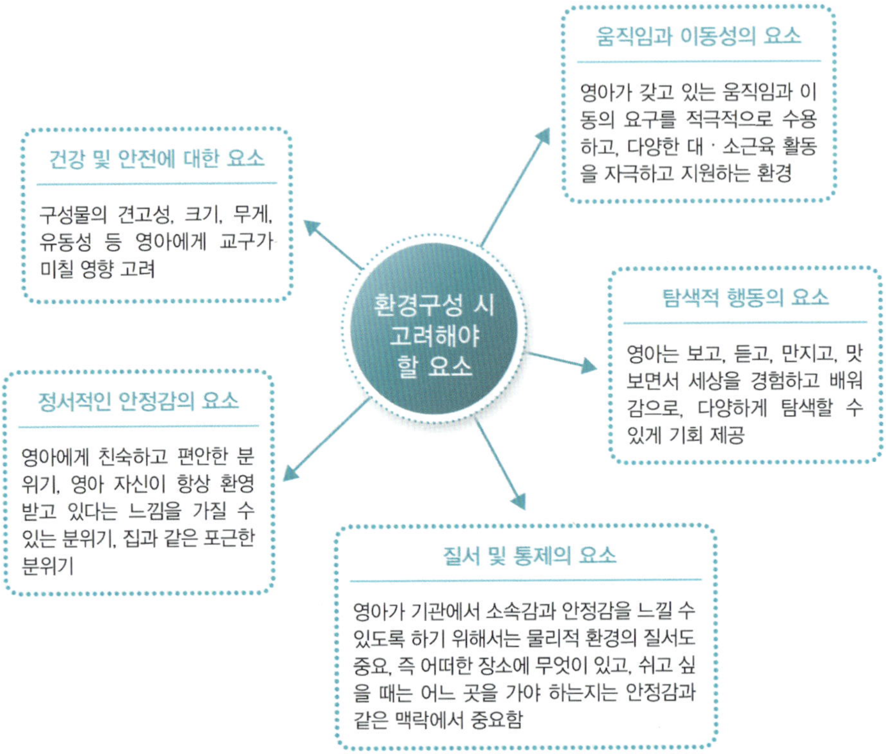


**그림 6-2 영아를 위한 환경구성 시 고려해야 할 요소**

출처: 부산시보육정보센터 교사 자료실.

만 2세 미만의 영아를 위한 실내 놀이공간 구성 실제의 예를 살펴보면 표 6-1, 표 6-2와 같다.

표 6-1 0세반 영아를 위한 실내영역 구성의 예

| 활동 영역 | 환경구성 |
|---|---|
| 일상생활 영역 | • 기저귀 가는 영역: 기저귀 갈이대는 잠자는 곳 가까이 배치하되 수면을 방해하지 않도록 하며, 교사가 돌아다니기 쉽게 충분한 공간을 확보하고 영아에게 친밀감을 주는 공간으로 구성한다. 손을 바로 씻을 수 있는 세면대 옆에 위치하고, 일회용 종이 수건과 핸드 로션, 수건, 안전 거울, 친근한 사물 그림, 가족사진, 모빌, 딸랑이 등을 비치한다.<br>• 낮잠 영역: 놀이 영역과 구분되어 영아의 수면에 방해가 되지 않도록 한다. 영아용 침대나 매트, 개인용 이불과 베개, 자장가 음악, 부드러운 헝겊 인형, 모빌, 딸랑이 등을 비치한다.<br>• 수유 영역: 우유나 이유식 등 영아의 음식을 준비 및 보관하는 곳으로, 낮은 테이블, 냉장고와 전자레인지, 영아 개인용 의자, 영아 개인용 우유통 및 우유병, 그릇, 보육교사가 안고 먹일 수 있는 흔들의자 등을 비치한다. |
| 대근육 운동 영역 | • 대근육 발달과 신체적 협응력 등 신체 발달을 도와주는 안전하고 도전적인 공간이 되도록 구성한다.<br>• 기어오를 수 있는 부드러운 계단이나 경사로, 안전띠 있는 그네나 흔들 기구, 다양한 공류, 천이나 플라스틱으로 된 손으로 잡을 수 있는 공, 밀고 당기는 장난감 등을 비치한다. |
| 언어 영역 | • 영아의 언어발달을 지원하는 환경으로 주변 자극과 격리가 될 수 있도록 조용하고 밝은 곳에 위치하고 출입구나 화장실, 세면대와는 떨어진 곳이 좋다.<br>• 편하게 기대어 책을 보거나 쉴 수 있도록 깔개 또는 매트, 쿠션, 방석, 소파, 부분 카펫, 그림책, 촉감 책, 플라스틱 책, 헝겊 책 등을 비치한다. |
| 탐색영역 | • 영아의 호기심을 충족시키고, 다양한 감각기관의 자극(눈과 손의 협응, 시각, 촉각, 청각, 후각)을 경험하고 탐색할 기회가 제공되도록 구성한다.<br>• 부드러운 블록, 천으로 만든 패드나 담요, 딸랑이, 쥘 수 있는 장난감, 마라카스류, 치아 발육기, 2~3조각의 퍼즐, 모양 끼우기 상자, 겹겹이 넣는 컵 블록, 촉감이 다양한 인형들, 끈을 당기면 뚜껑이 열리는 상자 등의 인과관계가 있는 놀잇감을 비치한다. |

**표 6-2** 1세 반 실내 환경구성의 예

| 활동 영역 | 환경구성 |
|---|---|
| 일상생활 영역 | • 배변, 수유, 낮잠 등의 생리적 욕구를 위한 영역으로 식사와 간식 영역, 낮잠과 휴식 영역, 기저귀 갈이 및 화장실 영역이 있다.<br>• 식사와 간식 영역: 혼자서 식사할 수 있는 어린이용 식탁 의자를 비치한다.<br>• 휴식 영역: 영아가 조용히 쉬거나 안정을 취할 수 있도록 작은 소파, 큰 쿠션, 침대, 봉제완구 등을 비치한다. |
| 대근육 활동 영역 | • 활발한 대근육 활동을 통해 자세와 균형 유지 및 신체 조절을 통한 자신감을 가질 수 있도록 실내용 놀이기구와 개방된 공간으로 구성한다.<br>• 실내용 미끄럼틀, 터널류, 큰 종이 블록, 우레탄 블록, 나무 블록, 탈것들(끌차, 붕붕차, 밀고 끌 수 있는 유모차, 바퀴가 있는 장난감 자동차), 큰 공과 작은 공(헝겊, 고무 등 다양한 재질), 흔들말, 오르내릴 수 있는 계단 등을 비치한다. |
| 언어 영역 | • 편안하고 아늑한 공간으로 영아가 다양한 자료를 통하여 새로운 말이나 단어를 배울 수 있고, 대화를 통해 의사소통을 증진할 수 있도록 구성한다.<br>• 여러 가지 인형(봉제 인형, 손 인형, 막대 인형)이나 동화자료, 게시 자료, 다양한 그림책과 그림 카드, 안락한 쿠션이나 방석, 소파, 책꽂이 등을 비치한다. |
| 음률 영역 | • 영아가 다양한 소리를 직접 내거나 들을 수 있으며 음악을 듣고 몸으로 직접 표현해 볼 수 있도록 안전하고, 충분히 넓은 공간으로 구성한다.<br>• 여러 가지 종류의 타악기나 리듬악기(북, 나팔, 탬버린, 마라카스, 핸드벨, 실로폰, 피리, 하모니카 등), 생활 악기나 폐품 악기(냄비와 숟가락, 세탁기 호스와 나무 막대, 깡통 북 등), 블루투스 스피커와 여러 종류의 노래나 소리가 담긴 저장장치, 이어폰(헤드폰)을 비치한다. |
| 역할 놀이 영역 | • 가정 및 지역사회에서 보거나 경험한 행동을 흉내 내는 역할 놀이를 할 수 있도록 다양한 자료를 구성한다.<br>• 다양한 의상과 소품(구두, 스카프, 모자, 핸드백, 빗, 핀 등), 안전 거울, 영아용 화장대, 장난감 전화기, 부엌 가구(싱크대, 냉장고, 세탁기), 음식 모형, 소꿉, 여러 가지 인형, 인형 침대, 우유병, 영아용 소파와 테이블 등을 비치한다. |
| 쌓기 놀이 영역 | • 대·소근육 움직임, 언어적, 사회적 기술 및 인지적 학습, 창의적 표현 등이 활발하게 이루어질 수 있는 공간으로, 활동적이면서 넓은 공간을 확보해야 한다.<br>• 다양한 종류의 블록, 자동차, 비행기, 사람 및 동물모형 소품 등을 비치한다. |
| 조형 영역 | • 영아가 근육의 조절과 다양한 감각 운동기능을 활용하여 창작적 표현과 탐색의 즐거움을 가질 수 있도록 구성한다.<br>• 테이블, 밀가루 반죽이나 물감풀, 무독성 굵은 크레용, 종이, 물감, 붓, 이젤(벽면에도 화지 부착), 다양한 만들기 재료 등을 비치한다. |

## 2) 2세 반 영아를 위한 실내 놀이공간 구성

만 2세가 되면 매우 활발하게 움직이고, 빨리 뛰어다니기 때문에 안전사고에 크게 노출될 수 있다. 따라서 영아가 안전하게 즐길 수 있는 공간을 구성해 주는 것이 무엇보다 중요하다. 특히 이 시기는 신체를 조절하고, 움직이는 기술이 더욱 세련되어지고, 잠자는 시간을 제외하고는 놀이와 탐색에 몰두하기에 더욱 넓은 공간과 특정 놀이를 마음껏 즐길 수 있도록 조직화된 영역을 제공하는 것이 좋다.

**표 6-3** 2세 반 실내 환경구성의 예

| 활동 영역 | 환경구성 |
|---|---|
| 일상생활 영역 | • 배변, 수유, 낮잠 등의 생리적 욕구를 위한 영역으로 식사와 간식 영역, 낮잠과 휴식 영역, 화장실 영역이 있다.<br>• 식사와 간식 영역: 혼자서 식사할 수 있는 어린이용 식탁 의자를 비치한다.<br>• 휴식 영역: 영아가 조용히 쉬거나 안정을 취할 수 있도록 작은 소파, 큰 쿠션, 침대, 봉제완구 등을 비치한다. |
| 대근육 활동 영역 | • 몸의 움직임이 활발해지며 점차 운동기술도 능숙해지므로 영아의 신체적 움직임에 대한 욕구를 충분히 고려하여 공간을 확보한다. 만 2세 영아는 신체 조절력이 완전하지 않기 때문에 떨어지거나 미끄러지는 등 안전사고가 빈번히 일어날 수 있으므로 시설의 종류, 높이, 바닥 재질, 모서리 등을 고려하여 환경을 구성한다.<br>• 탈것들(끌차, 붕붕차, 밀고 끌 수 있는 유모차, 바퀴가 있는 장난감 자동차), 큰 종이상자, 낮은 미끄럼틀, 오름 틀, 공, 큰 종이 블록, 우레탄 블록, 넓은 나무판, 낮은 계단, 흔들말 등을 비치한다. |
| 쌓기 놀이 영역 | • 활동적인 놀이가 이루어질 수 있도록 넓은 공간을 확보하고, 소음을 방지하기 위해서 바닥에 카펫을 깔아 준다.<br>• 낮은 선반에 우레탄, 종이, 플라스틱 등으로 만들어진 가볍고 내구성 있는 다양한 종류의 블록, 미니 학교 버스, 차고, 사람 및 동물모형 등을 비치한다. |
| 역할 놀이 영역 | • 상상 놀이가 활발하게 이루어지는 시기로, 여러 종류의 극놀이를 즐길 수 있도록 다양한 소품과 충분한 공간을 제공한다. 가정과 지역사회에서 본 것과 경험한 것을 토대로 놀이할 수 있도록 다양한 역할 놀이 소품과 자료로 환경을 구성한다.<br>• 다양한 의상과 소품(구두, 스카프, 모자, 핸드백, 빗, 핀 등), 안전 거울, 영아용 화장대, 장난감 전화기, 부엌 가구(싱크대, 냉장고, 세탁기), 음식 모형, 소꿉, 여러 가지 인형, 인형 침대, 우유병, 영아용 소파와 테이블 등을 비치한다. |
| 조작 놀이 영역 | • 영아가 앉아서 간단한 퍼즐 맞추기나 구슬 꿰기, 여러 놀잇감을 조작할 수 있는 공간으로 조용한 곳에 배치하고, 다양한 재료를 탐색하고, 손을 조작하여 움직이고 관찰할 수 있도록 구성한다.<br>• 다양한 소리를 낼 수 있는 장난감, 그림 맞추기, 촉감 놀잇감(콩, 마카로니, 물이나 모래), 서열화된 상자, 다양한 종류의 퍼즐, 실에 꿰는 큰 구슬, 끼웠다가 뺄 수 있는 조각으로 이루어진 장난감 등을 비치한다. |
| 언어 영역 | • 조용한 활동이 이루어지는 영역으로 밝고 조용한 창가에 배치한다. 바닥에 카펫을 깔고, 푹신한 베개나 쿠션, 편안한 의자 등을 제공하여 편안하게 책을 읽을 수 있도록 구성한다.<br>• 두꺼운 종이로 된 다양한 이야기책, 각종 인형(손 장갑 인형, 막대 인형 등), 동화 자료, 게시 자료 등을 비치한다. |
| 음률 영역 | • 음악 듣기, 간단한 리듬악기 연주, 음악에 맞춰 몸 움직이기 등 시끄럽고 동적인 활동이 이루어지는 공간으로 대근육 영역과 인접하여 구성한다.<br>• 노래 제목을 적은 목록, 간단한 악기류(손목 벨, 드럼, 흔들 벨, 실로폰, 심벌즈, 캐스터네츠, 탬버린, 놀잇감 악기 등), 블루투스 스피커와 여러 종류의 노래나 소리가 담긴 저장장치, 이어폰(헤드폰), 관련 악보 그림 등을 비치한다. |

### 3) 3세~5세 반 유아를 위한 실내 놀이공간 구성

유아를 위한 환경구성의 특성은 영아반보다는 운동기술이 급속도로 증대되고, 대인관계의 폭이 넓어지면서 여러 정서를 드러내고, 자아를 확립해 나가므로, 다양하고 구체적이며 자율적인 환경을 제공해 주어야 한다. 즉, 유아를 위한 환경은 자기 주도성을 키울 수 있으며, 놀이를 통한 학습이 자유롭게 이루어질 뿐만 아니라 자기통제 능력이 발달할 수 있는 방향으로 구성되어야 한다.

실내 환경은 유아의 흥미를 유발하는 다양한 교재·교구를 제공함으로써 유아의 성장과 발달을 촉진할 수 있다. 유아를 위한 흥미 영역으로는 언어 영역, 조작 놀이 영역, 수학 영역, 과학 영역, 쌓기 놀이 영역, 극놀이 영역, 조형 놀이 영역, 음률 영역, 목공놀이 영역, 물·모래놀이 영역, 휴식 영역 등으로 구성한다. 각 놀이 영역은 배치에 따라 놀이가 영향을 받게 되므로 효과적으로 배치해야 한다. 유아반 보육실 내 환경구성 및 운영은 표 6-4와 같다.

**표 6-4** 유아반 실내 환경구성의 예

| 활동 영역 | 환경구성 |
|---|---|
| 쌓기 놀이 영역 | • 다소 소음이 발생하는 활동적인 놀이 영역이므로 바닥에 카펫이나 깔개를 깔아 주고, 다른 영역과 구분하여 넓은 공간을 마련한다. 쌓기 놀이를 하는 동안 유아는 눈과 손의 협응 능력, 대근육 발달 및 수와 형태에 관한 개념을 형성할 수 있도록 활동적인 영역에 배치하고, 놀이의 확장을 위해 극놀이 영역과 가까이 구성하는 것이 효과적이다.<br>• 유닛 블록, 종이 벽돌블록, 십자 블록, 볼트와 기어 블록, 스펀지 블록, 사람 · 동물모형, 자동차, 교통표지판, 사진, 나무, 깃발 등을 비치한다. |
| 역할 놀이 영역 | • 쌓기 놀이 영역 같은 활동적인 영역과 인접 배치하고, 블록이나 소품을 함께 활용하여 놀이할 수 있도록 구성한다.<br>• 역할 놀이에 필요한 소품(병원 놀이, 미장원 놀이, 은행 놀이, 주유소 놀이 등), 유아용 가구(싱크대, 냉장고, 소파, 탁자, 화장대, 거울 등), 주방용품(냄비, 주전자, 프라이팬, 그릇, 접시, 컵, 숟가락, 포크 등), 음식 모형(과일, 채소, 생선, 고기, 빵 등), 다양한 소품(옷, 가방, 모자, 인형, 인형 업는 띠 등)을 비치한다. |
| 언어 · 책보기 영역 | • 유아가 듣기, 말하기, 읽기, 쓰기 활동하는 데 방해받지 않고, 안정적인 분위기에서 집중할 수 있도록 통행이 적고 조용하며 밝은 곳에 배치한다. 바닥에 카펫을 깔고, 낮은 책상, 쿠션, 흔들의자 등을 준비하여 편안하고 안락한 분위기를 조성한다.<br>• 다양한 이야기책, 각종 인형(막대 인형, 손 장갑 인형, 테이블 인형 등)과 인형극 틀, 융판 자료, 전화기, 플래시 카드, 필기도구(화이트보드, 색연필, 사인펜, 매직, 크레파스, 4B연필 등), 녹음기, 노래나 동화 소리 자료, 자연의 소리 · 동물 울음소리 자료, 이어폰(헤드폰)을 비치한다. |
| 조형 영역 | • 유아의 왕래가 많지 않고 밝으며, 수시로 물을 공급받기 쉽도록 수도 시설 가까이에 배치한다. 책상에는 비닐 깔개를 씌우고, 바닥에는 물걸레로 정리할 수 있는 바닥용 재질을 깐다. 조형 놀이는 정적인 활동이므로 음률 영역, 쌓기 놀이 영역과는 거리를 두고 구성한다.<br>• 다양한 크기와 모양의 종이(도화지, 색종이, 창호지, 신문지, 벽지, 포장지, 셀로판지 등), 그리기 자료(크레파스, 색연필, 사인펜, 매직, 물감 등), 물감통, 붓, 안전 가위, 수수깡, 풀, 접착제, 투명 테이프, 점토, 재활용품, 털실, 단추, 이젤, 고무줄, 모루, 리본 테이프, 구성 매체물(상자류, 단추, 돌, 나뭇잎 빨대, 요구르트 통 등)을 비치한다. |
| 수 · 과학 영역 | • 수학 영역과 과학 영역으로 분리하여 구성할 수도 있으나, 통합 배치함으로써 두 놀이가 통합되어 확장될 수 있도록 한다. 소음이 적고, 유아의 왕래가 적은 곳에 배치하고, 낮은 책상을 배치하여 개별 활동과 소집단활동을 할 수 있도록 한다. 동식물 기르기를 경험해 보기 위해서는 햇빛이 잘 들고, 물의 공급도 쉽게 할 수 있는 곳에 배치한다.<br>• 다양한 종류와 크기 등을 분류하는 자료(1:1 대응, 수 세기, 분류, 비교, 서열, 짝짓기, 패턴, 부분과 전체), 수의 이해를 돕는 자료, 다양한 측정 도구(온도계, 체중계, 자, 저울, 계량컵과 계량스푼), 과학 도구(돋보기, 자석, 프리즘, 현미경), 동식물 기르기 관련 서적과 사진 자료 등을 비치한다. |

| 활동 영역 | 환경구성 |
|---|---|
| 음률 영역 | • 2~3명의 유아가 음악에 맞추어 신체를 자유롭게 움직일 수 있는 충분한 공간이 필요하며, 소리를 정확히 변별할 수 있으면서 소음으로 인접 영역에 방해가 되지 않도록 배치한다.<br>• 리듬악기류(탬버린, 트라이앵글, 캐스터네츠, 방울, 우드블록, 핸드벨, 마라카스 등), 전통 악기류(장구, 징, 꽹과리, 북, 소고, 피리 등), 소품(스카프, 리본 막대, 작곡자 사진, 악기 사진 등), 악보, 기타(피아노, 녹음기, 음원) 등을 비치한다. |
| 컴퓨터 영역 | • 컴퓨터 영역은 햇볕이 직접 들지 않아 모니터에 빛이 반사되지 않도록 하고, 습기가 없으며 전기를 이용할 수 있는 곳에 배치한다. 컴퓨터는 유아 크기에 맞는 책상에 놓아야 하고, 적어도 컴퓨터 1대당 의자 2개를 배치하여 유아들이 서로 의견을 교환하고, 토론하며 협력하는 분위기가 형성되도록 한다.<br>• 컴퓨터, 컴퓨터 사용 설명서, 프린트, 마우스, 스피커, 메모리 저장장치, 프린터 종이, 필기도구 등을 비치한다. |
| 조작영역 | • 소근육을 이용하는 정적인 활동이므로 조용하고, 유아의 왕래가 많지 않은 장소에 배치하며 수 영역이나 쌓기 놀이 영역과 통합하여 구성하는 것도 좋다.<br>• 다양한 퍼즐, 포개거나 끼워 맞추는 교구, 끼우기, 짝 맞추기 교재, 작은 물건 옮겨 담기 교구, 일상생활 훈련 놀잇감(단추, 지퍼, 리본 등) 등을 비치한다. |
| 목공놀이 영역 | • 소음이 많이 나는 영역이므로 별도의 활동실이나 실외에 배치할 수 있다. 실내에 배치할 때 유아가 도구를 갖고 움직이는 데 지장이 없고, 안전하게 사용하도록 충분히 넓은 공간에 배치한다.<br>• 목공 테이블과 연장(망치, 못, 압정, 톱, 드라이버, 송곳, 나사, 스패너), 안전도구(안전용 장갑, 안경, 작업복), 가죽 조각, 목공용 풀, 코르크, 사포, 페인트, 붓, 작은 나무 등을 비치한다. |
| 요리 영역 | • 요리 영역은 독립된 영역으로 분리하여 구성하거나 필요할 때마다 융통성 있게 간식 영역, 역할 놀이 영역, 과학 놀이 영역 등과 함께 배치한다. 고정적으로 배치할 경우는 싱크대나 수도 시설 가까운 곳에 위치하고, 책상에 비닐 덮개를 씌워 위생적으로 관리한다.<br>• 유아의 키에 맞는 높이의 주방 기구, 음식 관련 사진, 요리 활동의 순서 그림 등을 비치한다. |
| 휴식 영역 | • 유아가 신체적·심리적으로 피로감을 느끼거나 휴식을 취하고 싶을 때 쉴 수 있도록 배려하는 영역이다. 휴식을 취하면서 다른 유아가 노는 모습을 볼 수 있는 곳에 구성한다.<br>• 안락한 소파, 푹신한 깔개, 쿠션, 봉제 인형, 베개 등을 비치한다. |

## 2. 실외 환경의 구성

실외 환경이란 어린이집 전체 공간에서 건물을 제외한 나머지 대지를 말한다. 실외 놀이공간은 실내공간에서 할 수 없는 여러 가지 활동을 할 수 있고, 자연환경과의 상호작용을 경험할 수 있는 교육적 공간으로 실내에서의 학습이 연장될 수 있어야 하며, 유아의 신체적 · 지적 · 사회적 · 정서적 발달을 도와주도록 고려되어야 한다(권영례, 2004). 따라서 실외 환경은 영유아의 신체 및 운동 기술력을 활발하게 향상시키며, 인지발달이나 의사소통 능력, 사회적 기술 향상 등에도 매우 도움이 된다. 또한 실내에서는 경험할 수 없는 자연과의 소통이 활발하게 이루어지며, 마음껏 움직이고 소리칠 수 있는 자유가 주어져 영유아가 가장 좋아하는 장소이고, 동시에 다양한 놀이가 이루어진다.

유아교육기관의 실외 공간은 다음의 조건을 갖추어야 한다(Decker & Decker, 2004).

첫째, 실외 공간은 실내공간에서 이루어지는 것과 유사한 활동이 이루어지도록 구성되어야 한다. 실외 공간에서는 몸을 움직이는 동적인 활동뿐만 아니라 그림 그리기, 책 읽기 등의 정적인 활동도 이루어질 수 있도록 구성한다. 실외놀이 영역도 실내놀이 영역의 연장선으로 이해하고, 복합놀이터만 설치하는 것이 아니라 다양한 놀이가 이루어질 수 있도록 구성한다.

둘째, 실외 공간은 심미적인 즐거움을 줄 수 있도록 구성되어야 한다. 실외 공간에는 나무와 꽃 등 자연이 함께 공존하고, 나무와 하늘의 색과 어울리는 놀이기구를 배치하여 아이의 심미적인 감성을 자극할 수 있는 공간이 되어야 한다.

셋째, 실외 공간은 안전해야 한다. 공간을 둘러싼 울타리, 비품 배치, 안전한 바닥 처리 및 교사의 지도 등 유아의 안전을 고려하여 실외 공간을 구성한다. 또한 놀이기구의 안전한 사용 설명서를 비치하여 아이가 수시로 안전 내용을 숙지할 수 있도록 한다.

실외 환경구성의 실제 예시를 살펴보면 표 6-5와 같다.

표 6-5 실외 환경구성의 예

| 영역 | 환경구성 |
|---|---|
| 대근육 활동 영역 | 미끄럼틀, 그네, 시소, 정글짐, 망오름대, 구름다리, 통나무 징검다리, 타이어 오름대, 농구대, 골대, 자전거, 수레 등 |
| 구성 놀이 영역 | 다양한 크기의 블록류, 플라스틱 블록류, 재활용품 등 |
| 소꿉놀이 영역 | 비치파라솔, 놀이 집, 의자, 탁자, 텐트, 돗자리, 빈 상자, 소꿉놀이용 도구, 인형, 양산, 구두, 모자, 가방, 다 쓴 화장품 병 등 |
| 역할놀이 영역 | 손 인형, 인형극 틀, 비닐 깔개, 각종 역할 놀이에 필요한 소품 등 |
| 물놀이 영역 | 물 주전자, 크기가 다른 그릇, 플라스틱 물놀이용품, 스펀지, 물에 뜨는 놀잇감, 버블, 물뿌리개, 목욕시키는 인형 등 |
| 모래놀이 영역 | 모래를 거르는 체, 여러 모양의 틀, 자동차, 삽, 깔때기, 모래 상자 등 |
| 목공놀이 영역 | 코르크, 나무토막, 망치, 톱, 나사, 볼트와 너트, 꺾쇠, 못, 대패, 사포, 페인트와 붓, 목공책상, 드라이버, 송곳 등 |
| 동물을 기르는 영역 | 토끼, 닭, 오리, 염소, 강아지 등 |
| 식물을 기르는 영역 | 텃밭 상자, 모종삽, 호미, 물뿌리개 등 |
| 과학 영역 | 수집용 비닐, 쌍안경, 돋보기, 손전등, 곤충망, 휴지, 수건 등 |
| 휴식 영역 | 파라솔, 의자 그늘막, 그림책, 도화지, 크레파스, 색연필 등 |

Chapter

# 7

# 보육교직원 관리

## “보육과 더불어 함께하는 사람들”

1. 보육교직원의 특성 및 관리
2. 보육교사의 역할 및 자질
3. 보육교직원의 자격 관리

현명하고 유능한 교사라면 고려해야 할 문제가 있다. 교사와 아이의 관계성은 교육자가 장·단기적으로 현실에 개입할 수 있는 하나의 길이라는 점을 직시해야 한다.

– Paulo Freire의 『Teachers as Cultural Workers – Letters to Those Who Dare Teach』 중에서

어린이집도 타 조직과 마찬가지로 여러 사람이 모여서 업무를 수행하기에 원장을 비롯하여 보육교사, 간호사, 취사원, 사무원, 영양사, 관리인 및 기타 직원 등의 인사관리가 필요하다. 보육의 성과는 보육 활동에 종사하는 인적 자원을 최적으로 확보하여 적재적소에 배치하고, 양질의 인적 자원 유지에 따라 달라진다.

# 1. 보육교직원의 특성 및 관리

## 1) 원장

어린이집 원장은 기관을 대표하고, 확고한 철학을 바탕으로 어린이집 운영의 성격을 이끌어 가는 주체적 역할을 한다. 「영유아보육법」에서 어린이집의 원장은 어린이집을 총괄하고, 보육교사와 그 밖의 직원을 지도·감독하며 영유아를 보육한다고 규정하고 있다(영유아보육법 제18조 제1항). 원장의 이러한 역할로 인하여 원장의 철학과 아동관에 따라 어린이집의 질이 달라질 수밖에 없다. 따라서 원장의 소양과 자질의 관리는 어린이집의 미래를 좌우하는 중요한 문제이다. 원장은 구체적으로 다음과 같은 소양과 자질을 지니고 있어야 한다.

첫째, 원장은 올바른 아동관과 보육 및 교육에 대한 관점을 가지고 있어야 한다. 교육과 보육에 관한 일관되고 올바른 방향성을 가지고 있어야 한다.

둘째, 영유아와 세상을 바라보는 따뜻하고 부드러운 심성과 건강한 신체 관리가 필요하다. 영유아기 아이를 보육하는 일은 몸을 많이 움직이기 때문에 원장의 심신 건강이 보육의 질에 영향을 미치고, 인성과 마음의 상태가 보육의 질을 좌우한다. 그래서 건강한 심신의 소유가 원장의 중요한 구비 조건이 될 수 있다.

셋째, 영유아에 대한 이해가 있어야 한다. 영유아의 발달과정 및 특성에 대한 이해를 기초로 하여 영유아의 삶을 함께 나눌 수 있는 준비가 되어 있어야 한다.

넷째, 다른 사람과 원만한 관계를 유지하는 기본적 소양이 있어야 한다. 원장은 교사, 부모, 지역사회 주민과 소통하는데, 이때 원만하고, 긍정적 관계 형성을 통해 함께 영유아를 돌볼 수 있는 자질을 갖추는 것이 중요하다.

다섯째, 어린이집의 운영 관리에 대한 기본적 지식과 실행력을 가지고 있어야 한다. 기관을 조직하고, 관리할 수 있는 능력을 통해 어린이집을 효율적으로 관리하는 자질을 갖출 필요가 있다.

이렇듯 어린이집이 영유아의 바른 성장을 지원하고, 건전한 지역사회를 만드는 데 제 역할을 할 수 있도록 원장은 기본적인 소양을 바탕으로 어린이집을 운영해야 한다. 또한, 어린이집이 현대사회의 변화에 맞추어 발전할 수 있도록 원장은 다음에 제시하고 있는 구체적이고 적극적인 역할을 수행해야 한다.

- 원아 모집 및 관리
- 보육 프로그램 및 보육 활동의 관리
- 어린이집 보육교직원 관리
- 어린이집 설비 관리
- 문서 및 사무 관리
- 어린이집의 재정 관리
- 부모교육 및 상담
- 지역사회와의 협력 및 교류

## 2) 보육교사

우리나라 「영유아보육법」에 명시된 보육교사의 업무를 살펴보면 크게 세 가지로 구분할 수 있다.

첫째, 「영유아보육법」 제2조(정의)에서 살펴보면, 보육교사는 '어린이집 보육교직원' 중 하나로 보호자의 위탁을 받아 6세 미만 영유아를 보육하는 자이다. 구체적인 업무는 영유아의 보육, 보육을 위한 보호자와의 상담, 그 밖에 어린이집의 관리 · 운영 등이 있다. 따라서 보육교사는 기본적으로는 영유아를 보육하고, 어린이집의 장이 불가피한 사유로 직무를 수행할 수 없을 때는 그 직무를 대행하는 등 보육과 관리를 함께 담당한다.

둘째, 보육교사는 국가에서 그 자격과 경력 등에 대하여 관리하고 지원하는 전문가이다. 「영유아보육법」에서는 질 높은 영유아보육서비스의 실행을 위하여 보육교사의 국가자격증 제도와 경력관리뿐만 아니라 교사의 지속적인 전문적 성장을 유도하기 위한 승급 및 보수교육 기준을 마련하여 운영하고 있다.

셋째, 보육교사는 표준보육과정의 내용이 제시하는 영유아의 전인적인 성장을 위한 교육서비스와 함께 영유아의 안전과 건강관리를 위한 서비스를 실행할 의무가 주어진다. 영유아를 위한 보육서비스의 내용에 대하여 영유아의 신체, 정서, 언어, 사회성 및 인지적 발달을 도모할 수 있는 내용(「영유아보육법」 제29조)과 영유아의 건강, 안전 보장(「영유아보육법」 제31조)을 제시하고 있다.

「영유아보육법」의 규정에서 기초하여 볼 때 6세 미만의 영유아를 위한 보육교사는 그 직업이 어린이집 보육교직원으로 규정되어 있고, 국가에서 자격을 인정하여 발전시키고자 하는 전문직이다. 그리고 업무의 특성이 영유아의 전인적 성장을 위한 보육내용과 이들의 건강과 안전을 보장하기 위한 서비스의 내용을 포함한다(백혜리, 2009).

따라서 보육교사는 첫째, 영유아 발달 및 교육전문가이며, 둘째, 지역사회 내 영유아 복지 전문가이며, 셋째, 영유아와 그 가족을 위한 상담 및 부모교육 전문가이며, 마지막으로 영유아 권리 지킴이라고 볼 수 있다. 로저스와 웹(Rogers & Webb, 1991)은 좋은 교사를 논의하면서 돌봄의 실천을 중요하게 여겼으며, 좋은 가르침 또한 돌봄의 행위가 함께 이루어질 때 가능하다고 하였다. 보육교사는 이러한 보육의 개념을 직접 실행에 옮기는 사람으로서, 심신의 보호와 건전한 교육을 통하여 영유아를 건강한 사회성원으로 육성하고, 더불어 보호자를 지원하여 궁극적으로 가정 복지증진에 기여하는 자라고 할 수 있다. 따라서 부모의 보육을 대신하는 보육교사는 보육의 질을 향상시키기 위하여 아동의 발달과 보육에 대한 전문지식을 가지고 있고, 영유아의 요구에 민감한 사람이 되어야 한다.

이러한 보육교사의 구체적 실행 역할을 살펴보면 다음과 같다.

- 영유아 보육 및 지도
- 보육 프로그램 및 보육 활동의 계획 및 실천
- 영유아 건강 · 안전 · 영양 지도
- 비품 및 교재 · 교구 준비 및 활용
- 실내외 환경 계획 및 구성
- 부모와의 관계 형성 및 상담
- 업무 분담된 실무 관리

### 3) 간호사

어린이집은 건강하고 안전한 영유아의 생활을 위한 기본 관리가 중요하다. 따라서 영유아의 일상생활에서의 안전과 건강을 점검하고, 지원하는 의료 인력이 필요하다. 이러한 이유로 어린이집의 규모가 영유아 100인 이상이면 간호사나 간호조무사를 두도록 하고 있다. 단, 어린이집의 원장이 간호사 또는 간호조무사의 자격이 있는 경우에는 겸직할 수 있다.

간호사의 역할은 영유아의 발달상황을 점검하고, 안전과 건강을 관리해야 한다. 또한 건강기록부를 작성하고, 여러 가지 건강관리 및 위급상황을 위한 체계적 관리를 담당한다. 그리고 건강상 문제가 있는 영유아의 경우 지역 병원과 보건소 등과 연계하여 관리하고 지원하는 역할도 맡게 된다.

원칙적으로 간호사는 일정 규모 이상일 경우 배치되지만 때에 따라 관할 시에서 지원하여 소규모 가정어린이집에도 간호사를 파견하여 건강을 점검하는 경우도 있다.

### 4) 영양사, 취사부

어린이집은 보호자의 위탁을 받아 영유아를 건강하고 안전하게 보육하는 기관으로, 영유아의 의식주 생활 관리가 무엇보다도 중요하다. 특히 영유아가 종일 생활하는 일과 가운데 영유아를 위한 간식이나 급식은 영유아의 건강과 영양을 위해 매우 중요한 측면이다.

「영유아보육법」에서는 영유아 100인 이상을 보육하는 경우, 1인의 영양사를 두도록 하되, 단독으로 영양사를 두는 것이 곤란한 경우에는 동일한 시·군·구의 5개 이내 어린이집이 공동으로 영양사를 둘 수 있도록 하고 있다. 원장이 영양사의 자격이 있는 경우에는 간호사와 마찬가지로 원장이 겸직할 수 있다. 단 원장이 영양사와 간호사 자격증을 모두 가지고 있더라도 동시에 두 개 모두를 겸직하는 것은 불가능하다.

영양사는 아동의 발달과 영양을 고려하여 간식 및 급식을 계획, 운영하는 중요한 역할을 담당한다. 적절한 양과 질을 조절하여 식단을 구성하고, 이에 근거하여 건강하고 영양적으로 균형 잡힌 식생활이 되도록 하며, 나아가 아이가 올바른 식습관을 형성하도록 해야 한다.

취사부는 어린이집의 간식 및 급식의 조리를 담당하는 역할로, 건강하고 청결한 관리가 필수이다. 「영유아보육법 시행규칙」에서는 영유아 40명 이상 80명 이하를 보육하는 시설의 경우 취사부 1명을 두며, 영유아가 80명을 초과할 때마다 조리사를 1명씩 증원하도록 하고 있다.

### 5) 그 밖의 보육교직원

어린이집에는 영유아의 보육을 위한 운영에 필요한 다양한 보육교직원을 두고 있다. 시설의 규모와 특성에 따라 의사(또는 촉탁의사), 사회복지사, 사무원, 관리인, 위생원, 운전기사, 치료사 등의 종사자를 둘 수 있다.

## 2. 보육교사의 역할 및 자질

### 1) 보육교사의 역할

교육의 질에 영향을 미치는 여러 가지 요소 중 특히 교육의 질적 서비스의 핵심적인 요소는 교사의 질이다. 특히 영유아를 담당하는 보육교사는 단순히 영유아를 보호하면서 지식이나 정보를 제공하는 역할뿐만 아니라, 영유아에 대한 사랑과 이해, 그리고 무한한 가능성에 대한 믿음을 가지고 있어야 한다. 그리고 영유아가 본래부터 지니고 있던 생명이 스스로 잘 자라도록 돌봐주어야 한다. 또한 보육교사는 교사이기 이전에 세상을 보는 바른 눈과 바른 인성을 가지고, 교육자로서의 자신을 사랑하는 마음과 가르치는 일에 대한 열정을 가지고 있어야 한다.

따라서 보육교사는 어린이집에서 영유아의 전인적인 성장과 발달 등 평생의 기초를 다지는 데 지대한 영향을 미치며 보육의 질을 결정하는 중요한 요인이 되므로(이은화, 배소연, 조부경, 1995; Spoded & Saracho, 1990) 보육교사의 개인적인 자질과 업무 수행 능력은 매우 중요하다. 특히 가족구조가 다양해지고 여성의 사회적 진출이 보편화되기 시작한 21세기 현재에는 보육교사에게 좀 더 다양한 역할이 요구된다.

여기서는 보육교사의 역할 규정에 대한 여러 학자의 다양한 견해를 살펴보고자 한다.

### (1) 캐츠(Katz, 1970)의 관점

보육교사의 역할을 자신과 교육을 받는 대상자에 의해서 기대되는 임무, 의무, 책임과 관련 있는 교사의 행동 측면에서 정의하였다. 모성 역할과 수업운영 역할 간의 명확한 구분을 위해 보육교사와 어머니의 역할 간의 차이를 구분하였고, 이를 바탕으로 보육교사가 전문가임을 주장하였다.

- 모성 모형: 영유아가 어린이집에서 안전하고 편안하며, 행복하게 생활할 수 있도록 도와주는 데 강조를 두는 것으로, 대리 양육자 역할(보건복지부, 1997)로 주로 언급된다.
- 치료 모형: 영유아가 자신의 감정을 자연스럽게 표현하도록 도와주고, 긴장을 풀어주며, 갈등을 해결하도록 하는 데 중점을 둔다. 이는 보건복지부(1997)가 제시한 보육교사 역할 중 관찰자 및 평가자로서 해야 할 역할과 연관 지어 볼 수 있다. 즉, 유아의 지속적인 성장과 발달을 기록·평가하고 학부모와 가족에게 보고하는 역할로 이해할 수 있다.
- 수업 모형: 지식과 정보를 전달하여 영유아의 발달을 촉진하는 데 중점을 둔다.

### (2) 스포덱(Spodek, 1985)의 관점

- 양육 역할: 다른 연령에 비해 영유아기에 강조되는 역할로, 교사는 영유아의 건강을 돌보고 안전을 지켜주며, 사랑으로 대하고 가정과 같은 편안함을 제공해 주어야 한다.
- 교수 역할: 교사라는 말이 가르치는 사람을 연상하게 하듯이 교사는 교육적 요구에 민감하게 반응하고, 영유아에게 교육적 환경을 경험할 수 있도록 해 주어야 한다. 이러한 교수 역할은 교수의 직접적인 형태인 지식전달부터 학습이 일어날 수 있는 환경 조성, 영유아가 교육환경을 경험하고 현실 세계에 대해 지각하고, 교육 전반을 평가하는 등의 간접적인 형태의 교수까지 포함한다. 즉, 교수 역할은 교육과정 설계자, 진단자, 교수 조직자로서 해야 할 역할이 포함된다.
- 인격 함양 역할과 의사 결정 역할: 교사가 영유아와의 상호작용을 통해 영유아를 안내하고 도움을 주는 역할이다.

### (3) 쉬케단츠(Schickedanz, 1990)와 동료의 관점

- 지식전달자: 교사는 영유아가 지식을 구성할 수 있도록 특별한 주의를 기울여 언어·비언어적으로 도움을 주어야 한다.
- 계획·조직·평가자: 교사는 교수의 가장 중요한 측면인 계획·조직·평가를 수행한다. 가장 효과적인 계획은 이전의 계획으로부터 나온 경험에 대한 평가를 토대로 해야 한다.
- 훈육자: 교사는 영유아가 자아존중감을 느끼고 다른 영유아와 협력할 수 있도록 하며, 활동을 잘 계획하고 조직함으로써 문제행동 발생을 예방하며, 기대되는 행동에 대한 모델이 되고자 한다.
- 의사결정자: 교사는 항상 영유아를 관찰함으로써 이를 프로그램 수정에 반영

하고, 기본적인 프로그램이 설정되면 언제, 어디서, 어떻게 상호작용할 것인지를 결정한다.

### (4) 잘롱고와 아이젠버그(Jalongo & Isenberg, 2000)의 관점

- 반성적 사고를 하는 실천인: 보육교사는 여러 가지 교육적인 문제에 대하여 심사숙고하고, 윤리적인 의사 결정을 할 수 있는 반성적 사고 능력을 가진 실천인이다.
- 유아의 권리 옹호자: 보육교사는 영유아 중심의 보육 과정을 운영하고, 영유아의 권리를 위해 노력하는 행동인이다.
- 아동 발달 전문가: 보육교사는 유아의 성장과 발달에 대한 전문적인 지식을 바탕으로 영유아가 전인적인 인격체로 성장하는 데 필요한 도움을 주는 사람이다.
- 학습의 촉진자: 보육교사는 영유아의 학습을 위하여 적절한 비계설정을 하는 사람이다.
- 학습 환경의 구성자: 보육교사는 영유아의 학습을 위하여 안전하고, 건강하며 발달에 적합한 물리적 환경을 구성하는 사람이다.
- 교육과정 개발자: 보육교사는 영유아, 부모, 지역사회의 독특한 요구에 따라 교육과정을 개발하는 사람이다.
- 교육활동 계획자: 보육교사는 개발된 교육과정을 영유아의 흥미와 요구에 따라 적절하게 진행하는 역할을 하는 사람이다.
- 평가자: 보육교사는 영유아의 성장과 발달을 평가하고, 교육프로그램의 효과를 알아보는 평가자의 역할을 한다.
- 역할 모델: 보육교사는 영유아의 생활을 지도하며 문제 해결 등의 시범을 보인다.
- 부모 교육자: 보육교사는 부모와의 신뢰로운 관계 형성을 통하여 부모에게 도

움을 주고받으며 지역사회와의 연계를 만들어 가는 역할을 한다.

- **성장하는 전문인**: 보육교사는 자신의 전문성 신장을 위하여 끊임없이 노력하는 사람이다.
- **정보 관리자**: 보육교사는 영유아와 그 가족을 지원하는 데 필요한 모든 자료를 정리하고, 이를 활용하는 정보의 관리자이다.

### (5) 국내 학자의 관점

보육자격관리사무국(2007)에서 제시한 보육교사의 역할은 영유아의 성장, 발달에 있어 보호와 교육적 측면의 전문가로서 신체적, 사회적, 정서적, 지적 발달을 균형 있게 격려할 수 있도록 교육 방법을 연구 및 적용, 교실 환경구성, 영유아를 가르치고 영유아의 연령과 발달 수준을 고려하여 적절한 자극을 제공하는 것이다. 또한 학부모가 자녀 걱정 없이 안심하고 사회 경제 활동을 할 수 있도록 지원하고, 학부모와의 원활한 의사소통을 통해 교사나 어린이집에 대한 신뢰감을 형성하는 것이라고 명시하고 있다.

보육교사가 보육 현장에서 수행해야 할 역할에 대해 여러 학자들(이원영, 1990; 이은화, 배소연, 조부경, 1995)이 내린 정의를 살펴보면, 보육교사는 영유아의 신체 · 심리적 안전과 보호, 영유아 보육내용 및 활동의 계획과 지도, 비품 · 교수 · 보육 자료의 준비와 점검 및 활용, 실내외 학습 환경의 조성과 활용, 영유아와의 친밀한 인간관계를 통한 생활지도, 영유아 보육 활동의 평가, 기타 영유아 보육 활동에 필요한 사항, 영유아 지도를 위한 부모와의 상담 및 교육의 역할을 담당해야 한다. 이를 위해 영유아에 대한 전문적 지식과 기술 및 확고한 철학, 사랑, 신뢰감, 긍정적 자아개념을 영유아에게 보여줄 수 있는 품성과 노력하는 자세의 필요성에 대해 언급하였다. 또한 보육교사는 아이를 가르치는 전문가로서 발달조력자, 안내자, 관찰자, 평가자, 교수자, 연구자, 환경구성자, 교재 · 교구 준비자 등으로 규정하고 있다(박은혜, 2020; 이기숙 외, 2002).

정혜진(2004)은 21세기 사회에서 요구되는 보육교사의 역할에 대해 크게 두 가지로 설명하였다. 첫째는 영유아의 교육과 보호를 동시에 수행하는 역할이고, 둘째는 기관 내에서 영유아와 관계되는 모든 일에 대해 전문적으로 판단하고 결정을 내리는 의사결정자의 역할이다. 즉, 어린이집에서 영유아의 적절한 발달을 위해 교육하고, 보호하는 역할을 수행함과 동시에 영유아를 둘러싼 학부모, 가족, 지역사회에 대한 부분까지 조직하고 관리하는 자로서 해야 할 역할이 요구된다고 보는 것이다.

한편, 강수돌(2004)과 임재택(2008)은 오늘날 교사는 아이의 생명을 모시고 살리는 전문가가 되기 위하여 현대사회의 경쟁과 세계화의 논리 속에서 아이의 생명을 위협할 수 있음을 인식할 필요가 있음을 지적한 바 있다. 특히 임재택(2008)은 영유아를 대상으로 하는 보육교사는 생명의 본질 및 원리와 특성을 이해하고, 그 원리에 따라 아이를 잘 모시는 생태유아교사가 되어야 한다고 보았다. 다음은 생태유아교사의 역할에 대해 정리한 것이다.

- 돌봄의 삶을 사는 교사: 아이를 가르치는 교사가 아니라 아이를 돌보는 엄마의 역할을 하며, 아이의 교육보다는 아이와의 생활을 중요시한다. 즉, 아이가 스스로 잘 자라고 더불어 잘 자라도록 돌보는 사람이 되어야 한다.
- 땀을 흘리는 교사: 교사가 먼저 체득하고 땀을 흘릴 줄 알아야 움직임이 있는 살아 있는 교육을 열어 갈 수 있다. 즉, 생각하면서 움직이고, 움직이면서 느끼는 교육을 하기 위해서는 교사가 움직여야 한다.
- 모심을 실천하는 교사: 아이라는 생명에 대한 모심과 섬김, 즉 사랑이 근본이 되어야 한다는 것이다. 사랑의 묘약이 자연의 방법이며 태아를 잉태한 엄마의 방법이다. 이러한 모심을 실천하는 것이 교사에게는 가장 중요하다.
- 생명의 결대로 키우는 교사: 교사는 아이가 태어나면서부터 본래부터 지닌 생명이 스스로 잘 자라도록 돌보는 일을 해야 한다고 보았다. 아이들의 다양성을 인정하고 각 개개인의 생명 결대로 아이들을 키우고 돌봐야 한다.

- **지금을 준비하는 교사**: 내일을 대비한 아이로 키우는 것이 아니라 지금 행복한 아이로 키우고자 하므로 교사도 내일을 준비하는 교사가 필요한 것이 아니라 지금을 펼치는 교사, 지금 행복한 교사가 되어야 한다. 따라서 아이의 삶의 결에 따라서 계획하고, 그 계획에 얽매이지 않는 지금을 누리는 교육이 되어야 한다.
- **조화로운 관계를 이루며 미적 체험을 하는 교사**: 자연과 함께하고, 아이와 함께하고, 부모나 동료와 함께하는 교사로서, 자연과의 관계와 인간관계를 조화롭게 이루어 나갈 수 있어야 한다. 즉, 아이, 자연, 부모, 동료 교사, 이웃과 더불어 공생하고 조화를 이루면서 그 속에서 같이 알아가야 한다.

**표 7-1 보육교사 역할 수행 인식 설문지의 예**

**보육교사 역할 수행 인식 설문지**

* 다음의 문항들은 선생님 자신이 역할 수행 정도를 스스로 평가해 보는 질문지입니다.
각 문항을 읽어 보고, 선생님의 현재 역할 수행 정도를 가장 잘 나타내 준다고 생각되는 번호에 표시하여 주십시오.
1. 전혀 그렇지 않다. 2. 거의 그렇지 않다. 3. 보통이다. 4. 대체로 그렇다. 5. 매우 그렇다.

| | 교육과정 설계자로서의 역할 | 1 | 2 | 3 | 4 | 5 |
|---|---|---|---|---|---|---|
| 1 | 기관의 철학에 근거하여 교육목적을 세운다. | | | | | |
| 2 | 교육목표, 내용, 방법의 일치 정도를 고려한다. | | | | | |
| 3 | 교육내용 선정 및 조직 시 융통성을 부여한다. | | | | | |
| 4 | 발달적으로 적합한 학습내용을 선정하고 조직한다. | | | | | |
| 5 | 영유아의 요구와 발달에 적합한 교실 구성을 계획한다. | | | | | |
| 6 | 유아의 흥미에 기초한 경험을 선정하고 조직한다. | | | | | |
| 7 | 보육계획안을 체계적으로 수립한다. | | | | | |
| 8 | 다양한 교수전략을 모색한다. | | | | | |
| 9 | 교육활동 전개에 필요한 세부적인 교육계획을 세운다. | | | | | |
| 10 | 여러 가지 교육활동을 통합적으로 조직한다. | | | | | |

| | | | | | | |
|---|---|---|---|---|---|---|
| 11 | 실내 환경구성을 계획한다. | | | | | |
| 12 | 실외 환경구성을 계획한다. | | | | | |
| 13 | 평가유형과 방법을 계획한다. | | | | | |
| 14 | 지역사회의 특성을 반영한다. | | | | | |
| | **일과 계획 및 수행자로서의 역할** | 1 | 2 | 3 | 4 | 5 |
| 1 | 체계적인 일과 계획을 세운다. 필요한 교재 및 교구를 활용한다. | | | | | |
| 2 | 일과 계획에 따라 활동을 전개한다. | | | | | |
| 3 | 효과적인 교수–학습방법을 통하여 학습활동을 촉진한다. | | | | | |
| 4 | 영유아의 흥미 요구를 고려하여 발달수준에 맞게 개별적으로 지도한다. | | | | | |
| 5 | 상황에 따라 활동을 전개한다. | | | | | |
| 6 | 발생된 문제의 내용에 따라 적절히 개입하여 중재한다. | | | | | |
| 7 | 일과 계획 시 활동의 융통성과 다양성을 고려한다. | | | | | |
| 8 | 영유아의 긍정적인 상호작용을 도모한다. | | | | | |
| 9 | 필요한 교재 및 교구를 활용한다. | | | | | |
| 10 | 활동과 활동 간의 연결(전이)시간을 적절히 이끈다. | | | | | |
| 11 | 교재와 교구를 정리 · 정돈한다. | | | | | |
| 12 | 하루 일과를 평가한다. | | | | | |
| | **상담자 및 조언자로서의 역할** | 1 | 2 | 3 | 4 | 5 |
| 1 | 영유아에게 관심 및 애정을 표현한다. | | | | | |
| 2 | 영유아의 정서 상태를 파악한다. | | | | | |
| 3 | 영유아 스스로 의사결정을 하도록 도와준다. | | | | | |
| 4 | 영유아의 창의적인 성장을 도모한다. | | | | | |
| 5 | 영유아의 개별성을 인정한다. | | | | | |
| 6 | 영유아의 자아실현을 도와준다. | | | | | |
| 7 | 문제해결을 위해 조언하며 중재한다. | | | | | |
| 8 | 특별한 요구를 지닌 영유아에 대해 지원해 준다. | | | | | |
| 9 | 부모협의회를 운영한다. | | | | | |

| | 연구자로서의 역할 | 1 | 2 | 3 | 4 | 5 |
|---|---|---|---|---|---|---|
| 1 | 프로그램 평가에 대한 계획을 세운다. | | | | | |
| 2 | 프로그램에 대한 평가를 실시한다. | | | | | |
| 3 | 현장을 기초로 한 연구를 수행한다. | | | | | |
| 4 | 영유아의 성장과 발달에 대한 이해를 증진한다. | | | | | |
| 5 | 문제행동의 원인을 분석한다. | | | | | |
| 6 | 영유아에 대한 평가결과를 교육과정에 반영한다. | | | | | |
| 7 | 적절한 평가기술을 습득한다. | | | | | |
| 8 | 교수기술을 향상시키기 위해 노력한다. | | | | | |
| 9 | 현장의 문제 및 실태 파악을 통하여 현장 개선을 위해 노력한다. | | | | | |
| 10 | 영유아의 학습 정도를 파악한다. | | | | | |
| 11 | 새로운 이론 및 활동을 현장에 적용한다. | | | | | |
| 12 | 교사 자신의 교육관 및 가치를 탐구하고 정립한다. | | | | | |
| 13 | 자기장학 및 동료장학에 참여한다. | | | | | |
| 14 | 전문가 단체 및 협회에 참여하여 활동한다. | | | | | |
| | 행정업무 관리자로서의 역할 | 1 | 2 | 3 | 4 | 5 |
| 1 | 교재 및 교구 구입에 대한 계획 수립에 참여한다. | | | | | |
| 2 | 교재 및 교구를 기준에 따라 목록화한다. | | | | | |
| 3 | 교육적인 행사를 준비하고 실시한다. | | | | | |
| 4 | 필요시 활용할 수 있도록 학부모와 긴밀한 연락체계를 수립한다. | | | | | |
| 5 | 영유아에 대한 각종기록을 보관한다. | | | | | |
| 6 | 원장과 원만한 인간관계를 유지한다. | | | | | |
| 7 | 학부모와 상호 협조하고 유대관계를 맺는다. | | | | | |
| | 건강 및 영양관리자로서의 역할 | 1 | 2 | 3 | 4 | 5 |
| 1 | 영유아에게 건강 및 영양에 대한 기본교육을 실시한다. | | | | | |
| 2 | 생활기록부에 전염병 예방접종, 건강검진 결과, 병력, 알레르기, 발달상황 등을 기록한다. | | | | | |
| 3 | 각종 전염성 질환에 대한 정보를 가지고 있으며 발생 시 부모에게 | | | | | |

| | | | | | | |
|---|---|---|---|---|---|---|
| | 알리고 격리 조치한다(예: 볼거리, 수족구, 수두, 홍역 등). | | | | | |
| 4 | 영유아를 대상으로 연 1회 이상 건강검진과 체력검사를 실시한다. | | | | | |
| 5 | 투약은 반드시 보호자의 투약의뢰서나 의사의 처방에 따른다. | | | | | |
| 6 | 상해 발생에 대비한 절차가 수립되어 있으며 상해 발생 시 절차에 따라 조치하고 부모에게 알린다. | | | | | |
| 7 | 영유아의 손에 닿지 않는 곳에 구급상자를 비치하고 수시로 점검하고 보충한다. | | | | | |
| 8 | 투약사항을 투약일지에 기록한다. | | | | | |
| 9 | 영유아의 영양요구와 알레르기에 대한 정보를 파악하고 이를 반영한다. | | | | | |
| 10 | 영양사가 제공하는 식단에 따라 영유아에게 급·간식을 제공한다. | | | | | |
| 안전관리자로서의 역할 | | 1 | 2 | 3 | 4 | 5 |
| 1 | 실내 시설, 설비와 놀잇감의 청결 및 안전에 대한 점검을 수시로 실시한다. | | | | | |
| 2 | 실외 시설, 설비와 놀잇감의 청결 및 안전에 대한 점검을 수시로 실시한다. | | | | | |
| 3 | 보완되어야 할 시설, 설비에 대한 계획 수립에 참여한다. | | | | | |
| 4 | 위험한 물건은 영유아의 손이 닿지 않는 곳에 보관한다. | | | | | |
| 5 | 영유아는 항상 교사의 보호 하에 있다. | | | | | |
| 6 | 영유아를 보호자에게 인계하는 과정에 대한 규칙을 정하고 실시한다. | | | | | |
| 7 | 영유아의 사고에 대해 어린이집이 갖는 책임의 한계를 정하고 이를 부모에게 알린다. | | | | | |
| 8 | 비상시 연락처를 전화기 근처에 게시하며 대처방안이 마련되어 있다. | | | | | |
| 9 | 영유아에게 정기적으로 안전교육을 실시한다(예: 소방훈련, 재난대피, 교통안전 등). | | | | | |

출처: 민성혜 외(2008).

## 2) 보육교사의 자질

보육교사의 자질에 대한 학자의 견해를 살펴보면 매우 다양하다. 앨미(Almy, 1995)는 사랑과 온정, 인내심, 활동력, 열린 마음, 포용력, 인간관계에 대한 관심, 융통성, 유머 감각 등을 들고 있다. 이상금(1993)은 기본적으로 유아를 좋아하고 사랑하며 모성애를 가진 사람, 신체 · 정신적으로 건강하고 안정된 사람, 교직 의식이 투철하고 사명감이 있는 사람, 유아의 발달과 심리를 이해하고 전문적인 소양을 갖춘 사람, 문제의식을 느끼고 계속 노력하는 사람을 유아를 대상으로 하는 교사의 자질로 꼽았다.

예비교사를 대상으로 좋은 유아교사의 특성을 조사한 조경자(2007)의 연구와 현직교사를 대상으로 연구한 이경민과 엄은나(2005)의 연구 결과에 따르면 유아를 대상으로 하는 교사가 갖추어야 할 자질로 인성을 가장 중요하게 생각하는 것으로 나타났다. 이은화 외(1995)는 유아를 대상으로 하는 교사의 자질을 개인적 자질과 전문적 자질로 구분하고, 전자는 교사로서의 역할을 수행하는 데 필요한 인성적인 특성, 후자는 교사로서의 역할을 다하기 위해 갖추고 있어야 할 전문적인 능력으로 정의하였다. 이를 정리하면 표 7-2와 같다.

**표 7-2** 유아교사의 자질

| 개인적 자질 | | 전문적 자질 | | |
|---|---|---|---|---|
| 인성 | 건강 | 지식 | 교수 기술 | 교육관 |
| 1. 유아에 대한 사랑<br>2. 인간에 대한 사랑<br>3. 성실성<br>4. 봉사성<br>5. 사려성<br>6. 자발성<br>7. 도덕성<br>8. 원만한 인간관계 | 1. 신체적 건강<br>2. 정신적 건강 긍정적 자아관, 타인에 대한 긍정적 사고, 건전한 인생관, 정서적 안정 | 1. 일반교양 지식<br>2. 유아교육과정에 대한 지식<br>3. 교수방법 및 평가에 대한 지식<br>4. 유아에 대한 지식 | 1. 교육과정 구성기술<br>2. 프로그램 실천 및 평가기술<br>3. 의사소통 기술<br>4. 부모 및 전문가 참여기술<br>5. 창의성<br>6. 융통성<br>7. 교재, 교구의 제작 및 활용 기술 | 1. 교육에 대한 소명감<br>2. 직업윤리<br>3. 전문성 함양의 노력 |

출처: 이은화 · 배소연 · 조부경(1995).

**표 7-3** 좋은 유아교사 특성의 범주와 내용

| 범주 | 내용 |
|---|---|
| 인성 | 사랑, 이해, 모범, 존중, 도덕성, 인내, 너그러움, 모성, 엄격, 일관성, 긍정적 사고, 활발함, 성실성, 원만한 대인관계, 세심함, 믿음직함 등의 인성적 특성 |
| 건강 | 신체적 건강, 정신적 건강 |
| 지식 | 유아에 대한 지식, 전공지식, 교양 |
| 교수능력 | 교육과정 구성능력, 교육과정 실천능력, 발달 조장능력, 학부모 관계 능력, 다재다능함, 환경구성능력, 반성적 사고 능력, 관찰력, 순발력, 민감성, 창의성, 융통성 등 교수활동과 관련된 능력과 특성 |
| 교육관 | 교육 철학 및 신념, 교육에의 열정, 자부심, 책임감 및 소명감, 공평함, 전문성 향상 노력 등 교직 태도 및 직업 윤리와 관련된 특성 |

출처: 조경자(2007).

# 3. 보육교직원의 자격 관리

어린이집 원장 및 보육교사의 전문성을 향상시켜 우수한 보육교직원을 확보하고, 이를 통하여 어린이집에서 양질의 보육서비스를 제공하기 위해 자격제도를 개선·보완하여 2011년 12월 8일 「영유아보육법」 시행령 및 시행규칙을 개정하였다([개정 2011.12.8., 시행 2014.3.1. 2016.8.1.]).

주요 변경 사항은 어린이집 원장 경력 요건 강화 및 사전 직무교육이 신설되었으며, 보육교사 2급 이수교과목 변경 및 경력 요건이 강화되었다. 이에 대한 구체적인 내용은 다음과 같다.

**표 7-4** 어린이집 원장 경력요건 강화 및 사전직무교육 신설

| 구분 | 변경 전 기준 | 현행 기준 |
|---|---|---|
| 일반 | 보육교사 1급 + 2년 경력 | 보육교사 1급 + 3년 경력 |
| | 유치원 정교사 2급 + 5년 경력 | 유치원 정교사 1급 + 3년 경력 |
| 가정 | 가정 보육교사 2급 + 2년 경력 | 보육교사 1급 + 1년 경력 |
| 장애아전담 | 일반자격 + 장애아보육직무교육 이수 | 삭제 |
| 사전직무교육 (신설) | 어린이집 원장의 자격기준 중 어느 하나에 해당되는 사람은 사전직무교육(80시간)을 이수해야 어린이집 원장 자격 취득 가능 | |

**표 7-5** 보육교사 2급 이수교과목 변경 및 경력요건 강화

| 구분 | 변경 전 기준 | 현행 기준 |
|---|---|---|
| 보육교사 2급 | 대학 등에서 보육 관련 교과목 및 학점(6개 영역, 12과목, 35학점 이상)을 이수하고 졸업한 사람 | 대학 등에서 보육 관련 교과목 및 학점(3개 영역, 17과목, 51학점 이상)을 이수하고 졸업한 사람 |
| | 보육교사 3급 + 1년 경력 + 승급교육 | 보육교사 3급 + 2년 경력 + 승급교육 |

## 1) 보육교사의 자격

보육교사의 자격 기준은 「영유아보육법」 제21조 제1항 및 제3항, 시행령 제21조(2011.6.7. 영유아보육법 전면 개정)에 해당하는 자로서 보건복지부장관이 검정 · 수여하는 국가자격증을 받은 자이어야 한다. 따라서 보육교사로 근무하기 위해서는 보건복지부장관이 수여하는 보육교사 국가자격증을 발급받아야 한다.

어린이집 원장을 비롯하여 보육교사 자격 검정과 자격증 발급 · 재발급에 관한 업무는 한국보육진흥원에서 수행한다. 한국보육진흥원은 「영유아보육법」 제21조 및 제22조, 「장애아동복지지원법」에 근거하여 어린이집 원장, 보육교사, 장애영유아를 위한 보육교사의 자격 검정 및 자격증(자격확인서) 교부사업을 수행한다. 보육교사의 자격 검정은 무시험을 원칙으로 하며, 「영유아보육법 시행규칙」 제12조 제1항의 규정에 의한 보육 관련 교과목 중 총 17과목(51학점) 이상 이수하고 대학을 졸업한 경우 보육교사 2급 자격증 취득이 가능하다. 보육실습 교과목은 반드시 3학점 이상으로 이수하여야 하고, 평가점수가 80점(B학점) 이상인 경우에만 실습을 이수한 것으로 인정하므로, 80점(B학점) 이상의 성적을 취득하여야 한다.

보육교사 자격기준은 보육교사 1급, 보육교사 2급, 보육교사 3급으로 나뉘며, 구체적인 자격요건은 표 7-6과 같다.

**표 7-6** 보육교사 종류에 따른 자격기준과 구비서류

| 종류 | 자격기준 | 구비(제출)서류 |
|---|---|---|
| 보육교사 1급 | 1. 보육교사 2급 자격을 취득한 후 3년 이상의 보육업무 경력과 보건복지부장관이 정하는 승급교육을 받은 사람 | ① 보육교사 2급 자격증 사본<br>② 보육업무 3년 이상 경력 증명서<br>③ 승급교육 이수 증명서 |
| | 2. 보육교사 2급 자격을 취득한 후 보육관련대학원에서 석사학위 이상을 취득하고, 1년 이상 보육업무 경력이 있는 사람으로서 보건복지부장관이 정하는 승급교육을 받은 사람 | ① 보육교사 2급 자격증 사본<br>② 석사(박사) 학위 증명서<br>③ 보육업무 1년 이상 경력 증명서<br>④ 승급교육 이수 증명서 |
| 보육교사 2급 | 1. 전문대학 또는 이와 동등 이상의 학교에서 보건복지부령이 정하는 보육관련 교과목 및 학점을 이수하고 졸업한 자 | ① 최종학교 졸업 증명서<br>② 최종학교 성적 증명서<br>③ 보육실습 확인서 |
| | 2. 보육교사 3급 자격을 취득한 후 2년 이상의 보육업무 경력이 있는 사람으로서 보건복지부장관이 정하는 승급교육을 받은 사람 | ① 보육교사 3급 자격증 사본<br>② 보육업무 2년 이상 경력 증명서<br>③ 승급교육 이수 증명서 |
| 보육교사 3급 | 고등학교 또는 이와 동등 이상의 학교를 졸업한 사람으로서 보건복지부령이 정하는 교육훈련시설에서 정해진 교육과정을 수료한 사람 | ① 최종학교 졸업증명서<br>② 교육훈련시설 수료증 |

보육교사 자격증은 어린이집에 취업하는 것에만 활용되는 것이 아니라 법률에 근거하여 타 직종 근무 자격이 **표 7-7**과 같이 부여된다.

표 7-7 보육교사 자격 활용 직종

| 직종 | 내용 | 대상 자격 |
|---|---|---|
| 보육전문요원 | 육아종합지원센터의 업무를 수행할 수 있는 '보육전문요원' 자격 부여 | 보육교사 1급 |
| 아동복지시설 종사자 | 아동복지를 위한 상담, 보호, 지도 등의 업무를 수행하는 '생활복지사', '상담지도원' 자격 부여 | 보육교사 1급 |
| | 복지시설의 아동을 지도하는 '보육사' 자격 부여 | 보육교사 |
| 특수학교 기숙사 생활지도원 | 특수학교 기숙사에서 아동을 지도하는 '생활지도원' 자격 부여 | 보육교사 |
| 유치원 과정 방과후 과정 담당 | 유치원 과정의 교육기관에 특수교육 대상 배치 시, '방과후 과정 담당' 인력 자격 부여 | 보육교사 |
| 아이돌보미 | 부모의 맞벌이 등으로 양육공백이 발생한 가정의 만 12세 이하 아동을 대상으로 돌봄 서비스를 제공하는 '아이돌보미' 자격 부여 | 보육교사 |

## 2) 어린이집 원장의 자격

어린이집 원장 자격은「영유아보육법 시행령」제21조 [별표 1]에 해당하는 자로서 보건복지부장관이 검정 · 수여하는 자격증을 받은 자이어야 한다. 따라서 원장으로 근무하기 위해서는 보건복지부장관이 수여하는 어린이집 원장 국가자격증을 발급받아야 한다. 현행기준(2014.3.1)에 의한 원장의 자격기준은 다음과 같다.

**표 7-8** 어린이집 종류에 따른 원장의 자격기준과 구비서류

| 종류 | 자격기준 | 구비(제출)서류 |
|---|---|---|
| 일반기준(300인 이하 어린이집) | 보육교사 1급 자격을 취득한 후 3년 이상의 보육 등 아동복지업무에 경력이 있는 사람 | ① 보육교사 1급 자격증 사본<br>② 경력 증명서(보육교사 1급 자격을 취득한 후 3년 이상 보육 등 아동복지 업무에 종사한 경력)<br>③ 어린이집 원장 사전직무교육 수료 증명서 |
| | 『유아교육법』에 따른 유치원 정교사 1급 자격 또는 같은 법에 따른 특수학교(유치원 과정을 말함)의 정교사 자격을 취득한 후 3년 이상의 보육 등 아동복지업무 경력이 있는 사람 | ① 유치원 2급 정교사 자격증 사본<br>② 경력 증명서(유치원 정교사 자격증을 취득한 후 3년 이상 보육 등 아동복지업무에 종사한 경력)<br>③ 어린이집 원장 사전직무교육 수료 증명서 |
| | 유치원 원장의 자격을 가진 사람 | ① 유치원 원장 자격증 사본<br>② 어린이집 원장 사전직무교육 수료 증명서 |
| | 『초 · 중등교육법』에 따른 초등학교 정교사 자격 또는 같은 법에 따른 특수학교(초등학교 과정을 말함)의 정교사 자격을 취득한 후 5년 이상의 보육 등 아동복지업무 경력이 있는 사람 | ① 초등학교 2급 정교사 자격증 사본<br>② 경력 증명서(초등학교 정교사 자격증을 취득한 후 5년 이상 보육 등 아동복지업무에 종사한 경력)<br>③ 어린이집 원장 사전직무교육 수료 증명서 |
| | 『사회복지사업법』에 따른 사회복지사 1급 자격을 취득한 후 5년 이상의 보육 등 아동복지업무 경력이 있는 사람 | ① 사회복지사 1급 자격증 사본<br>② 경력 증명서(사회복지사 1급 자격증을 취득한 후 5년 이상 보육 등 아동복지업무에 종사한 경력)<br>③ 어린이집 원장 사전직무교육 수료 증명서 |
| | 『의료법』에 따른 간호사 자격을 취득한 후 7년 이상의 보육 등 아동복지업무 경력이 있는 사람 | ① 간호사 면허증 사본<br>② 경력 증명서(간호사 면허증 취득한 후 7년 이상 보육 등 아동복지 업무에 종사한 경력–상세 기술 요함)<br>③ 어린이집 원장 사전직무교육 수료 증명서 |
| | 국가 또는 지방자치단체에서 7급 이상의 공무원으로 보육 등 아동복지업무에 5년 이상 근무한 경력이 있는 사람 | ① 경력 증명서(보육 등 아동복지 행정업무에 5년 이상 근무한 경력–상세 기술 요함)<br>② 어린이집 원장 사전직무교육 수료 증명서 |

<table>
<tr><th>종류</th><th>자격기준</th><th>구비(제출)서류</th></tr>
<tr><td rowspan="3">가정<br>어린이집</td><td colspan="2">개인이 가정 또는 그에 준하는 곳에 설치 · 운영하는 기관으로 상시 5인 이상 20인 이하를 보육하는 어린이집</td></tr>
<tr><td>일반기준에서 정한 자격을 갖춘 자</td><td>상기 일반기준에 의함</td></tr>
<tr><td>보육교사 1급 이상의 자격을 취득한 후 1년 이상의 보육업무 경력이 있는 사람</td><td>① 보육교사 자격증 사본(1급)<br>② 경력 증명서(보육교사 자격증을 취득한 후 1년 이상 보육업무에 종사한 경력)<br>③ 어린이집 원장 사전직무교육 수료 증명서</td></tr>
<tr><td rowspan="3">영아전담<br>어린이집</td><td colspan="2">만 3세 미만의 영아만을 20인 이상 보육하는 기관</td></tr>
<tr><td>일반기준에서 정한 자격을 갖춘 자</td><td>상기 일반기준에 의함</td></tr>
<tr><td>간호사 면허증을 취득한 후 5년 이상의 아동간호업무 경력이 있는 사람</td><td>① 간호사 면허증 사본<br>② 경력 증명서(간호사 면허증을 취득한 후 5년 이상 아동간호 업무에 종사한 경력-상세 기술 요함)<br>③ 어린이집 원장 사전직무교육 수료 증명서</td></tr>
<tr><td rowspan="3">장애아<br>전담<br>어린이집</td><td colspan="2">『장애인복지법』 제32조 및 동법 시행규칙 제19조의 규정에 의하여 장애영유아 12인 이상을 보육하는 어린이집</td></tr>
<tr><td>대학(전문대학을 포함)에서 장애인 복지 및 재활관련학과를 전공한 사람</td><td>① 상기 일반기준에 의한 필요 서류<br>② 졸업증명서<br>③ 어린이집 원장 사전직무교육 수료 증명서</td></tr>
<tr><td>장애아 어린이집에서 2년 이상의 보육 업무 경력이 있는 사람</td><td>① 상기 일반기준에 의한 필요 서류<br>② 경력 증명서(장애아 전문 어린이집에서 2년 이상 종사한 경력)<br>③ 어린이집 인가증 사본<br>④ 어린이집 원장 사전직무교육 수료 증명서</td></tr>
</table>

출처: 보건복지부(2021). 2021년도 보육사업안내.

Chapter

# 8

# 보육교사 양성 및 채용

"보육교사가 되기 위하여"

1. 보육교사 양성 및 현직교육
2. 예비보육교사의 실습
3. 자격증 발급신청 및 채용

외할머니가 들려주시던 옛날이야기는 으레 "옛날 옛적 호랑이가 담배 피우던 시절에"로 시작했습니다. 그 한 구절의 위력은 정말 대단했습니다. 타임머신을 탄 것처럼 한순간에 수백 년을 훌쩍 거슬러 올라가 한 번도 살아본 적이 없는 아득한 옛날로 되돌려졌기 때문입니다.

– 김성호의 『나의 생명 수업』 중에서

# 1. 보육교사 양성 및 현직교육

## 1) 보육교사 양성교육

보육교사 자격증 취득을 위하여 「영유아보육법 시행규칙」 제12조 제1항 [별표 4]에서는 전문대학 또는 이와 동등 이상의 학과에서 이수해야 하는 보육 관련 교과목 및 학점 기준을 제시하고 있다. 보육교사 양성과정은 크게 대학(교)과 교육훈련시설(보육교사교육원)에서 이루어지고 있다. 보육교사 자격검정 기준은 대학(교)과 교육훈련시설이 다르게 적용되는데, 대학(교) 등을 졸업한 자에 대한 자격검정은 보육 관련 교과목 및 학점 중 보육기초 및 보육실습 영역을 포함하여 영역별로 규정한 이수 교과목을 이수하면 된다.

보육교사의 전문성 강화를 목표로 「영유아보육법」은 지속해서 개정되었고, 그에 따라 대학 입학 또는 학위취득 시점에 따라서 교과목 및 학점 이수 기준도 달라진다. 그림 8-1은 「영유아보육법」 개정에 따른 보육교사 2급 자격 취득을 위한 교과목 및 학점 이수 기준이다.

<table>
<tr><th colspan="2">구분</th><th>2016.8.1. 시행</th><th>2014.3.1. 시행</th><th>2005.1.30. 시행</th></tr>
<tr><td colspan="2">교과목 이수기준</td><td>3개 영역<br>17과목 51학점</td><td>6개 영역<br>17과목 51학점</td><td>6개 영역<br>12과목 35학점</td></tr>
<tr><td rowspan="3">적용<br>기준</td><td rowspan="2">대학<br>입학자</td><td>2017.1.1.~ 입학자</td><td>2014.1.1.~2016.12.31.<br>입학자</td><td rowspan="2">2005.1.30. 이후<br>입학자 및 편·재입학, 전과,<br>복수전공 신청자부터</td></tr>
<tr><td colspan="2">※ 편입, 재입학 등의 경우<br>1. 편입, 재입학한 사람의 경우 편입, 재입학한 동학년의 이수기준에 따름<br>2 복수전공의 경우 주전공 입학연도에 따름</td></tr>
<tr><td>학점은행제 등<br>학위취득자</td><td>2018.1.1.<br>이후 학위취득자</td><td>2014.3.1.~2017.12.31.<br>학위취득자</td><td>2005.1.30. 이후 교과목<br>이수한 학위취득자부터</td></tr>
<tr><td colspan="2">관련근거</td><td>보건복지부령 제392호<br>(2016.1.12. 개정, 2016.8.1. 시행)</td><td>보건복지부령 제92호<br>(2011.12 8. 개정, 2014.3.1. 시행)</td><td>보건복지부령 제14호<br>(2005.1.29. 개정, 2005.1.30. 시행)</td></tr>
</table>

그림 8-1 보육교사 2급 자격 취득을 교과목 및 학점 이수기준

출처: 한국보육진흥원.

2005년 개정에서는 대학에서 165개 교과목 중 10과목(보육실습 포함) 30학점을 취득하면 보육교사 1급을 취득할 수 있던 종전 법을 변경하여, 대학에서 보육과 직접 연관이 있는 31개 교과목 중에서 12과목(보육실습 포함) 35학점을 취득하면 보육교사 2급을 취득할 수 있도록 자격요건을 강화하였다. 2014년 개정에서는 12과목(35학점)을 17과목(51학점)으로 변경하였고, 2016년 「영유아보육법 시행규칙」 개정(2016.1.12. 공포. 보건복지부령 제392호)에서는 3가지 요건을 강화하였다(보건복지부, 2021). 사이버 교육으로 보육교사 자격을 취득하는 데에 따른 부작용을 해소하고, 보육교사로서의 전문성을 높일 수 있도록 대면교육 및 현장실습 강화를 주요 내용으로 하여 보육교사 자격 기준을 변경하였다. 주요 변경사항을 살펴보면 첫째, 교육영역 및 영역별 필수교과목을 변경하였다. 종전에는 보육필수, 발달 및 지도, 영유아 · 교육, 건강 · 영양 및 안전, 가족 및 지역사회협력, 보육실습 6개 영역이었는데, 현재는 교사인성, 보육지식과 기술, 보육실무 3개 영역으로 변경되었고, 구체적인 내용은 표 8-1과 같다.

**표 8-1 교육영역별 교과목 및 학점(영유아보육법 시행규칙 제12조 제1항 [별표 4])**

| 구분 | | 교과목 | 이수과목(학점) |
|---|---|---|---|
| 교사 인성 영역 | 필수 교과목 | 보육교사(인성)론, 아동권리와 복지 | 2과목(6학점) |
| 보육지식과 기술 영역 | 필수 교과목 | 보육학개론, 보육과정, 영유아발달, 영유아교수방법론, 놀이지도, 언어지도, 아동음악(또는 아동동작, 아동미술), 아동수학지도(또는 아동과학지도), 아동안전관리(또는 아동생활지도) | 9과목(27학점) |
| | 선택 교과목 | 아동건강교육, 영유아 사회정서지도, 아동문학교육, 아동상담론, 장애아 지도, 특수아동 이해, 어린이집 운영관리, 영유아 보육프로그램 개발과 평가, 보육정책론, 정신건강론, 인간행동과 사회환경, 아동간호학, 아동영양학, 부모교육론, 가족복지론, 가족관계론, 지역사회복지론 | 4과목(12학점) 이상 |
| 보육 실무 영역 | 필수 교과목 | 아동관찰 및 행동연구, 보육실습 | 2과목(6학점) |
| 전체 | | 17과목 51학점 이상 | |

각 과목은 3학점을 기준으로 하여 최소 2학점 이상이어야 한다. 상기 교과목 이외에 교과목 명칭이 동일하지 아니하더라도 교과 내용이 동일한 경우, 동일교과목 심의를 보육교직원 자격검정위원회로 요청하여 동일과목으로 인정받으면 된다.

둘째, 대면교육을 강화하였다. 대면 수업이 필요한 교과목을 총 9과목을 지정하고, 대면교과목당 8시간 출석 수업 및 출석 시험을 의무화하였다. 대면교과목은 표 8-2와 같다.

표 8-2 대면교과목

| 구분 | 교과목 |
|---|---|
| 인성 영역 | 보육교사(인성)론, 아동권리와 복지 |
| 보육 지식과 기술 영역 | 놀이지도, 언어지도, 아동음악(또는 아동동작, 아동미술), 아동수학지도(또는 아동과학지도), 아동안전관리(또는 아동생활지도) |
| 보육 실무 영역 | 아동관찰 및 행동연구, 보육실습 |

셋째, 보육실습 기준을 강화하여 종전에 4주(160시간) 실습을 6주(240시간)로 확대하였고, 실습이 가능한 어린이집도 '정원 15인 이상 어린이집'에서 '정원 15인 이상 평가인증을 유지하는 어린이집'으로 강화하였다. 보육실습 교과목은 반드시 3학점 이상으로 이수하여야 하고, 평가점수가 80점(B학점) 이상인 경우에만 실습을 이수한 것으로 인정하므로, 80점(B학점) 이상의 성적을 취득해야 한다. 보육실습을 2회에 나누어 실시하는 방법은 '하나의 보육실습 교과목을 개설한 경우'는 학기 내에 2회로 나누어 실시한다. '학기를 달리하여 두 개의 보육실습 교과목(Ⅰ, Ⅱ)을 개설한 경우'는 각 학기에 1회씩 실시한다.

보육실습은 정원 15인 이상인 어린이집 또는 교육청에 종일제 유치원으로 등록되어 있는 유치원에서 할 수 있으며, 보육교사 1급 혹은 유치원 정교사 1급 자격증을 소지한 지도교사의 지도를 받아야 한다.

## 2) 보육교사 보수교육

보육교사 보수교육은 보육교직원의 자질향상을 위해 실시하는 교육으로서, 보육에 필요한 지식과 능력을 유지·개발하기 위하여 보육교직원이 정기적으로 받는 직무교육과 보육교사가 상위 등급의 자격(3급 → 2급, 2급 → 1급)을 취득하기 위해 받아야 하는 승급교육 및 어린이집 원장의 자격을 갖추기 위하여 받아야 하는 사전직무교육을 말한다(「영유아보육법」 제23조, 제23조의2, 시행규칙 제11조의2 [시행일: 2014.3.1], 제20조, 제39조의4).

보수교육은 어린이집 원장 보수교육(표 8-3)과 보육교사 등의 보수교육(표 8-4)으로 구분되고, 원장은 직무교육과 사전직무교육, 보육교사는 직무교육과 승급교육으로 구분된다.

**표 8-3** 어린이집 원장의 보수교육

| 직무교육 | | | | | 사전직무교육 |
|---|---|---|---|---|---|
| 일반직무교육 | | 특별직무교육 | | | 어린이집 원장 사전직무교육 |
| 기본교육/심화교육 | 장기 미종사자 교육 | 영아보육 직무교육 | 장애아보육 직무교육 | 방과후보육 직무교육 | |

**표 8-4** 보육교사 등의 보수교육

| 직무교육 | | | | | 승급교육 | |
|---|---|---|---|---|---|---|
| 일반직무교육 | | 특별직무교육 | | | 2급 보육교사 승급교육 | 1급 보육교사 승급교육 |
| 기본교육/심화교육 | 장기 미종사자 교육 | 영아보육 직무교육 | 장애아보육 직무교육 | 방과후보육 직무교육 | | |

원장 및 보육교사 일반직무교육에서 기본 및 심화교육과정은 보육업무경력 등을 감안하여 교육대상자가 선택하여 이수할 수 있다. 보수교육은 현직 보육교직원을 대상으로 실시하므로 어린이집 원장, 보육교사 등의 자격을 소지한 자라도 교육

개시 당시 어린이집에 근무하지 않는 자는 보수교육을 받을 수 없다. 다만, 어린이집 원장 사전직무교육은 어린이집에 근무하지 않는 경우라도 신청 및 이수가 가능하고, 또한, 교육비 전액 자비 부담을 전제로 비현직 보육교직원도 보수교육 이수가 가능하다.

### (1) 일반직무교육

일반직무교육은 첫째, 현직 보육교사는 보육업무 경력이 만 2년이 지난 사람과 직무교육을 받은 해부터 2년이 지난 사람은 보육교사 직무교육을 받아야 한다. 둘째, 현직 어린이집 원장은 어린이집 원장의 직무를 담당한 때부터 만 2년이 지난 사람과 어린이집 원장 직무교육을 받은 해부터 만 2년이 지난 사람은 원장 직무교육을 받아야 한다. 셋째, 장기 미종사자 직무교육은 어린이집 원장 및 보육교사의 자격을 취득한 사람으로서 만 2년 이상 보육업무를 수행하지 아니하다가 다시 보육업무를 수행하려는 사람이 이수한다. 장기 미종사자 교육 대상자는 반드시 다시 보육업무를 수행하기 이전(채용 이전)까지 교육을 받아야 한다. 마지막으로 현직 어린이집 원장 및 보육교사가 직무교육을 받아야 하는 연도에 직무교육을 받지 못한 경우는 다음 연도 12월 31일까지 받아야 한다. 특별직무교육을 받은 경우 일반직무교육을 받은 것으로 인정한다.

### (2) 특별직무교육

특별직무교육은 첫째, 영아 · 장애아 · 방과후 보육을 담당하고자 하는 보육교사 및 어린이집 원장은 영아 · 장애아 · 방과후 보육 직무교육을 받을 수 있다. 둘째, 영아 · 장애아 · 방과후 보육을 담당하고 있는 일반직무교육대상자는 영아 · 장애아 · 방과후 직무교육을 받을 수 있다. 셋째, 영아 · 장애아 · 방과후 담당 보육교사로 근무하고자 하는 자는 사전에 특별직무교육을 받아야 하는 것이 원칙이나, 불가피하게 받지 못한 경우에는 채용 후 6개월 이내에 받아야 한다.

### (3) 승급교육

승급교육은 첫째, 보육교사 3급 자격 취득 후 보육업무 경력이 만 1년이 지난 사람은 2급 보육교사 승급교육을 받을 수 있다. 둘째, 보육교사 2급 자격 취득 후 보육업무 경력이 만 2년 이상 경과한 사람은 1급 보육교사 승급교육을 받을 수 있다. 다만, 보육교사 2급 자격을 취득한 후 보육 관련 대학원에서 석사 학위 이상을 취득한 자는 보육업무 경력이 만 6개월 이상 경과한 경우 1급 승급교육을 받을 수 있다. 셋째, 승급교육을 받은 사람은 일반직무교육을 이수한 것으로 본다.

### (4) 어린이집 원장 사전직무교육

「영유아보육법 시행령」 [별표 1] 제1호의 가목부터 라목(일반, 가정, 영아전담, 장애아전문 어린이집 원장)까지 어느 하나의 자격을 취득하고자 하는 자는 어린이집 원장 사전직무교육을 받아야 한다. 원장 사전직무교육을 받은 사람은 일반직무교육을 이수한 것으로 본다.

**표 8-5** 교육구분별 보수교육 대상자

<table>
<tr><th colspan="3">교육구분</th><th>교육대상</th><th>교육시간</th><th>비고</th></tr>
<tr><td rowspan="6">직무교육</td><td rowspan="3">일반 직무 교육</td><td>보육 교사</td><td>현직에 종사하고 있는 보육교사로서 보육업무 경력이 만 2년을 경과한 자와 직무교육(승급교육 포함) 받은 해부터 만 2년이 경과한 자</td><td>40시간</td><td>매 3년마다</td></tr>
<tr><td>원장</td><td>어린이집의 원장의 직무를 담당한 때부터 만 2년이 지난 경우</td><td>40시간</td><td>매 3년마다</td></tr>
<tr><td>장기 미종 사자</td><td>만 2년 이상 보육업무를 수행하지 아니하다가 다시 보육업무를 수행하고자 하는 보육교사 또는 원장 자격 취득자</td><td>40시간</td><td>이수하고자 하는 자</td></tr>
<tr><td rowspan="3">특별 직무 교육</td><td>영아 보육</td><td>영아보육을 담당하고 있는 일반직무교육 대상자와 영아보육을 담당하고자 하는 보육교사 및 어린이집 원장</td><td>40시간</td><td>이수하고자 하는 자</td></tr>
<tr><td>장애아 보육</td><td>장애아보육을 담당하고 있는 일반직무교육 대상자와 장애아보육을 담당하고자 하는 보육교사 및 어린이집 원장</td><td>40시간</td><td>이수하고자 하는 자</td></tr>
<tr><td>방과후 보육</td><td>방과후보육을 담당하고 있는 일반직무교육 대상자와 방과후보육을 담당하고자 하는 보육교사 및 어린이집의 장</td><td>40시간</td><td>이수하고자 하는 자</td></tr>
<tr><td rowspan="2">승급 교육</td><td colspan="2">2급 승급 교육</td><td>보육교사 3급의 자격을 취득한 후 보육경력이 만 1년이 경과한 자</td><td>80시간</td><td>이수하고자 하는 자</td></tr>
<tr><td colspan="2">1급 승급 교육</td><td>보육교사 2급의 자격을 취득한 후 보육업무 경력이 만 2년이 경과한 자 및 보육교사 2급의 자격을 취득한 후 보육 관련 대학원에서 석사 학위를 취득한 경우 보육업무 경력이 만 6개월이 경과한 자</td><td>80시간</td><td>이수하고자 하는 자</td></tr>
<tr><td>원장 사전 직무 교육</td><td colspan="2">–</td><td>「영유아보육법 시행령」 [별표 1] 제1호의 가목부터 라목(일반, 가정, 영아전담, 장애아전담 어린이집 원장)까지 어느 하나의 자격을 취득하고자 하는 자</td><td>80시간</td><td>이수하고자 하는 자</td></tr>
</table>

※ 어린이집에서 특수교사나 치료사로 근무하는 자도 일반·특별직무교육대상으로서 보수교육을 이수해야 한다(일반직무교육이나 특별직무교육 중 선택적으로 이수할 수 있음).

※ 보수교육을 연속하여 3회 이상 받지 아니하는 경우 어린이집 원장 또는 보육교사 자격이 정지될 수 있으므로 보수교육 대상자는 필히 보수교육을 이수해야 한다.

출처: 보건복지부(2021). 2021년도 보육사업안내.

# 2. 예비보육교사의 실습

## 1) 보육실습의 목적 및 의의

예비보육교사에게 있어 실습이란 보육교사가 되기 위한 기본적 역할과 자세를 형성하기 위해 현장 속에서 지식이나 이론을 실제로 경험하고 적용하는 과정이다. 박은혜, 조은주(2020)는 실습은 대학에서 습득한 교양, 교직, 교과 등에 관련된 지식을 통합하여 교육 현장에 직접 적용해 보는 기회를 제공하는 과목으로, 교육실습을 통해 교육 전반에 관한 정확한 이해와 기술 습득 및 교사로서 올바른 태도를 확립하도록 하여 교사로서 역할을 성공적으로 수행할 수 있도록 하는 것이라고 하였다. 따라서 보육실습 경험의 수준은 보육교사가 되는 데 영향을 주고, 인생관, 세계관, 교직관에 대한 전반적인 관점의 변화를 일으키기도 한다. 보육실습의 의의는 다음과 같다.

첫째, 보육현장에 참여하여 직접 보육과정을 경험함으로써 보육교사로서 교직관과 교직 이해력을 증진하는 과정이 된다.

둘째, 보육교사로서 필요한 지식과 기술을 획득하는 과정이 된다. 즉, 실습은 학교 내에서 이루어지는 강의나 수업을 통해 형성할 수 없는 실제적 지식을 제공한다.

셋째, 구체적 보육과정이 어떻게 계획, 구성, 평가되는지 실제로 체득하고, 경험해 봄으로써 보육교사로서 현장의 영유아와 함께할 수 있는 기본적 소양과 기술을 습득하게 된다. 즉, 대학에서 배운 다양한 보육과정이 실제로 영유아에게 어떻게 펼쳐질 수 있는가를 몸소 체득할 기회가 된다.

넷째, 영유아와 직접 접촉하는 경험을 통해서 영유아에 대한 이해를 높이는 기회를 얻게 되며, 학급의 일과 구성, 운영에 대한 구체적 실례를 경험한다.

다섯째, 어린이집에서 정한 일정 기간의 직접적인 교수 경험을 통해 교직의 단면을 체험하는 기회를 갖게 된다. 즉, 보육현장에서 영유아와의 만남을 통해 적절한 교사상을 찾게 되고, 교사로서 정체성을 찾아가는 계기가 된다.

여섯째, 어린이집 내의 보육교직원과의 역동적인 인간관계를 체험함으로써 인간관계의 중요성을 인식하게 된다.

일곱째, 어린이집의 운영 및 학급 운영의 실무나 행정, 사무관리 등을 경험하는 기회가 된다. 이러한 측면에서 실습은 교사로서 교육, 행정, 학급 운영, 인간관계의 다양한 실무능력을 향상하게 되는 통로가 될 수 있다.

여덟째, 어린이집과 지역사회와의 연계에 대해 이해를 높이는 기회와 예비교사로서 자신을 평가해 보는 기회를 갖게 된다.

## 2) 보육실습 기준

보육실습은 '보육실습'이라는 교과목으로 이수하는 것이 원칙이다. 따라서 성적증명서를 통하여 교과목 확인이 가능하여야 한다. 다만, 교과목 명칭이 다르더라도 다음의 유사교과목을 이수한 경우로서 실습기관과 실습기간의 조건을 만족하는 경우는 보육실습 교과목을 이수한 것으로 인정한다. 보육교사 자격증 취득을 위해서는 보육실습 교과목을 이수하고, 어린이집 및 종일제 유치원에서 실질적으로 보육실습을 실시해야 한다. 구체적인 실습 기준은 다음과 같다.

첫째, 실습기관은 실습 시작 당시 정원 15인 이상이고, 평가인증 유지(또는 평가제 평가결과 A, B등급) 어린이집이어야 한다. 또한, 교육과정과 방과후 과정을 운영하는 유치원(보육실습을 시작하는 때에 교육청에 방과후 과정 운영 유치원으로 등록되어 있어야 함)에서 실시하여야 한다.

둘째, 실습기간은 6주, 240시간을 원칙으로 하되, 2회에 나누어 실시할 수 있다. 다만, 종전기준에 따라 4주, 160시간을 실시하는 경우 야간대학, 한국방송통신대학, 원격대학에 한해 2회에 나누어 보육실습을 실시할 수 있다.

셋째, 실습 인정시간은 연속하여(월요일~금요일) 평일 오전 9시부터 오후 7시 사이에 한 경우에만 인정하며, 보육실습 시간은 1일 8시간으로 한다. 다만, 부득이한 사유(인정여부는 보육시설종사자 자격검증위원에서 심의 · 의결)로 1일 8시간의 실습시간을 충족하지 못한 경우 증빙서류를 제출하고, 1일 6시간 이상 실습한 경우에 한하여 인정한다.

넷째, 실습시기는 보육실습 교과목이 개설된 학기(직전 후 방학 포함)에 실시한다.

다섯째, 실습 지도교사는 실습지도 이전에 보육교사 1급 또는 유치원 정교사 1급 자격증을 소지한 사람이어야 한다. 실습 지도교사는 동일한 실습 기간 내에 1명당 보육실습생을 3명 이내로 지도해야 한다.

여섯째, 보육교사 자격증을 발급받고자 하는 사람은 보육교사 자격증 발급 신청 시 보육실습 내용의 적절성을 증명하는 보육실습확인서를 제출해야 한다.

일곱째, 2013년 3월 1일 이후 어린이집에서 보육실습을 이수하는 경우, 어린이집 지원시스템에 보육실습 내용을 등록 · 제출해야 한다.

### 3) 보육실습의 내용

보육실습은 보육현장에 대한 다양한 경험과 체험을 포함하게 된다. 따라서 보육실습은 참관실습, 참여실습, 실무실습으로 나누어서 살펴보고자 한다.

### (1) 참관실습

참관실습은 영유아, 교사 및 인적 환경, 물적 환경 등에 대한 다양한 현장 이해력을 증진하기 위해 참관하는 과정이다. 보통 일반적으로 실습 초기에 영유아 및 학급을 이해하고, 원의 프로그램 및 교육 방향을 이해하여 이론과 실제의 통찰을 얻게 되는 과정이기도 하다. 이러한 참관실습은 표 8-6과 같은 대상 및 내용에 대한 관찰을 포함하게 된다. 이러한 관찰은 영유아, 교사의 상호작용 및 일과에 대한 관찰실습일지나 유아행동관찰일지 등을 통해 구체적이고 통찰적으로 이해할 수 있는 경험이 된다.

**표 8-6** 참관실습의 관찰 내용

| 구분 | 관찰 내용 |
|---|---|
| 원아 | • 영유아의 흥미, 특성 등을 관찰한다.<br>• 영유아의 놀이상황 및 상호작용을 관찰한다.<br>• 영유아의 다양한 발달 특성을 관찰한다. |
| 교사역할 | • 지도교사의 학습 활동 계획 및 실행을 관찰한다.<br>• 영유아와의 상호작용, 학부모와의 의사소통 방법 등을 관찰한다.<br>• 지도교사의 일상적 업무와 교수 행동을 관찰한다.<br>• 교직원의 역할 및 의사소통 방법 등을 관찰한다. |
| 물리적 환경 | • 어린이집의 실내 · 외 환경 및 시설 · 설비를 관찰한다.<br>• 어린이집의 교재교구의 제작, 정리, 보관을 관찰한다. |

### (2) 참여실습

참여실습은 유아교육 현장에 직접 참여하여 일과를 계획 및 구성하고, 실천해보는 수행경험을 제공하는 실습과정이다. 일반적으로 부분수업, 연결수업, 종일수업으로 구성되어 실시한다. 이러한 참여실습의 구체적인 내용을 보면 다음과 같다.

**표 8-7** 참여실습의 내용

| 구분 | 내용 |
|---|---|
| 교육의 계획 및 수행 | • 교육활동을 직접 계획 및 준비하는 경험을 한다.<br>• 교육활동(부분수업, 연결수업, 종일수업)을 실행하는 경험을 가진다.<br>• 교육활동을 평가하는 경험을 가진다.<br>• 교육활동의 진행 경험을 가진다.<br>• 실내외 환경의 정리, 청결, 구성의 실제 수행을 경험한다. |
| 영유아 지도 참여 | • 영유아의 행동 특성을 학급에 참여하면서 이해한다.<br>• 영유아 간의 상호관계나 갈등 해결 방법을 경험한다.<br>• 영유아와 다양한 상호작용 경험을 갖는다.<br>• 활동의 결과나 작품의 평가 방법에 참여한다.<br>• 평가 기준과 활용 방법 구성을 이해하는 경험을 갖는다. |
| 학급 운영 | • 학급 운영을 보조하며, 일과 운영을 이해한다.<br>• 영유아와의 상호작용을 경험한다.<br>• 환경구성, 사무처리, 비품 관리 등의 업무 경험을 가진다.<br>• 영유아의 건강, 안전, 영양 지도를 경험한다. |

### (3) 실무실습

실무실습은 실제로 유아교육현장에서 학급을 운영하고, 교사로서의 업무 실천의 영역을 경험하는 과정이다. 일반적으로 교사로서 원아 관리, 학급관리, 시설 설비 관리, 비품 관리, 서무 및 행정, 영양 · 건강 · 안전관리, 행사관리와 같은 총체적 실무를 경험하는 기회를 가지는 실습 내용을 포함하게 된다.

**표 8-8** 실무실습의 내용

| 구분 | 내용 |
|---|---|
| 학급 운영 | • 등원 및 하원 지도<br>• 학급의 사무관리<br>• 환경구성 및 청소 정리<br>• 급 · 간식 및 영양, 안전, 건강관리 경험 |
| 원아 관리 | • 원아 관리 방법 경험<br>• 원아 관련 자료 정리<br>• 영유아 발달 및 평가자료 수집, 정리 및 활용<br>• 수업자료 및 활용 방법 경험 |
| 비품 관리 | • 비품 구성 및 배치 이해<br>• 비품 정리 및 관리 경험 |
| 업무분장 | • 업무분장에 대한 이해<br>• 업무분장 처리 실무에 대한 경험 |
| 행사관리 | • 행사 실무에 대한 이해<br>• 행사 준비 및 진행 관련 경험 |

**표 8-9** 보육실습의 내용 – K 어린이집 사례

| 주 | 실습 내용 |
|---|---|
| 제1주 | • 보육실습생, 교직원, 원아 상호 간의 인사와 소개<br>• 보육실습기관 현황 및 일지 작성 방법에 대한 오리엔테이션<br>• 실내외 환경 파악하기<br>• 보육실습생과 보육실습 계획에 대한 안내와 협의<br>• 영유아의 보육생활 및 생활지도 참관, 놀이 상호 작용<br>• 영유아 행동관찰 및 신뢰감 형성하기 |
| 제2주 | • 놀이 상호작용, 보육활동, 생활지도에 부분적으로 참가<br>• 유아 관찰하기 및 놀이 지원하기<br>• 지도 보육교사 학급 경영 보조 및 놀이 지원 협의<br>• 보육활동 자료 및 교재 교구 제작<br>• 영유아 사례 연구, 학습지도 과정의 기본 파악<br>• 환경 구성 조력<br>• 연구수업 참관 |
| 제3주 | • 부분적인 실제 보육 활동 및 평가<br>• 영유아 및 놀이에 대한 관찰과 지원 계획 작성<br>• 학급경영과 교육에 대한 적극적 참가<br>• 간식 지도, 식사 지도<br>• 실습 중간 평가 및 반성 |
| 제4주 | • 부분적인 실제 보육 활동 및 평가<br>• 일상적으로 발생하는 영유아의 갈등에 대한 관찰과 지도 계획 작성<br>• 학급경영과 교육에 대한 적극적 참가<br>• 간식 지도, 식사 지도<br>• 영유아 관찰을 기반으로 놀이지원 계획 작성 및 운영 |
| 제5주 | • 반일제 일과 계획 및 운영하기<br>• 부적응 영유아에 대한 관찰과 지도 계획 작성 및 사례 연구<br>• 학급경영과 교육에 대한 적극적 참가<br>• 간식 지도, 식사 지도<br>• 실습 중간 평가 및 반성 |
| 제6주 | • 종일제 일과 계획 및 운영하기<br>• 연구수업 실시 및 평가<br>• 담임 역할 수행<br>• 보육교사로서의 자질에 대한 반성 및 토의<br>• 보육실습 전체에 대한 총체적인 평가 |

## 4) 보육실습의 과정

보육실습의 과정은 크게 사전실습, 정규실습, 사후실습으로 나누어서 살펴볼 수 있다.

### (1) 사전실습

사전실습은 유아교육기관에 대한 이해와 영유아 및 학급의 이해를 돕기 위해 정규실습 이전에 실시되는 실습유형이다. 사전실습은 1회 또는 몇 차례의 현장 경험을 포함하게 되는데 일반적으로 일주일에 1회씩 4주 내외로 현장 참관을 통해 현장 이해와 적응을 위해 이루어지고 있다. 사전실습의 일반적인 과정은 다음과 같다.

#### ① 실습의 전반적 일정에 대한 어린이집과 대학과의 협의

실습대상자와 어린이집의 특성을 고려하여 대학에서 실습기간, 실습인원, 실습기관, 실습 시 고려사항 및 요청사항 등을 자세히 계획하여 준비한다.

#### ② 공문을 통한 실습 요청

대학은 실습을 보내고자 하는 실습기관과 협의함과 동시에 공문을 보냄으로써 사전실습, 정규실습, 사후실습에 대한 계획과 준비사항과 관련하여 실습기관에 협조를 요청한다. 이때 실습의 성격, 고려사항, 실습기간 및 인원 등에 관련된 명확한 협의와 협조가 포함되어야 한다.

#### ③ 실습생의 어린이집 방문 및 인사

실습생은 실습기관에 직접 방문하여 실습생으로서 자신을 소개 및 면접을 시행하고, 사전실습 · 정규실습 · 사후실습의 허락을 받는다. 그리고 특히 사전실습의 기간 및 시간을 명확히 전달하고, 관련 자료를 제출한다.

④ **사전실습 실시**

사전실습을 통해 현장을 이해하고, 정규실습에 필요한 제반 준비사항을 숙지하여 현장 적응력을 기르도록 한다.

⑤ **사전실습 평가회 실시**

사전실습에서 느낀 점과 현장 특성 파악을 기초로 하여 정규실습을 위해 필요한 사항을 점검하고, 정규실습을 계획하고 준비한다.

### (2) 정규실습

정규실습은 사전실습이나 사후실습처럼 유동적으로 실시될 수 있는 성격이 아니라 교원 무시험 자격검정을 위해 반드시 6주의 정규실습을 실시하여야 한다. 이러한 정규실습은 참관실습, 참여실습, 실무실습이 모두 포함되어야 하는데, 정규실습을 위한 체계적 실습계획 및 실시가 이루어져야 한다.

① **실습 오리엔테이션**

정규실습의 필요성, 내용, 방법 등에 대한 전반적 이해와 실습교사로서 기본적 준비사항과 자세 등에 대해 오리엔테이션을 가진다. 특히 실습일지 작성 방법, 실습교사로서의 태도 및 준비, 실습일정 및 역할 등에 대해 구체적으로 안내하는 시간을 가져야 한다. 또한 '교사선서식'과 같은 예비유아교사로서의 다짐을 하는 시간을 갖는 것도 실습을 준비하는 좋은 경험이 될 수 있다.

② **실습생 제출 서류 준비**

실습생에 관련된 인적 사항과 소개를 담은 서류를 준비하고, 실습에 필요한 제반 서류를 준비한다. 이때 실습생은 자신의 인적 사항과 소개, 미래 꿈과 교사상, 학교

생활 등을 담은 포트폴리오를 작성하면 더욱 유용할 수 있다.

#### ③ 실습기관 방문 및 현장 오리엔테이션

실습생은 실습안내 및 실습평가에 관련된 제반 자료를 가지고 실습기관을 방문하여 정규실습에 관한 구체적 일정과 주의사항을 전달받도록 한다.

#### ④ 정규실습 실시

정규실습은 참관실습, 참여실습, 실무실습 등으로 나눌 수 있는데, 실습기관의 실습일정에 따라 정규실습을 실시한다.

#### ⑤ 정규실습 평가회 실시

실습생은 정규실습을 마치면 실습기관의 지도교사 및 관계자, 영유아 등에게 감사의 마음을 전하고, 실습일지와 관련 자료를 종합적으로 정리한다. 그리고 정규실습 이후 평가회를 통해 실습과정에서 배운 점과 아쉬운 점 등에 대해 평가하는 반성적 시간을 가진다.

#### ⑥ 실습기관과 대학 간의 간담회

정규실습을 마치고 난 뒤 실습기관과 대학 간의 만남의 시간을 통해 실습 시 어려운 점과 시정사항 등에 대해 논의하고, 현장과 대학 간의 교류와 이해의 장을 마련한다. 이러한 실습 사후 간담회는 사후실습을 모두 마친 뒤에 하는 것도 좋은 방법이 될 수 있다.

**표 8-10** J 어린이집 정규실습 일정표

| 주 | 요일 | 실습 내용 | 비고 |
|---|---|---|---|
| 1주 | 월 | 기관소개 및 보육실습 안내 및 협의, 지도교사 배치, 일지 작성방법 안내 | • 놀이 참관<br>• 영유아 관찰<br>• 수업참관<br>• 일지 점검 |
| | 화 | 관찰 및 참관 요령 지도, 놀이 상호작용, 실내외 환경 파악하기, 실습일지 점검 | |
| | 수 | 관찰 및 참관, 급(간)식 계획 및 운영 실습, 놀이 상호작용 | |
| | 목 | 관찰 및 참관, 영유아건강검진 및 위생관리 | |
| | 금 | 영유아관찰, 일상생활지도 | |
| 2주 | 월 | 학급경영활동 조력, 급(간)식 계획 및 조리 실습 | • 유아관찰일지 작성 및 점검<br>• 학급경영 파악<br>• 참관 및 학급경영 조력<br>• 보육실 환경 구성 |
| | 화 | 학급환경구성 조력, 영유아 응급처치 및 투약의뢰, 유아 관찰 및 놀이 상호작용 | |
| | 수 | 영유아 사례연구, 학급 경영 활동 조력, 유아 관찰 및 놀이 상호작용 | |
| | 목 | 교재 연구 및 보육활동 계획안 작성, 생활지도 파악하기 | |
| | 금 | 일상생활 지도, 보육실 청소 및 일지 점검 | |
| 3주 | 월 | 참관 및 보조 활동, 일과 운영 파악하기 | • 놀이지원 계획 및 운영<br>• 놀이 참관<br>• 교재연구 및 정리<br>• 일과 운영 조력 |
| | 화 | 놀이지원 계획, 일과 운영 조력(급 · 간식 배식) | |
| | 수 | 일과 운영 조력(일상생활지도) | |
| | 목 | 놀이계획 운영, 일과 운영 조력(낮잠 및 연장반) | |
| | 금 | 교육자료 제작 | |
| 4주 | 월 | 놀이 상호작용 및 일과 운영 조력 | • 놀이지원 계획 및 운영 |
| | 화 | 놀이지원 계획, 반일 차량지도 | • 일과 운영 조력 |
| | 수 | 일과운영 조력, 놀이지원 반영 | • 일상생활 지도 |
| | 목 | 놀이지원 계획, 일과운영 조력, 일상생활 지도 | • 일지점검 |
| | 금 | 보육실습 중간 평가 및 반성 | • 실습서류 중간 점검 |
| 5주 | 월 | 반일 일과운영 파악하기 | • 반일 일과 계획 및 운영 |
| | 화 | 반일 일과 계획하기, 반일 차량지도 | • 일과 운영 조력 |
| | 수 | 반일 일과 운영하기, 일과운영 조력 | • 일상생활 지도 |
| | 목 | 일상생활지도 | • 차량지도 |
| | 금 | 반일 일과운영 평가 및 반성 | • 일지 점검 |
| 6주 | 월 | 종일 일과운영 파악하기 | • 종일 일과 계획 및 운영 |
| | 화 | 종일 일과 계획하기, 일과운영 조력, 놀이 상호작용 | • 일과 운영 조력 |
| | 수 | 종일 일과 운영하기, 종일 일과 운영 평가 및 반성 | • 일상생활 지도 |
| | 목 | 일상생활지도, 일과운영 조력, 놀이 상호작용 | • 보육실습 평가회 |
| | 금 | 보육실습 평가회(원장, 지도교사, 실습생) | • 실습서류 점검 |
| 비고 | ※ 계획표를 참고하셔서 활동 준비하시고, 계획표는 원 사정에 따라 변동될 수 있습니다.<br>※ 유익한 보육실습 되시기를 바랍니다. | | |

**표 8-11** 보육실습일지 사례

<table>
<tr><th>학급명</th><td>아름반</td><th>연령</th><td>만4세</td><th>실습지도 교사</th><td>000</td><th>일시</th><td>2021년 7월<br>09일 금요일</td></tr>
<tr><th>생활주제</th><td colspan="3">즐거운 여름</td><th>소주제</th><td colspan="3">재미있는 물놀이</td></tr>
<tr><th>목표</th><td colspan="7">• 여름철 물놀이에 대해 관심을 갖고 서로 이야기 나눠본다.<br>• 거품으로 도화지에 표현해 보는 경험을 가져본다.</td></tr>
<tr><th>일일시간표</th><td colspan="7">7:30 ~ 09:40 통합보육, 등원 및 자유선택활동<br>9:40 ~ 10:10 정리정돈 및 손 씻기<br>10:10 ~ 10:40 오전 간식<br>10:40 ~ 11:00 이야기 나누기<br>11:00 ~ 11:50 조형활동<br>11:50 ~ 13:10 점심식사 및 양치질<br>13:10 ~ 13:30 동화듣기<br>13:30 ~ 14:30 귀가지도 및 하루평가<br>14:30 ~ 16:00 낮잠 및 휴식<br>16:00 ~ 16:30 오후 간식<br>16:30 ~ 19:30 자유선택활동 및 통합보육, 귀가</td></tr>
<tr><th>시간/활동명</th><th colspan="6">활동 내용 및 방법</th><th>준비물 및<br>유의점</th></tr>
<tr><th>등원 및 실내<br>자유선택 활동<br>(7:30~<br>09:50)</th><td colspan="6">◎ 등원<br>• 등원하는 원아와 반갑게 인사를 나눈다.<br>• 원아를 맞이하면서 원아의 상태(기분, 건강 등)를 점검한다.<br>• 원아들의 신발 정리를 돕는다.<br>• 보육실에서 옷과 가방 정리를 돕는다.<br>◎ 실내 자유선택활동<br>• 교사와 상호작용, 혼자놀이, 또래와의 상호작용, 교구와의 상호작용을 한다.<br>〈언어방〉: '뽀삐와 함께 간 바다'<br>• '뽀삐와 함께 간 바다' 그림책을 함께 보고 여름철 바다에 대해 서로 이야기 나눈다.</td><td>날짜판<br>스티커<br>출석카드<br><br>그림책</td></tr>
<tr><th>정리정돈 및<br>화장실<br>다녀오기<br>(09:40~<br>09:50)</th><td colspan="6">◎ 정리정돈<br>• 정리시간을 알리는 음악소리(가야금 '산행')가 나오면 교구를 정리, 정돈한다.<br>◎ 화장실 다녀오기<br>• 한 줄로 서서 화장실에 간다.<br>• 옷을 벗고 용변을 보고 물을 내린다.<br>• 옷을 입고 손을 씻고 교실로 이동한다.</td><td>음악테이프<br>카세트<br>수건<br>비누<br>화장지</td></tr>
</table>

| 오전 간식<br>(09:50~<br>10:20) | ◎ 멜론<br>• 제자리에 앉아서 간식 기도 후 맛있게 먹는다. 먼저 먹은 원아는 간식 자리를 정리하고 조용히 책을 본다. | 행주<br>접시<br>포크 |
|---|---|---|
| 대 · 소집단<br>활동<br>(10:20~<br>10:50) | ◎ 아침인사를 나눈 후 출석확인을 한다.<br>• ♪안녕 노래로 인사를 나누고 네임카드로 친구의 이름과 얼굴을 익힌 후 오늘의 날짜, 날씨에 대해 알아본다.<br>– 안녕~~ 안녕~~ 선생님 안녕하십니까?<br>– 오늘은 몇월 며칠 무슨 요일입니까?<br>◎ 이야기 나누기–재미있는 물놀이<br>• 여름철 물놀이에 대해 멀티미디어 자료를 통하여 알아본다.<br>: 물속에 준비운동을 하지 않고 그냥 뛰어 들어가는 사진<br>: 위험한 놀이를 하는 사진<br>: 준비운동을 하고 안전하게 건너가는 사진<br>: 혼자서 주변을 돌아다니는 사진<br>: –어떤 모습이니?<br>– 물놀이 약속을 지키고 있나요?<br>– 왜 이런 상황은 위험한 상황일까?<br>– 안전한 물놀이를 하기 위한 방법은 무엇일까요?<br>– 그림의 친구는 어떻게 해야 할까?<br>– 내가 그림의 친구라면 어떻게 할까?<br>◎ 미술활동–바닷속 꾸미기<br>– 선생님도 마음속에 가장 마음에 드는 물속친구를 정했어요. 우리 친구들도 노래 부르는 동안 모두 마음속에 가장 마음에 드는 바닷속 친구 한 명을 생각해 보자. 통통통통 노래에 맞추어 간단하게 옆 친구와 안마도 하고 율동을 한다.<br>– 이번에는 선생님이 그림만 보여줄게. 어떻게 만드는지 우리 친구들이 선생님한테 이야기해 주세요. 마음에 드는 친구를 정했니? ○○이는 물속에 어떤 친구가 가장 마음에 드나요? 각 모둠자리에서 만들어 봅시다.<br>– 받침대를 책상에 받친다. – 만들고 싶은 재료를 가져온다. – 멋진 바닷속 친구를 만든다.<br>작품에 내 이름표를 붙인다. – 사용한 재료를 바구니에 정리한다.<br>– 받침대를 정리하고 주변을 정리한다. | 날짜판<br>네임카드<br><br>컴퓨터<br>멀티자료<br>텔레비전<br><br>물감/빨대<br>주방세제<br>접시<br>도화지<br><br>여러 가지<br>폐품<br>(재료 바구니에 담아서 소개해 준다.<br>아이들이 만들기 할 때는 각자 모둠 책상 가운데 두고 쓸 수 있게 비치해 둔다.) |
| 실내<br>자유선택활동<br>(10:50~<br>11:50) | ◎ 실내 자유선택활동<br>〈쌓기방〉: 징검다리 건너기<br>• 벽돌블록을 이용하여 징검다리를 만들어 하나씩 건너보는 활동을 한다.<br>〈역할방〉: 낚시 놀이해요<br>• 낚시 놀이 용품을 이용해 낚시를 해보는 활동을 한다.<br>〈탐색방〉: 조개껍데기 관찰하기<br>• 탐색대에 있는 조개껍데기와 불가사리를 돋보기를 이용해 관찰해 본다. | 벽돌블록<br><br>낚시용품<br><br>조개껍데기<br>불가사리<br>돋보기 |

| 시간/활동명 | 활동 내용 및 방법 | 준비물 및 유의점 |
|---|---|---|
| 점심식사<br>(11:50~<br>12:50) | ◎잡곡밥, 팽이버섯된장국, 닭야채조림, 쑥갓두부무침<br>• 식판에 점심을 받아 감사하는 마음으로 인사하고 먹는다.<br>• 먼저 먹은 원아들은 다른 친구들이 모두 먹을 때까지 조용한 활동을 한다.<br>• 모두 밥을 다 먹으면 화장실로 이동하여 양치질을 한다. | 수건<br>식판<br>수저<br>물통/물<br>칫솔<br>치약<br>컵 |
| 낮잠 준비<br>(12:50~<br>13:30) | ◎정리정돈 및 낮잠 준비<br>• 교실을 정리하고, 이를 닦는다.<br>• 낮잠 옷으로 갈아입고, 개인 침구를 펼친다. | 카세트<br>CD |
| 낮잠 및 휴식<br>(13:30~<br>15:10) | • 차례를 지켜 화장실을 다녀온다.<br>• 유아의 개인 침구에 눕는다.<br>• 조용하고 안정된 분위기를 만든다.<br>• 자신의 이불과 베개를 스스로 정리를 한다.<br>• 기상한 후 화장실을 다녀온다.<br>• 낮잠을 거부하는 유아는 개별적으로 정적인 놀이를 할 수 있도록 지도한다. | 침구 |
| 침구정리 및<br>화장실<br>다녀오기<br>(15:10~<br>15:30) | • 침구를 바르게 정리정돈한다.<br>• 차례대로 화장실을 다녀온다.<br>• 자기 책상 자리에 앉는다. | 침구 |
| 오후 간식 및<br>동화 듣기<br>(15:30~<br>15:50) | ◎우유, 스파게티<br>• 제자리에 앉아서 간식 기도 후 맛있게 먹는다.<br>• 먼저 먹은 원아는 간식 자리를 정리하고 조용히 책을 본다.<br><br>◎동화 들려주기(하마의 물놀이)<br>• 유아들에게 제목을 읽어준다.<br>– 어떤 친구들이 나올까?<br>– 어떤 일들이 일어날까?<br>• 교사가 동화를 들려준다.<br>• 동화의 내용을 회상하면서 이야기를 나눈다.<br>– 모든 동물들이 모두 자동차를 타고 가서 어떻게 됐니?<br>– 자전거를 타고 출발한 판다 곰 아저씨는 어땠니?<br>• 교사가 동화의 그림만을 유아들에게 다시 보여준다. | 행주<br>빨대<br>접시<br>포크<br><br>그림동화(하마의 물놀이) |

<table>
<tr>
<td>평가 및<br>귀가준비<br><br>실내<br>자유선택활동<br>(15:50~<br>18:00)</td>
<td>◎평가<br>• 오늘 한 활동에 대해 이야기를 나눈다.<br>–유아들이 자신의 가방을 가지고 중앙매트에 앉는다.<br>–교사는 유아들의 수첩과 전달사항들을 전달한다.<br>–유아들의 하루 일과에 대한 느낌과 생각을 이야기해 본다.<br>: 무엇이 가장 즐거웠나요?<br>: 오늘 속상한 일은 있었나요?<br>: 무엇 때문에 속상했나요?<br>: 그렇다면 다음번에 어떻게 할까요?<br><br>◎귀가준비 후 귀가<br>• ♪안녕 노래로 인사를 나누고 뽀뽀한 후 보호자와 함께 귀가 한다.<br><br>◎실내 자유선택활동<br>〈표현방〉: 분수 만들기<br>• 종이를 손으로 길게 찢어 뭉친 다음 분수를 만들어 본다.</td>
<td>가방<br><br>여러 색지</td>
</tr>
<tr>
<td>기본생활습관</td>
<td colspan="2">배변 후 손을 씻어요</td>
</tr>
<tr>
<td>실습교사 소감</td>
<td colspan="2">실제 이야기 나누기 자료는 모두 9가지 상황의 그림들이 있었다. 그중에서 유아들의 눈높이에 맞는 내용들만 아이들과 이야기 나누기를 하였다. 큰 브로마이드 한 장안에 모두 9장의 그림 컷과 내용들이 있어서 다소 그림이 작아서 아이들이 보는데 불편한 듯하였다. 다음에 아이들과 이야기 나누기를 할 때는 사전에 확대를 하여서 아이들에게 색칠하기를 하게 한 후 한 장씩 그림을 보여주면 유아들이 자신과 친구의 작업결과물을 볼 수 있기에 더욱 주의 집중을 잘할 수 있을 것 같다는 생각이 들었다.</td>
</tr>
<tr>
<td>아동관찰</td>
<td colspan="2">아침에 등원을 하는데 민서의 어머니께서 “민서야, 오늘도 잘 놀아”라는 인사말을 하신다. 민서는 웃으면서 고개를 끄덕이며 교실 안으로 들어온다. 들어와서는 이미 등원한 찬영이에게 “찬영아, 나 왔어.” 하며 가방을 정리한 후 자유선택놀이를 한다.</td>
</tr>
<tr>
<td>지도교사 조언</td>
<td colspan="2">애국조회 때마다 유아들과의 약속은 기본생활습관을 형성하기 위한 약속들입니다. 그리고 원장님의 마술 공연은 아이들에게 보상의 역할을 하는 동시에 아이들에게 격려의 몫도 하고 있어요. 물론 아이들과 약속을 할 때 교사 유아 간의 충분한 대화 후에 함께 해결하고, 결정하는 부분은 유아들이 너무 큰 그룹이고, 연령차이(만 2~5세) 때문에 애국조회 시간에 충분히 다룰 수는 없지만 그래도 좋은 것을 보셨네요.</td>
</tr>
</table>

### (3) 사후실습

사후실습은 정규실습 이후에 이루어지는 실습으로 실습기관과 대학과의 협의에 따라 기간이나 방법은 자율적으로 진행될 수 있다. 일반적으로 사후실습은 기관 참관, 유아교육기관의 행사 참여, 보조교사로 수업 참여하기, 환경구성 및 지원 등의 다양한 방법으로 이루어질 수 있다. 그리고 정규실습 기간 중 참여실습 시 미흡한 점을 수정하여 다시 실천해 보는 수업참여나 활동참여의 방법으로 실시할 수도 있다.

#### ① 사후실습에 관련하여 실습기관과 대학 간 협의

정규실습 이후 사후실습의 방법에 대해서는 실습기관과 대학 간의 협의로 자율적으로 정할 수 있다. 따라서 정규실습 후 지속해서 실습의 반성적 통찰이 이어지는 방안을 논의하여 사후실습을 할 수 있다.

#### ② 사후실습 실시

사후실습은 실습생과 유아교육기관이 협력적 관계를 통해 정규실습 기간 동안 부족한 경험을 보충하는 기회가 되어야 한다. 일반적으로 참관에 그치는 사후실습이 아니라 실습생이 구체적으로 참여하는 다양한 사후실습 프로그램이 필요하다.

#### ③ 사후실습 평가회

사후실습을 마친 후 실습생은 사후실습을 통해 심화된 실천적 지식 및 교사로서의 자세 등에 대해 반성적 사고를 거친다. 이를 통해 교사로서의 소양과 역할을 파악하고, 부족한 측면을 보충하는 기회가 되도록 한다.

#### ④ 실습기관과 대학 간의 간담회

사후실습 이후에 실습기관과 대학 간의 협의 및 간담의 기회를 가지는 것도 좋은 방법이 될 수 있다. 특히 현장과 대학의 협력 모형을 개발하여 상호 지원 및 교류가 활성화되도록 하여야 한다. 학문 및 실제의 연계를 위해 지속적 대화 채널을 마련할 필요가 있다.

표 8-12 보육실습 소감문 사례

<table>
<tr><td>

**보육실습을 마치고**

새로운 경험을 한다는 호기심과 설렘, 그리고 두려움과 떨리는 복잡한 마음이 교차하면서 실습을 시작하던 때가 엊그제 같은데 벌써 한 달이라는 시간이 훌쩍 지나 실습을 마치게 되었다. 막상 다른 장소에서 다른 사람들과 다른 추억을 가지는 그 순간에는 '과연 내가 이 일을 잘 해낼 수 있을까?'라는 불안감에 더욱더 자신을 긴장시켜 맡은 일에 최선을 다하려고 노력하게 되는 것 같다. 막상 실습하려니 두려움이 앞서고 불안했지만 한 달간 아이들과 함께 하는 시간이 너무 즐겁고 행복했다. 무엇보다 현장에 대한 경험이 생기면서 실질적인 공부를 하게 된 것 같다. 그동안 학교에서 이론적으로 배워 오던 공부를 이제는 직접적으로 체험하게 되면서 정말 현실에 다가선 기분이었다. 특히 사회복지와 보육을 함께 공부했던 것들이 아이들이나 학부모, 지역사회 행사 등을 접하는 것이 무척 도움이 되었고, 이론을 실제와 연결해 보는 재미있고 유익했던 시간이었다.

나는 지난 하계방학 중에 ○○ 종합사회복지관에서 한 달간 실습을 했었고, 꾸준히 학기마다 사회복지시설이나 어린이집에서 일주일에 한 번씩 봉사활동을 했었다. 그래서 실습하는 첫날부터 어린이집 아이들과 함께하는 시간이 낯설지 않았다. 그러나 종일수업은 너무 떨림이 크기도 하였지만 내가 제일 처음으로 '○○○ 선생님'으로 수업하는 날이기도 해서 정말 잘하고 싶다는 생각이 들었다. 아이들을 위한 교육을 하고 아이들의 이야기를 들어주고 아이들이 흥미 있고 유익한 시간을 보낼 수 있도록 해주고 싶었다. 열심히 밤새워 교구를 만들어 수업을 진행하면서 실수의 연속이었지만 아이들의 호기심 가득한 눈빛들과 모습들은 앞으로의 나의 교사 생활에서 가장 감동적인 순간이 될 것 같다는 생각이 들었다. 아쉬운 점이 있다면 실습하는 동안 나만의 시간이 없었던 게 가장 힘들고 아쉬웠던 것 같다. 한 주 동안 실습을 한 뒤 주말에는 쉬는 시간을 가지며 나를 돌아보고 생각할 수 있는 시간을 가졌다면 피로를 풀고 소진된 체력을 재충전하여 다시 한 주를 힘차게 시작할 수 있었을 것이다. 하지만 쉼 없이 교구 제작이나 수업계획, 준비로 인해 피로가 누적되어 더 몸과 마음이 지쳐버리게 된 것 같다.

그러나 무엇이든 모르는 것은 물으면 되고, 부족한 점이 있으면 채우면 될 것이라는 생각을 머리에 새기고 무조건 열심히 하려 노력했다. 첫 일 주일 동안은 하루에 한 번씩 반이 바뀌기 때문에 각 반의 새로운 변화를 느낄 수 있었고, 각 반의 모습과 교육의 특성을 알 수 있었다. 특히 수업과 기본생활을 지도할 때 또래 친구들과 함께 상호작용을 하도록 함으로써 참된 통합의 의미로 나아가는 것 같다. 전체적으로 자연스럽게 놀이를 통해서 교육이 이루어지고 있는 점과 자유선택활동을 통해서 유아 스스로 놀이를 선택하고 그 안에서 교사, 유아, 교구와의 상호작용이 이루어지는 것이 인상적이었다.

"건강하고 즐거운 어린이"라는 원훈처럼 유아들에게 따뜻한 사랑과 관심으로 다가갔으며, 유아들과 자연스럽게 놀이를 통해서 유아들을 이해하려고 노력했다. 유아들과 적절한 상호작용을 통해서 즐겁게 실습을 할 수가 있었다. 실습지도교사와의 관계에서 좀 어려움이 있었다. 실습 전 꼭 해야 하는 것은 실습 사전에 유아들의 각 연령별 특징에 대해서 알아보고, 주위의 유아들을 직접 경험해 보는 것이 필요하다. 유아를 이해하고, 유아의 입장에서 생각하고 바라봄으로써 적절한 상호작용 방법을 알면 많은 도움이 될 것이다. 그리고 수업 시 사용할 손유희나 노래 등을 미리 알아간다면 수업 준비할 때 좀 더 여유로울 것이다. 또 실습 전에 모의수업을 경험해 보고 나가면 좋을 것 같다. 그리고 실습생의 자세로 성실함, 책임감, 겸손한 마음가짐이 필요하다고 느꼈다.

</td></tr>
</table>

**표 8-13** 보육실습 확인서

# 보 육 실 습 확 인 서

1. 실습 이수자 기본사항

| 이름 | 생년월일 | 양성교육기관명 |
|---|---|---|
| | | |

2. 실습기관

<table>
<tr><th colspan="2">실습기관명</th><td></td><th>기관종류</th><td></td></tr>
<tr><th colspan="2">실습기관 인가 정원</th><td></td><th>최초인가일</th><td>년 월 일</td></tr>
<tr><th rowspan="2">구분</th><th>평가제</th><td></td><th>평가 등급<br>(평가 주기 시작일)</th><td>년 월 일</td></tr>
<tr><th>평가인증제</th><td></td><th>인증유효기간</th><td>년 월 일 ~<br>년 월 일</td></tr>
<tr><th colspan="2">주소</th><td></td><th>연락처</th><td></td></tr>
</table>

* 어린이집은 운영형태(가정, 민간, 직장, 국공립 등) 기재, 유치원은 방과후과정 운영 여부 기재

3. 실습 지도교사

| 이름 | 자격 종류 | 자격번호 |
|---|---|---|
| | | |

* 실습 지도교사는 동일 실습기간 내, 보육실습생을 3명 이내로 지도하였습니까? (예 □/ 아니요 □)

4. 실습 기간

| | |
|---|---|
| 실습기간 | 년 월 일 ~ 년 월 일( 주간) |
| 실습시간 | 총 시간(매주 월요일 ~ 금요일까지, 오전 시 ~ 오후 시) |

위 사람은 영유아보육법 시행규칙 제12조 제1항에 따른 보육실습 기준을 준수하여 보육실습을 충실히 이수하였음을 확인합니다.

년 월 일

어린이집의 원장 (서명 또는 인)
학과장 (서명 또는 인)

- '13. 3. 1. 이후 어린이집에서 보육실습을 이수하는 경우, 「어린이집지원시스템」을 통하여 보육실습 내용 등록 및 제출
- 보육실습 내용 시스템 미등록자는 첨부서류(① 실습기관 인가증 사본 ② 보육실습 지도교사 자격증 사본) 제출 필수

  ※ 영유아보육법 제48조에 따라 거짓이나 그 밖의 부정한 방법으로 자격증을 취득한 경우, 보육교직원 자격이 취소될 수 있습니다.

표 8-14 보육실습 평가서 예

## 보 육 실 습 평 가 서

성 명:
생 년 월 일:
보육실습기관명:
보육실습기간: 20 년 월 일 ~ 20 년 월 일

| 평가영역(배점) | 평가항목 | | 배점 | 점수 |
|---|---|---|---|---|
| 근무태도와 자질 (20점) | 근무사항 | 출석, 결석, 지각, 조퇴 등 | 5 | |
| | 태도 | 성실성, 근면성, 친절, 적극성, 복장 및 용모, 예절 | 5 | |
| | 자질 | 영유아 존중, 책임감, 인성, 열의 | 5 | |
| | 관계형성 | 실습지도교사와의 관계<br>동료실습생과의 관계 | 5 | |
| 보육활동 계획과 실행 (30점) | 보육활동 계획 | 영역별, 반일(일일)보육활동 계획의 적합성과 충실한 준비 | 15 | |
| | 보육활동 실행 | 영역별, 반일(일일)보육활동의 효과적이고 적절한 실행 정도 | 15 | |
| 예비보육 교사로서 역할수행(30점) | 영유아 행동 및 놀이 관찰, 보육환경 관찰 | | 5 | |
| | 보육일과 진행 보조와 일상생활지도 | | 10 | |
| | 영유아 상호작용과 놀이 참여 | | 15 | |
| 보육실습일지 작성 (10점) | 구체적이고 충실한 보육실습일지 작성과 일일자기평가 및 지도교사 평가 반영 | | 10 | |
| 총평 (10점) | 실습기간 동안 예비보육교사로서 향상 정도 | | 10 | |
| 총 점 | | | 100 | |

20 년 월 일

보육실습 지도교사: (인)
어린이집 원 장: (인)

표 8-15 실습 자기 평가표 사례

| 평 가 항 목 | 척 도 | | | | |
|---|---|---|---|---|---|
| | 5 | 4 | 3 | 2 | 1 |
| 1. 교재의 연구는 면밀했는가? | | | | | |
| 2. 지도 목표에 알맞은 지도 계획을 세웠는가? | | | | | |
| 3. 영유아의 흥미를 잘 파악하고 이것을 지도 계획 속에 잘 살렸는가? | | | | | |
| 4. 보육계획안 작성을 보육 프로그램에 적절하게 구성할 수 있었는가? | | | | | |
| 5. 교수-학습자료를 충분히 준비하는 것에 태만하지 않고 노력하였는가? | | | | | |
| 6. 교재 준비가 잘되어 동기 유발을 성공적으로 했는가? | | | | | |
| 7. 활동적이고 효과적인 교수 학습을 전개할 수 있었는가? | | | | | |
| 8. 영유아의 개인차를 고려할 수 있었는가? | | | | | |
| 9. 교수 용어가 명료하고 적절했는가? | | | | | |
| 10. 평가 대상에 적합한 방법을 적당한 시기에 실행할 수 있었는가? | | | | | |
| 11. 평가 결과를 잘 처리하고 다음 교육지도에 도움이 되게 하였는가? | | | | | |
| 12. 영유아 관찰과 실태조사의 결과를 깊이 연구하고 이것을 영유아 지도에 잘 활용하였는가? | | | | | |
| 13. 영유아의 모임에 적극 참가하고 적절한 지도를 하였는가? | | | | | |
| 14. 교실의 통풍 · 채광 · 청소 등 위생 환경에 주의하였는가? | | | | | |
| 15. 교실의 실내외 정돈과 미화에 노력하였는가? | | | | | |
| 16. 기록의 작성 기입을 면밀히 하고 그 보관에 신중하였는가? | | | | | |
| 17. 교사와 동료와 협력 협조하여 충분한 호감을 가졌는가? | | | | | |
| 18. 영유아가 나를 좋아하고 신뢰하였는가? | | | | | |

# 3. 자격증 발급신청 및 채용

## 1) 자격증 발급

보육교직원 국가자격증 홈페이지 접속
(http://chrd.childcare.go.kr)

↓

홈페이지 **회원가입**

↓

**자격증 신청**
(인터넷 신청)

**수수료 결제**
(신용카드결제/가상계좌입금/실시간 계좌이체)

↓

**구비서류 제출**(등기우편)

◎ 구비서류 – "홈페이지 자격기준" 참고

◎ 보내실 곳 – 서울특별시 용산구 청파로 345 주연빌딩 5층 한국보육진흥원 교직원지원국
자격관리팀(☎ 1661–5666)

↓

어린이집 원장 · 보육교사 **자격검정**
보육교직원 자격 검정위원회

↓

**자격증 발급**
(등기 발송 또는 방문 수령)

그림 8–2 자격증 발급 절차

## 2) 보육교사의 채용 및 임면 보고

### (1) 보육교사 채용 및 임면보고 절차

어린이집 채용이 결정되면 채용 후 14일 이내 구비서류를 준비하여 해당 근무 지역 시·군·구청장에게 임면보고를 해야 한다. 임면보고의 절차는 채용(1단계), 임면보고(2단계), 자격적격성 확인, 결격사유 조회 및 범죄경력 조회(3단계), 경력관리시스템 입력 후 경력관리(4단계) 순으로 이루어진다.

| 단계 | 내용 |
|---|---|
| 보육교직원 채용<br>(원장, 보육교사,<br>특수교사, 조리원<br>(조리사) 등) | ㅇ 채용주체 : 어린이집 설치자<br>ㅇ 채용조건 : 자격기준을 갖춘 자<br>ㅇ 채용 시 구비서류<br>– (공통) 인사기록카드, 주민등록등본, 채용신체검사서, 성범죄 경력 및 아동학대 범죄전력 조회 회신서, 개인정보제공 및 고유식별정보 처리 동의서, 보수교육 수료증<br>– (자격이 필요한 자) 자격증 또는 면허증 사본 |
| ⇩ | |
| 교직원 임면보고 | ㅇ 임면보고 절차 : 어린이집 → 시 · 군 · 구청장(채용 후 14일 이내)<br>ㅇ 임면보고 시 구비서류<br>• 인사기록카드, 채용신체검사서, 자격증사본, 성범죄 경력 및 아동학대 범죄전력 조회 회신서, 개인정보제공 및 고유식별정보 처리 동의서, 보수교육 수료증<br>※ 자격증 사본 및 보수교육 수료증은 보육통합정보시스템으로 확인 가능한 경우 제출 제외<br>※ 인사기록카드는 '임신육아종합포털(아이사랑)', '보육통합정보시스템'을 통해 임면보고 가능(2015.2.2.~)<br>※ 어린이집 및 시 · 군 · 구에서는 교직원 임면보고를 시스템을 통해 실시하고 적극 지도 |
| ⇩ | |
| 교직원 자격의<br>적격성 확인 | ㅇ 확인주체 : 시 · 군 · 구청장<br>ㅇ 확인대상 : 어린이집 원장, 보육교사, 특수교사, 장애영유아를 위한 보육교사, 치료사, 간호사, 영양사, 조리원 중 조리사<br>ㅇ 확인방법 : 각 자격별 자격증명 서류, 보수교육 수료증 및 보육통합정보시스템 |
| ⇩ | |
| 교직원 결격사유 조회<br>및 범죄경력 조회 | ㅇ 결격사유 조회 및 범죄경력 조회 주체 : 시 · 군 · 구청장<br>ㅇ 내용 : 교직원 결격 사유(법 제20조) |
| ⇩ | |
| 경력관리시스템<br>입력 관리 | ㅇ 교직원 임면 사항을 경력관리시스템에 입력 관리 |

**그림 8-3 보육교직원 채용 및 임면보고 절차**

**표 8-16** 보육교직원 임면보고 서식

※ 보육교직원 임면을 보육통합정보시스템으로 보고하지 않고, 시 · 군 · 구에 직접 제출하는 경우 활용

## ○○○ 어린이집

문서번호:
수 신: ○○시 · 군 · 구청장
제 목: 보육교직원 임면사항 보고

1. 영유아보육법 시행규칙 제11조 제1항의 규정에 따라 보육교직원 임면사항을 아래와 같이 보고합니다.
2. 인적사항 등

| 연번 | 직종별 | 성명 (한자) | 생년월일 | 주소 | 등록 기준지* | 발령 일자 | 발령 사항 | 기록자 (날인) | 비고 |
|---|---|---|---|---|---|---|---|---|---|
| | | | | | | | | | |
| | | | | | | | | | |
| | | | | | | | | | |

주) ① 직종별란에는 원장, 보육교사 1 · 2 · 3급, 기타 교직원의 직위를 기재함
② 주소란과 등록기준지란은 주소 및 구 본적지를 정확하게 기재해야 함(예시: ○○도 ○○군 ○○면 ○○리 ○○번지)
③ 발령일자란에는 채용일을 기재
④ 발령사항란에는 임용, 전출, 퇴직, 출산휴가, 육아휴직 등 신분변동사항을 기재함
* 등록기준지는 (구) 본적지를 의미함

## ○○○ 어린이집원장(직인)

출처: 보건복지부(2021). 2021년도 보육사업안내 부록 p.372(서식 Ⅲ-6).

### (2) 채용 시 구비서류

임면권자가 보육교직원을 채용할 경우에는 반드시 아래 구비서류를 제출받아 자격의 적격 여부를 판단하고, 관련 서류를 보관한다.

#### ① 공통서류

- 인사기록카드(시행규칙 별지 제7호 서식)
- 주민등록등본
- 채용신체검사서
  - ※ 채용기간이 1개월 미만인 대체교사(임시교사) 등 단기간 근로자, 보육실습생, 특별활동강사, 노인일자리 파견자는 보건소의 감염성질환(폐결핵, 장티푸스, 전염성피부질환 등)에 대한 건강진단결과서(구 보건증)로 갈음할 수 있음
  - ※ 채용신체검사서는 감염성질환 및 정신질환 등에 대한 검사를 포함하고 있는 경우에는 명칭에 관계없이 채용신체검사서로 인정 가능
  - ※ 「식품위생법」 제40조 제1항 및 동법 시행규칙 제49조에 의한 건강진단 대상자(영양사, 조리사, 조리원, 배식인력)는 감염성 질환(폐결핵, 전염성 피부질환 내용은 반드시 실시, 장티푸스의 경우 집단급식소인 어린이집 종사자는 필수 실시, 집단급식소 아닌 어린이집 관련 종사자는 권장)에 대한 검사결과 포함하여 제출(검사결과 유효기간은 검진일 기준 1년 이내)
  - 보수교육 수료증(또는 '장기미종사자 직무교육 이수증')
  - 국가 자격증 및 면허증 사본

#### ② 성범죄 경력 조회 및 관리

- 임면권자는 「아동청소년의 성보호에 관한 법률」 제56조에 따라 어린이집에 취업 중이거나 사실상 노무를 제공 중인 자 또는 취업하려 하거나 사실상 노무를

제공하려는 자에 대해 성범죄 경력 조회를 경찰청 온라인시스템(명칭: 범죄경력회보서발급시스템, http://crims.police.go.kr)을 통하여 신청하고 확인한다.

- 성범죄 경력 조회 결과 어린이집에 취업 또는 사실상 노무 제공이 제한되는 자는 배제해야 하고, 근무 중인 자에 대해서는 해임해야 한다.

### ③ 아동학대 관련 범죄 전력 조회 및 관리

- 임면권자는 「아동복지법」 제29조의3에 따라 교직원으로 채용하기(사실상 노무를 제공하려는 경우 포함) 전에, 또는 채용 중(사실상 노무를 제공하는 경우 포함)인 경우에 아동학대 관련 범죄 전력 조회를 경찰청 온라인시스템(명칭: 범죄경력회보서 발급시스템, http://crims.police.go.kr)을 통하여 신청하고 확인한다.
- 아동학대 관련 범죄 전력 조회 결과 어린이집에 취업 또는 사실상 노무 제공이 제한되는 자는 배제해야 하고, 근무 중인 자에 대해서는 해임해야 한다.

## (3) 보육교사 자격 취소

- 대상자 : 원장 및 보육교사
- 처분권자 : 시장 · 군수 · 구청장

① 자격취소 사유(법 제48조)

- 거짓이나 그 밖의 부정한 방법으로 자격증을 취득한 경우
- 자격 취득자가 업무 수행 중 그 자격과 관련하여 고의나 중대한 과실로 손해를 입히고 금고 이상의 형을 선고받은 경우
- 「아동복지법」 제3조 제7호의2에 따른 아동학대 관련 범죄로 처벌을 받은 경우

* 보육교사와 어린이집 원장 둘 다 취득한 경우에는 두 자격 모두 취소(법제처 법령해석 총괄과-1310, '08.8.22)

- 제22조의2에 따른 명의대여 금지 등의 의무를 위반*한 경우

  * 다른 사람에게 자기의 성명이나 어린이집의 명칭을 사용하여 어린이집의 원장 또는 보육교사의 업무를 수행하게 하거나 자격증을 대여한 경우

- 자격정지처분기간 종료 후 3년 이내에 자격정지처분에 해당하는 행위를 한 경우
- 자격정지처분을 받고도 자격정지처분기간 이내에 자격증을 사용하여 자격 관련 업무를 수행한 경우
- 자격정지처분을 3회 이상 받은 경우
- 제46조 제4호*에 해당하여 금고 이상의 형을 선고받은 경우

  * 거짓이나 그 밖의 부정한 방법으로 보조금을 교부받거나 보조금을 유용한 경우

### 아동복지법 제3조 제7호의2에 따른 아동학대 관련 범죄

**1.「아동학대범죄의 처벌 등에 관한 특례법」 제2조 제4호에 따른 아동학대범죄**

가.「형법」 제2편 제25장 상해와 폭행의 죄 중 제257조(상해) 제1항 · 제3항, 제258조의2(특수상해) 제1항(제257조 제1항의 죄에만 해당한다) · 제3항(제1항 중 제257조 제1항의 죄에만 해당한다), 제260조(폭행) 제1항, 제261조(특수폭행) 및 제262조(폭행치사상)(상해에 이르게 한 때에만 해당한다)의 죄

나.「형법」 제2편 제28장 유기와 학대의 죄 중 제271조(유기)제1항, 제272조(영아유기), 제273조(학대) 제1항, 제274조(아동혹사) 및 제275조(유기등 치사상)(상해에 이르게 한 때에만 해당한다)의 죄

다.「형법」 제2편 제29장 체포와 감금의 죄 중 제276조(체포, 감금) 제1항, 제277조(중체포, 중감금) 제1항, 제278조(특수체포, 특수감금), 제280조(미수범) 및 제281조(체포 · 감금 등의 치사상)(상해에 이르게 한 때에만 해당한다)의 죄

라.「형법」 제2편 제30장 협박의 죄 중 제283조(협박)제1항, 제284조(특수협박) 및 제286조(미수범)의 죄

마.「형법」 제2편 제31장 약취, 유인 및 인신매매의 죄 중 제287조(미성년자 약취, 유인), 제288조(추행 등 목적 약취, 유인 등), 제289조(인신매매) 및 제290조(약취, 유인, 매매, 이송 등 상해 · 치상)의 죄

바. 「형법」 제2편 제32장 강간과 추행의 죄 중 제297조(강간), 제297조의2(유사강간), 제298조(강제추행), 제299조(준강간, 준강제추행), 제300조(미수범), 제301조(강간 등 상해 · 치상), 제301조의2(강간등 살인 · 치사), 제302조(미성년자 등에 대한 간음), 제303조(업무상위력 등에 의한 간음) 및 제305조(미성년자에 대한 간음, 추행)의 죄
사. 「형법」 제2편 제33장 명예에 관한 죄 중 제307조(명예훼손), 제309조(출판물 등에 의한 명예훼손) 및 제311조(모욕)의 죄
아. 「형법」 제2편 제36장 주거침입의 죄 중 제321조(주거 · 신체 수색)의 죄
자. 「형법」 제2편 제37장 권리행사를 방해하는 죄 중 제324조(강요) 및 제324조의5(미수범)(제324조의 죄에만 해당한다)의 죄
차. 「형법」 제2편 제39장 사기와 공갈의 죄 중 제350조(공갈), 제350조의2(특수공갈) 및 제352조(미수범)(제350조, 제350조의2의 죄에만 해당한다)의 죄
카. 「형법」 제2편 제42장 손괴의 죄 중 제366조(재물손괴 등)의 죄
타. 「아동복지법」 제71조 제1항 각 호의 죄(제3호의 죄는 제외한다)
파. 가목부터 타목까지의 죄로서 다른 법률에 따라 가중처벌되는 죄
하. 제4조(아동학대치사), 제5조(아동학대중상해) 및 제6조(상습범)의 죄

### 2. 아동에 대한 「형법」 제2편 제24장 살인의 죄 중 제250조부터 제255조까지의 죄

제250조(살인, 존속살해) ① 사람을 살해한 자는 사형, 무기 또는 5년 이상의 징역에 처한다.
② 자기 또는 배우자의 직계존속을 살해한 자는 사형, 무기 또는 7년 이상의 징역에 처한다.
제251조(영아살해) 직계존속이 치욕을 은폐하기 위하거나 양육할 수 없음을 예상하거나 특히 참작할 만한 동기로 인하여 분만 중 또는 분만 직후의 영아를 살해한 때에는 10년 이하의 징역에 처한다.
제252조(촉탁, 승낙에 의한 살인 등) ① 사람의 촉탁 또는 승낙을 받아 그를 살해한 자는 1년 이상 10년 이하의 징역에 처한다. ②사람을 교사 또는 방조하여 자살하게 한 자도 전항의 형과 같다.
제253조(위계 등에 의한 촉탁살인 등) 전조의 경우에 위계 또는 위력으로써 촉탁 또는 승낙하게 하거나 자살을 결의하게 한 때에는 제250조의 예에 의한다.
제254조(미수범) 전4조의 미수범은 처벌한다.
제255조(예비, 음모) 제250조와 제253조의 죄를 범할 목적으로 예비 또는 음모한 자는 10년 이하의 징역에 처한다.

### (4) 자격취소 일반절차

| 단계 | 내용 |
|---|---|
| 자격취소 사유 발생 | ㅇ 원장 및 보육교사의 자격취소 사유 발생(법 제48조 위반) |
| ⇩ | |
| 사실여부 확인 (시 · 군 · 구) | ㅇ 시 · 군 · 구 보육담당자는 어린이집 지도 · 점검 등을 통하여 사실여부를 확인하고 필요할 경우 관련자의 확인서 등을 확보 |
| ⇩ | |
| 자격취소 사유 보고 (시 · 군 · 구 → 시 · 도 → 보건복지부) | ㅇ 시 · 군 · 구청장은 시 · 도지사에게, 시 · 도지사는 보건복지부장관에게 취소 사유 보고<br>ㅇ 취소사유 보고 시에는 필요서류 첨부 |
| ⇩ | |
| 청문 실시 (보건복지부) | ㅇ 청문 실시 10일 전 당사자에게 청문 출석 통지<br>ㅇ 청문에는 필요한 경우 관할 시 · 군 · 구청의 보육담당자도 참석하여야 함 |
| ⇩ | |
| 자격취소 처분 (보건복지부) | ㅇ 자격취소 사유 및 청문 실시 결과를 근거로 자격취소 여부 결정 및 처분 |
| ⇩ | |
| 자격취소 처분 통지 및 사후조치 | ㅇ 당사자에게 자격취소 처분 결정 통지<br>ㅇ 전국 시 · 도지사 및 시 · 군 · 구청장에게 자격취소 결정사항 통보, 자격취소자가 채용되는 사례가 없도록 관리<br>ㅇ 자격관리사무국에 자격취소 결정 사항 통보, 사후관리 철저 지시 |

**그림 8-4** 보육교직원 자격취소 일반 절차

Chapter

# 9

# 어린이집 보육활동 직무

## "보육활동을 위한 직무 이야기"

1. 놀이지원 및 보육계획
2. 보육활동
3. 교재 · 교구 제작과 활용
4. 일상 양육활동
5. 영유아와의 상호작용
6. 영유아 관찰일지 쓰기

그대. 좌절했는가? 친구들은 승승장구하고 있는데. 그대만 잉여의 나날을 보내고 있는가? 잊지 마라. 그대라는 꽃이 피는 계절은 따로 있다. 아직 그때가 되지 않았을 뿐이다. 그대. 언젠가는 꽃을 피울 것이다. 다소 늦더라도. 그대의 계절이 오면 여느 꽃 못지않은 화려한 기개를 뽐내게 될 것이다. 그러므로 고개를 들라. 그대의 계절을 준비하여라.

– 김난도의 『아프니까 청춘이다』 중에서

보육교사의 직무는 다양한 관점에서 논의되고 있으나, 크게 두 가지 측면에서 구분하여 설명할 수 있다. 첫째, 보육교사의 직무와 보육교사의 역할을 연계하여 교육과정 설계자, 일과 활동 계획 및 수행자, 상담자 및 조언자, 연구자, 행정업무 및 관리자 등으로 구분하는 경우(박은혜, 2020; Saracho, 1988)이다. 둘째, 보육교사의 역할과 관련된 보육교사의 직무 구분과는 달리, 보육교사의 직업적 특성에 따라 직무를 분류한 경우가 있다(김문숙, 2002; 유희정 · 이미화, 2004; 이승신, 2003; 한국보육교사회, 2006). 이 경우 주 교육 관련 업무, 교육지원 업무, 운영 관련 보조업무 및 일반 업무 등으로 구분하고 있다.

이 장에서 보육교사의 교육 관련 업무를 구체적으로 살펴보면 다음과 같다.

## 1. 놀이지원 및 보육계획

제4차 표준보육과정(이하 표준보육과정)과 개정 누리과정(이하 누리과정)은 '영유아 · 놀이 중심'을 추구하는 교육과정이다. '영유아 중심'과 '놀이 중심'을 추구한다는 것은 영유아가 주도하는 놀이를 중심으로 교육과정을 구성하고 운영한다는 것을 의미한다. 그래서 개정된 교육과정에서는 교사가 계획하여 주도하는 교육과정에서 영유아가 주도적으로 놀이하며 배우는 교육과정으로 변화를 추구한다(교육부, 보건복지부, 2019a; 보건복지부, 2020). 이러한 맥락에서 교사는 일방적으로 보육계획을 세우기보다는 먼저 유아놀이의 가치와 의미를 이해하고, 유아의 놀이를 통한 배움을 지원하도록 하는 데 중점을 두어야 한다. 즉, 개정된 교육과정에서 가장 비중 있는 교사의 교육 관련 업무는 영유아의 놀이를 지원하는 것이다.

교사의 영유아 놀이지원은 다음의 맥락에서 이루어져야 한다. 첫째, 교사는 영유아의 놀이를 배움의 과정으로 이해하고 영유아의 놀이를 지원해야 한다. 놀이는 이어지고 끊어지며 새롭게 생성되어 가는 연속적 과정이며 이는 배움의 과정과 같다. 또한, 영유아에게 놀이는 앎이자 삶의 방식이다. 영유아는 놀이를 통해 자신이 경험한 세상을 재구성하며 세상에 대한 이해를 넓혀 나간다. 교사는 영아도 짧고 단편적 놀이를 반복적으로 하는 과정에서 배우고 성장한다는 것을 이해하며 놀이를 지원해야 한다.

둘째, 교사는 영유아가 흥미와 관심에 따라 놀이에 자유롭게 참여하고 즐기도록 해야 한다. 영유아가 주도하는 놀이는 성인의 간섭과 통제가 최소화되고, 영유아가 다양한 놀이 환경과 만날 때 활발하게 나타난다. 따라서 교사가 미리 준비한 놀이를 선택하게 하는 방식보다는 영유아가 자유롭게 놀이하며 즐기는 방식으로 보육계획을 바꾸어 갈 필요가 있다. 교사는 놀이상황과 맥락에 따라 새롭게 생성되는 영유아의 놀이를 존중하고 이해하면서 영유아가 필요로 하는 놀이자료, 놀이공간과 안전 등을 고려하여 놀이에 필요한 것을 지원해야 한다.

셋째, 교사는 일상생활 경험과 활동에도 영유아의 흥미와 관심을 반영하여 영유아가 즐겁게 경험하며 배우도록 지원한다. 예를 들어, 현재 영유아가 하는 놀이에 부합하면서 영유아의 흥미나 관심과 관련된 동화 듣기, 노래 부르기, 요리하기, 게임 등을 제안하여 놀이하는 방식으로 활동할 수도 있다. 특히 영유아의 건강과 안전을 위해 필수적으로 요구되는 일상생활 습관 지도나 안전교육을 계획하여 운영해야 한다. 영유아는 실제 생활 속 경험을 통해 의미 있게 배우므로 교사는 일과 중 적절한 개입을 통해 영유아를 지원할 수 있다(보건복지부, 2020).

넷째, 교사는 놀이시간과 놀이공간을 확장하여 계획하고 운영한다. 먼저 놀이시간은 긴 시간으로 편성하여 놀이의 흐름이 끊기지 않고 유아가 충분히 놀이하고 몰입할 수 있도록 한다. 교사는 바깥놀이를 포함하여 놀이시간을 2시간 이상 확보하되, 날씨와 계절, 기관의 상황, 유아의 관심사와 놀이 특성 등을 고려하여 융통성 있게 편성 · 운영한다(보건복지부, 2020). 다음으로 놀이공간은 보육실만 영유아의 놀이공간으로 인정하기보다 영유아가 좋아하는 바깥놀이터와 때로는 숲과 지역사회까지 확장하여 다양한 놀이가 이루어질 수 있도록 지원한다.

이처럼 교사는 영유아와 가장 가까이 있는 사람으로, 누구보다 영유아의 놀이를 잘 아는 전문가이다. 교사는 영유아의 놀이에 대한 의미를 이해하고 지원하며 유아와 함께 성장하고 배워 나간다. 교사는 활동을 계획하고 준비하는 데 많은 시간을 보내기보다는 영유아의 놀이를 이해하고 지원하는 데 더 많은 시간을 보낼 필요가 있다. 영유아의 놀이를 예측하여 계획하기 어렵기 때문에 교사는 유아의 놀이 흐름에 따라 가장 적합한 교육적 지원이 무엇인지를 상황에 따라 판단하고 실천해야 한다.

교사는 자율적인 계획수립의 의미를 계획안을 작성하지 않아도 된다거나 단순히 업무를 줄이는 방식으로 이해하지 않도록 유의해야 한다. 개정 누리과정은 계획안 수립에 있어서 기관과 교사의 자율성을 강조하였다. 따라서 각 어린이집은 표준보육과정과 개정 누리과정을 바탕으로 기관의 실정에 따라 적합한 계획을 수립하여 운영하여야 한다.

보육교사의 여러 업무 가운데 가장 중요한 역할 중의 하나는 보육프로그램을 계획하고 운영하는 것이다. 보육계획은 영유아에게 적합한 활동을 조직하는 데 도움이 되며 영유아의 발달을 돕는 활동이 무엇인지, 어떤 자료와 전략이 사용되어야 하는지를 알 수 있게 한다. 또한 선정된 보육주제와 이에 따른 소주제가 무엇인지, 목표는 무엇인지, 주제에 포함된 내용이 무엇인지, 그리고 언제, 어떤 방법으로 영유아에게 제시하고 지도할 것인지를 구체적으로 보여준다. 따라서 적절한 보육계획을 수립하는 것은 영유아와 교사에게 매우 중요하다. 영유아를 위한 보육계획은 발달적 적합성에 근거하여 수립하며 개별성을 고려하여 융통성 있게 운영해야 한다. 보육교사는 일반적으로 연간 계획을 수립하고, 이를 바탕으로 월간 또는 주간 보육계획을 수립한다. 그리고 이를 토대로 일일 보육계획을 구성한다. 그러나 개정 누리과정에서는 계획안을 자율적으로 작성하고, 사전 계획을 최소화하고 있어 보육계획을 편성 · 운영함에 있어 구체적으로 제시된 바는 없다. 그래서 교사는 기존에 활용하였던 연간, 월간, 주간, 일일 계획안을 기관 및 학급의 특성에 적합하게 변경하여 사용할 수 있다. 즉, 계획안의 종류, 형식, 분량 등을 자율적으로 조정하여 작성할 수 있다. 예를 들어 기관 수준에서 매년 작성하는 연간 계획 이외에 월간과 주간, 주간과 일일 계획을 통합하거나 기관과 담당 학급 특성에 따라 간단한 일지 등을 활용하여 계획안을 작성할 수 있다. 또한 기관에서 배부하는 계획안은 유아가 활동할 내용을 미리 계획하여 안내하는 방식에서 유아가 실제 놀이한 내용과 배움에 대한 기록을 공유하는 방식으로 변화할 수도 있다(교육부, 보건복지부, 2019a). 다음은 교육과정을 편성·운영하는 데 고려해야 할 공통적인 기준이다.

첫째, 표준보육과정과 누리과정을 바탕으로 각 기관의 실정에 적합한 계획을 수립하여 운영한다. 계획안에는 교사가 어린이집과 반 수준에서 영유아의 놀이를 지원하는 데 필요한 사항을 미리 생각하여 준비하는 과정이 포함된다. 계획안을 작성할 때는 영유아의 경험이 교육적 가치를 가지도록 놀이를 중심으로 기록하고, 교사의 지원방안을 기술할 필요가 있다.

둘째, 성, 신체적 특성, 장애, 종교, 가족 및 문화적 배경 등에 따른 차별이 없도록 편성하여 운영하고, 영유아의 발달과 장애 정도에 따라 조정하여 운영한다. 영유아의 놀이는 연령 및 발달적 특성에 따라 다양한 모습으로 나타나고, 같은 연령의 영유아라도 흥미, 관심, 경험, 발달, 가정의 문화 등 많은 부분에서 차이가 난다. 교사는 영유아가 자신에게 적합한 방식으로 놀이할 수 있도록 보육과정을 조정하여 운영한다.

셋째, 어린이집의 일과는 영유아가 주도하는 놀이를 중심으로 편성·운영하도록 한다. 영유아는 일과에서 놀이, 일상생활, 활동 등을 하면서 다양한 경험을 한다. 놀이는 바깥놀이를 포함하여 일과 중 가장 길게 우선적으로 편성하고, 손 씻기, 화장실 다녀오기, 간식, 점심, 낮잠, 휴식 등의 일상생활은 영유아의 신체적 리듬을 반영하여 편성한다. 활동은 영유아가 놀이를 통한 배움을 확장해 갈 수 있도록 돕는 교사의 지원으로 놀이와 연계하여 편성·운영한다. 교사는 정해진 순서대로 일과를 운영하기보다 영유아가 주도하는 놀이의 흐름에 따라 융통성 있게 일과를 운영한다.

여기서는 국가 수준의 보육과정인 표준보육과정과 누리과정에서 추구하는 보육 목적, 인간상, 보육목표 및 내용에 기초하여 2세 미만, 2세, 3~5세 연령에 따른 기본적인 보육계획안을 제시해 보고자 한다. 보육교사는 보육 과정이 추구하는 보육목적, 인간상, 보육목표 및 내용을 충분히 숙지한 후 보육계획안을 작성하되, 기관의 철학, 지역사회의 특성, 개인 수준의 다양성을 고려하여 자율적으로 수립할 수 있다. 연간계획은 학급 차원보다는 기관 차원에서 수립하는 것이 일반적이며 일 년간의 중요한 경험을 미리 염두에 두고 계획한다. 또한, 영유아에게서 발현되는 놀이 주제가 즉각적으로 반영될 수 있도록 여지를 남기고 연간계획을 작성한다. 표준보육과정과 누리과정은 영유아와 교사가 함께 '만들어 가는 교육과정'이기에 연간계획이 수립되었다 하더라도 영유아의 놀이에 따라 바뀔 수 있다(교육부, 보건복지부, 2019b).

### 1) 연령별 연간 주제

연간 보육계획안 작성 시 고려점은 다음과 같다.

첫째, 표준보육과정과 누리과정의 목표와 내용을 반영한다. 국가수준의 표준보육과정과 누리과정은 연령별로 구분된 목표와 내용의 윤곽이 제시되어 있다. 즉, 2세 미만, 2세, 3~5세로 연령별 구분이 되어 있다. 각 연령 내에서 6개 영역(기본생활, 의사소통, 자연탐구, 예술경험, 신체운동, 기본생활)으로 경험할 목표와 내용을 묶고 있다.

둘째, 국가수준의 보육목표와 내용을 기초로 각 어린이집이 지향하는 철학이나 목적, 그 어린이집이 속한 지역사회의 문화나 특성을 고려하여 각 반의 보육연령과 영유아의 흥미와 요구를 반영하여 학급별로 작성하는 것이 바람직하다.

셋째, 연간보육계획 시 계절, 견학 일정, 국가의 휴일, 원의 행사(부모교육 행사, 지역사회 교류 행사) 등을 고려한다.

#### (1) 영아대상 연간보육주제

영아대상 연간 주제는 영아의 발달 특성과 흥미에 기초하며, 표준보육과정의 전 영역이 포함될 수 있도록 한다. 동일 연령 내에서, 또한 연령이 증가할수록 영아에게 가장 친숙하고 구체적이며, 자주 경험하는 것에서부터 점차 멀어진 환경에 대한 주제가 포함되도록 한다(여성가족부, 2007).

#### (2) 유아대상 연간보육주제

유아대상 연간 주제는 영아와 마찬가지로 유아의 발달 특성과 흥미에 기초하며, 표준보육과정과 누리과정의 전 영역이 포함될 수 있도록 한다. 계절의 변화나 유아들이 관심을 가지는 주제는 다른 연령과 동일하게 선정하되 생활 주제에 포함되는 개념과 목표 및 활동의 선정에 있어 수준의 차이를 두었다. 학기 초에는 가정이나 일상생활에서 경험한 친숙한 활동 및 교사의 도움을 덜 필요로 하는 내용으로 시작하여 점차 새로운 경험이 더해지도록 하였다(여성가족부, 2007).

### 2) 연령별 월간 보육계획안의 활동 구성

월간 보육계획안의 활동 구성은 영유아의 연령이 증가함에 따라 좀 더 세분화하여 구성하였다. 영아대상 월간 보육계획안의 활동은 공통적으로 등원 및 맞이하기, 일상생활, 놀이활동, 귀가 및 가정과의 연계로 구성되었다. 1세와 2세 월간 보육계획안에는 이상의 활동 외에 기본생활습관이 추가되고, 1세에는 나들이, 2세에는 전이 활동이 추가되었다. 영아 보육 프로그램의 중심인 일상생활 활동은 영아의 발달에 따라 용어가 다소 달라진다. 0세의 수유 및 이유식은 1세와 2세에서 식사 및 간식이 되고, 0세의 기저귀 갈기는 1세에서 대소변 가리기가 된다. 또한 놀이활동의 영역은 연령이 증가함에 따라 세분화된다. 0세의 의사소통 · 사회관계가 1세에서는 언어와 역할 · 쌓기가 되고 2세에서는 역할과 쌓기가 분리된다. 0세의 탐색 · 표현은 1세에서 감각 · 탐색과 창의적 표현으로 2세에서 탐색 · 조작과 창의적 표현으로 분리된다. 0세와 다르게 1세와 2세에서는 실외활동이 놀이활동의 한 영역으로 추가되었다.

유아대상 월간 보육계획안의 활동은 공통적으로 자유선택활동, 대소집단 활동, 기본생활습관으로 구성하였다. 자유선택활동은 2세 놀이 활동을 좀 더 세분화하여 3세, 4세, 5세 모두 동일하게 쌓기, 역할, 미술, 언어, 수 · 조작, 과학, 음률, 실외활동으로 구성하였다. 대소집단 활동은 3세가 이야기 나누기, 문학, 음악, 신체로 구성하였고, 4세, 5세에 수 · 과학과 미술이 추가되었다.

표 9-1 2세 미만 연 · 월간 보육계획안 예시

| 월 | 활동 주제 | 활동 목표 | 행사 |
|---|---|---|---|
| 3월 | 만나서 반가워요 | 엄마와 떨어져 새로운 환경에 친밀감을 갖고 따뜻하고 포근한 어린이집 생활이 될 수 있도록 적응한다. | 입학 축하잔치<br>부모 오리엔테이션<br>신체검사 |
| 4월 | 나를 나타내요 | 선생님에게 울음과 웃음, 눈짓 등을 나타내 보며 나의 감정을 선생님과 나눈다. | 대청소<br>식목의 날 |
| 5월 | 교실에 무엇이 있을까요 | 교실의 여러 놀잇감에 관심을 가지고 놀잇감에 가깝게 다가가 다양하게 탐색해 본다. | |
| 6월 | 놀잇감 활동하기 | 여러 가지 다양한 놀잇감을 경험해 보고 놀잇감 사용에 대한 감각 기능을 기른다.<br>(신체–장난감–악기) | |
| 7월 | 내 몸을 움직여 보아요 | 나의 몸에 관심을 가지고 스스로 몸을 조절하여 자유롭게 움직인다. | |
| 8월 | 내 몸을 움직여 보아요 | 몸을 다양하게 움직여 보며 대 · 소근육을 원활하게 움직인다. | |
| 9월 | 친구들이 있어요 | 또래 영아 곁에서 놀이하면서 친구에 대해 관심을 갖고 친근감을 표현한다. | 부모상담<br>민속 가족 잔치 |
| 10월 | 따라 해 보아요 | 선생님의 표정과 동작을 모방하고 감정을 얼굴로 표현한다. | 아버지 참여수업<br>견학 |
| 11월 | 주변 탐색하기 | 주변의 사물을 이용하여 놀이하고 다양하게 탐색한다. | 대청소<br>돌잔치 |
| 12월 | 추워졌어요 | 날씨의 변화를 느끼며 주변 환경의 변화를 경험한다. | 눈꽃축제<br>산타잔치 |
| 1월 | 내가 자랐어요 | 내 몸이 자란 것을 보고 몸의 각 부분을 가리켜 본다. | |
| 2월 | 새롭게 만나요 | 새로운 반의 환경을 둘러보고 친밀감을 가진다. | 부모상담<br>수료식 |

♧ 이 시기의 영아는 월령에 따라 발달수준이 매우 차이가 나므로 연간계획보다는 월령에 맞는 활동을 미리 몇 주 분량을 준비해 두고 영아의 관심에 따라 적절히 운영하는 것이 바람직합니다. 특히 연간 보육계획안은 기관의 전체적인 교육일정에 따라 진행하고 실제적인 보육활동은 각 영아에 따라 수립하고 운영하는 것이 좋겠지요.

♧ 주제를 선정할 경우 동일 연령 내에서, 또한 연령이 증가할수록 영아들에게 가장 친숙하고 구체적이며, 자주 경험하는 것에서부터 점차 멀어진 환경에 대한 주제가 포함되도록 하는 것이 중요하겠지요.

표 9-2 2세 영아를 위한 연 · 월간 보육계획안 예시

| 월 | 주제 | 소주제 | 비고 |
|---|---|---|---|
| 3월 | 어린이집에 왔어요 | 엄마와 함께 왔어요<br>엄마와 잘 헤어져요<br>선생님과 친해져요<br>우리 반은 편안해요 | 신입원아<br>적응<br>프로그램 |
| 4월 | 재미있는 놀잇감 | 무엇이 있을까요?<br>어디에 있을까요?<br>어떻게 가지고 놀아요?<br>조심해서 놀아요 | 상반기<br>신체측정 |
| 5월 | 나 | 나는 이름이 있어요<br>내 얼굴은 예뻐요<br>내 몸은 튼튼해요<br>내 소리 좀 들어 보세요 | 어린이날<br>가족행사 |
| 6월 | 가족 | 엄마, 아빠가 좋아요<br>엄마, 아빠를 흉내 내요(1)<br>엄마, 아빠를 흉내 내요(2)<br>할아버지, 할머니가 계세요. | 상반기<br>부모상담 및 배변훈련 |
| 7월 | 물놀이 | 더워요<br>물이 궁금해요<br>물놀이가 재미있어요(Ⅰ)<br>물놀이가 재미있어요(Ⅱ) | 물놀이 안전교육 |
| 8월 | 궁금해요 | 과일<br>풀, 꽃, 나무<br>동물<br>음식 | 부모교육 |
| 9월 | 탈것 | 자동차 놀이(1)<br>자동차 놀이(2)<br>여러 가지 탈것<br>○○가 되었어요 | 하반기<br>신체측정 |
| 10월 | 우리 동네 | 바깥 놀이터에서 놀아요<br>산책을 해요<br>구경을 가요<br>소풍을 가요 | 가을 소풍 |
| 11월 | 그림책 | 마음대로 그려 봐요<br>사진 찍기 놀이해요<br>그림책으로 놀아요<br>그림책을 만들어 보아요 | 건강검진 |
| 12월 | 추워요 | 추워요<br>따뜻하게 입어요<br>눈이 내려요<br>크리스마스 선물 | 성탄 및 연말 행사 |
| 1월 | 친구 | 짝을 찾아보아요<br>열어 보아요<br>누구세요?<br>친구와 놀아요 | 부모교육 |
| 2월 | 형, 언니가 되었어요 | 많이 자랐어요<br>혼자서도 잘해요<br>도와줄 수 있어요<br>형, 언니반이 되었어요 | 하반기 학부모상담 |

**표 9-3** 3~5세 유아를 위한 연 · 월간 보육계획안 예시

| 월 | 주제 | 소주제 | 비고 |
|---|---|---|---|
| 3월 | 새로운 만남 | 우리 반 친구들<br>우리 반 교실<br>어린이집 약속<br>신나는 어린이집 생활 | 신입원아<br>적응<br>프로그램 |
| 4월 | 봄과 곤충 | 봄의 날씨<br>봄의 생활 모습<br>봄의 동물<br>봄의 식물 | 상반기<br>신체측정<br>봄 소풍 |
| 5월 | 가족과 이웃 | 우리 가족<br>서로 사랑하는 가족<br>좋아하는 동물의 특성<br>동물을 사랑하는 마음 | 어린이날<br>가족행사<br>구강검사 |
| 6월 | 음식 | 좋아하는 음식<br>음식을 만드는 방법<br>특별한 음식을 만드는 곳<br>우리가 만든 음식 | 상반기<br>빵 만드는 곳 방문<br>부모상담 및 배변훈련 |
| 7월 | 바다 | 바다에 사는 생물<br>바다에 들어가 봐요<br>날씨 이야기<br>비가 와요 | 물놀이 안전교육 |
| 8월 | 여름<br>물놀이 | 여름의 날씨<br>몸을 깨끗이 하는 방법<br>안전하게 물놀이를 해요<br>건강한 여름 보내기 | 배추, 무 심기<br>부모교육 |
| 9월 | 우리나라 | 우리나라 놀이<br>우리나라 음식<br>우리나라 옷<br>추석 | 하반기<br>신체측정 |
| 10월 | 가을<br>운동회 | 가을의 날씨<br>가을 식물<br>가을 동물<br>운동회 | 가을 운동회 |
| 11월 | 세계 여러 나라 | 세계 여러 나라의 집<br>세계 여러 나라의 옷<br>세계 여러 나라의 음식<br>세계 여러 나라 친구 | 건강검진 |
| 12월 | 겨울<br>크리스마스 | 겨울의 날씨<br>겨울 준비<br>즐거운 크리스마스<br>안전한 겨울나기 | 성탄 및 연말 행사<br>소방서 체험 |
| 1월 | 새해<br>색과 모양 | 새해의 띠<br>새해의 소망<br>여러 종류의 색<br>여러 종류의 모양 | 부모교육<br>하반기 학부모상담 |
| 2월 | 새로운 시작 | 즐거웠던 어린이집 생활<br>한 살을 더 먹었어요.<br>종업식 | 졸업 및 수료식 |

### 3) 주간보육계획안 구성

연간 및 월간보육계획안에 근거하여 주간보육계획안을 구성하게 된다. 주간보육계획안은 생활주제에 근거하여 주제별로 주간의 영유아의 생활과 보육 일상에 맞추어 구성해야 한다. 일반적으로 대·소집단활동의 종류에 따라서 자유선택활동의 흥미 영역에 따라 한 주간의 계획으로 구성하게 된다. 이러한 주간계획의 연령별 사례는 다음과 같다.

**표 9-4** 2세 미만 주간 보육계획안 예시

### ○○반 4월 3주 주간 보육계획안

교사: ○○○, ○○○

<table>
<tr><td colspan="2">생활주제</td><td colspan="6">재미있는 놀잇감을 만지고 들어 보아요</td></tr>
<tr><td colspan="2">목표</td><td colspan="6">교실의 여러 놀잇감에 흥미와 관심을 가지고 적극적으로 탐색한다.</td></tr>
<tr><td colspan="2"></td><td>월(15일)</td><td>화(16일)</td><td>수(17일)</td><td>목(18일)</td><td>금(19일)</td><td>토(20일)</td></tr>
<tr><td rowspan="4">실내자유놀이</td><td>대소근육 운동<br>(신체운동영역)</td><td colspan="6">• 공 만지고 굴러가는 공 보기(소근육 조절하기)<br>• 고리 끼우기(물체 끼우기 등 눈과 손의 협응력 기르기)</td></tr>
<tr><td>언어활동<br>(의사소통영역)</td><td colspan="6">• 소리 나는 장난감 눌러 소리 듣기(소리 구분하여 듣기)<br>• 놀잇감 소개하는 감각책 보기(그림책에 흥미 갖기)</td></tr>
<tr><td>탐색활동<br>(자연탐구영역)</td><td colspan="6">• 촉감매트놀이(감각기관으로 탐색하기)<br>• 장난감 찾기(주변의 사물 지각하기)</td></tr>
<tr><td>사회정서활동<br>(사회관계/예술<br>경험영역)</td><td colspan="6">• 음악 등에 맞춰 딸랑이 흔들기(소리에 호기심 갖기)<br>• 간질간질 소리 내어 웃기(정서 느끼고 표현하기)<br>• 베이비 마사지(애착 형성하기)</td></tr>
<tr><td colspan="2">실외놀이</td><td colspan="6">유모차를 타고 산책을 나가기(주변 환경 탐색하기)</td></tr>
<tr><td rowspan="3">일상생활</td><td>수유 및 이유식</td><td colspan="6">• 선생님 품에 안겨 기분 좋게 우유 (또는 이유식) 먹기<br>• 숟가락, 포크 사용하여 음식 먹기</td></tr>
<tr><td>낮잠 및 휴식</td><td colspan="6">• 부드럽게 쓰다듬어 주는 선생님 곁에서 편안하게 잠들기<br>• 자신의 베개와 이불 찾아 누워보기</td></tr>
<tr><td>기저귀 갈기</td><td colspan="6">기저귀 갈 때 선생님과 눈 마주치기</td></tr>
<tr><td colspan="2">귀가 및 가정과의 연계</td><td colspan="6">영아의 하루 일과 및 적응 상황을 부모님과 이야기해요</td></tr>
</table>

♧ 주간 보육계획은 월간 보육계획을 토대로 한 주 동안 진행할 놀이와 일상생활의 계획을 보다 자세하게 제시해 주는 거랍니다. 그러나 0세의 발달 특성상 몇 가지 활동을 계획하여 같은 활동을 여러 번 반복하기 때문에, 주간 보육계획안을 따로 계획하지 않고 월간 보육계획안에 근거해 개별 영아와 교사가 놀이를 반복적으로 즐기는 것이 보다 적합하겠지요.

♧ 보육활동을 대 · 소근육 활동, 언어활동, 탐색활동, 사회정서 활동 등의 활동영역별로 구분하여 그와 관련된 활동 및 자료를 계획할 수 있으며, 개별 영아를 위한 계획안을 작성할 수도 있어요. 예를 들면, 각 영아의 이름과 월령을 쓰고 각 영역별로 개별적인 영아의 발달 정도나 흥미를 고려하여 적절한 보육활동을 계획할 수도 있답니다.

표 9-5 2세 주간 보육계획안 예시

## ◌◌반 8월 4주 주간 보육계획안

교사: ◌◌◌, ◌◌◌

<table>
<tr><td colspan="2">주제</td><td colspan="6">맛있는 과일</td></tr>
<tr><td colspan="2">전개시간</td><td colspan="6">2009년 8월 25일~8월 30일</td></tr>
<tr><td colspan="2">목표</td><td colspan="6">여러 가지 과일들의 종류와 맛에 관심을 가지고, 관련된 다양한 활동을 경험해 본다.</td></tr>
<tr><td colspan="2">요일<br>활동내용</td><td>월(25일)</td><td>화(26일)</td><td>수(27일)</td><td>목(28일)</td><td>금(29일)</td><td>토(30일)</td></tr>
<tr><td rowspan="4">실내자유놀이활동</td><td>그리기<br>만들기</td><td colspan="6">• 손가락 도장 찍어 포도 그림 그리기<br>• 컬러점토로 여러 가지 과일 만들어 보기</td></tr>
<tr><td>쌓기 · 역할</td><td colspan="6">• 블록을 이용하여 과일 가게 만들기<br>• 과일 장수 되어 보기</td></tr>
<tr><td>탐색</td><td colspan="6">• 여러 가지 과일 도장 찍기<br>• 과일 반으로 잘라 속 관찰해 보기</td></tr>
<tr><td>언어</td><td colspan="6">• 여러 가지 과일 카드 보며 이름 말해 보기<br>• 과일 모양 종이 위에 긁적거리기</td></tr>
<tr><td rowspan="4">대·소집단활동</td><td>이야기 나누기</td><td colspan="6">다양한 과일을 소개해요</td></tr>
<tr><td>동화 · 동시</td><td colspan="6">동화–사과가 쿵, 동시–과일이 최고</td></tr>
<tr><td>신체활동 · 게임</td><td colspan="6">게임–과일 따고 돌아오기</td></tr>
<tr><td>음악활동</td><td colspan="6">새 노래: 사과 같은 내 얼굴</td></tr>
<tr><td colspan="2">실외자유선택활동</td><td colspan="6">느리고 빠르게 달려 보기</td></tr>
<tr><td colspan="2">점심 및 낮잠</td><td colspan="6">• 음식 꼭꼭 씹어서 먹기<br>• 배 위에 이불 덮고 자기</td></tr>
<tr><td colspan="2">기본생활습관</td><td colspan="6">• 식사 후 주변을 스스로 정리해 보기</td></tr>
<tr><td colspan="2">이 주의 행사</td><td colspan="6">• 17일: 소방대피훈련</td></tr>
<tr><td colspan="2">귀가 및<br>가정과의 연계</td><td colspan="6">영아의 하루 일과 적응상황에 대하여 부모에게 전달하기<br>놀이 후 부모님과 함께 손, 발, 얼굴을 깨끗이 씻어 보기</td></tr>
</table>

**표 9-6** 3세~5세 주간 보육계획안 예시

## ○○반 7월 1주 주간 보육계획안

교사: ○○○, ○○○

<table>
<tr><td colspan="2">주제</td><td colspan="6">바다에 살고 있는 생물들</td></tr>
<tr><td colspan="2">기간</td><td colspan="6">6월 15일~6월 20일</td></tr>
<tr><td colspan="2">목 표</td><td colspan="6">• 바다에 살고 있는 생물들에 대해 알아본다.<br>• 바다에 살고 있는 생물에 대한 생각과 느낌을 다양한 방법으로 표현한다.</td></tr>
<tr><td colspan="2">요일 / 내용</td><td>월(15일)</td><td>화(16일)</td><td>수(17일)</td><td>목(18일)</td><td>금(19일)</td><td>토(20일)</td></tr>
<tr><td rowspan="7">실내자유선택활동</td><td>역할영역</td><td colspan="6">• 바다 생물 되어보기</td></tr>
<tr><td>쌓기영역</td><td colspan="6">• 바닷게 만들어 보기</td></tr>
<tr><td>언어영역</td><td colspan="6">책 – 바닷속 신비의 세계, 똑같은 그림 찾기</td></tr>
<tr><td>미술영역</td><td colspan="6">바다 생물 그림 그려보기</td></tr>
<tr><td>음률영역</td><td colspan="6">소리 듣고 따라 해 보기 / 〈새 노래 〉파도는 음악가</td></tr>
<tr><td>수 · 조작영역</td><td colspan="6">바다 생물 퍼즐 /<br>넓고 깊은 바다 만들어 보기</td></tr>
<tr><td>과학영역</td><td colspan="6">바다 생물 기르기</td></tr>
<tr><td rowspan="3">대·소집단활동</td><td>이야기 나누기</td><td colspan="6">주말 지낸 이야기 / 바다에서 살고 있는 생물의 종류와 생김새</td></tr>
<tr><td>동화/ 동시/동극</td><td colspan="6">동화–이쁜이 꽃게, 물고기의 눈물</td></tr>
<tr><td>게임/ 신체표현 / 율동</td><td colspan="6">신체표현–고래 아가씨 / 율동–파도 치기</td></tr>
<tr><td colspan="2">점심 및 낮잠</td><td colspan="6">꼭꼭 씹어 골고루 먹어요. / 베개를 정리해요.</td></tr>
<tr><td colspan="2">다도</td><td colspan="6">차를 마시면서 휴식을 취해요.</td></tr>
<tr><td colspan="2">몸짓놀이</td><td colspan="6">도인법에 기초한 몸짓놀이</td></tr>
<tr><td colspan="2">실외활동</td><td colspan="6">물길 만들기</td></tr>
<tr><td colspan="2">텃밭활동 / 산책</td><td colspan="6">텃밭활동–잡초 뽑기<br>산책–논으로 논 생물 만나러 가요~</td></tr>
<tr><td colspan="2">기본생활습관</td><td colspan="6">음식을 먹고 난 자리는 깨끗이 정리하기</td></tr>
</table>

개정 누리과정은 놀이중심으로 접근을 하고, 영유아의 놀이는 예측하기 어려워, 사전에 계획안을 작성하기도 하지만 주간보육일지로 계획안을 대체할 수도 있다. 주간보육일지 작성 시 보육사업안내에서 제시하고 있는 주간보육일지처럼 일과 시간에 맞추어 기술할 수도 있고, 표준보육과정에서 제시하고 있는 일상생활, 놀이, 활동을 중심으로 기술할 수도 있다. 다음은 일과를 일상생활, 놀이, 활동으로 구분한 주간보육일지 양식의 예시이다.

**표 9-7** 주간보육일지 양식의 예시

<table>
<tr><th colspan="3">주 간 보 육 일 지 (　　세)</th><th rowspan="2">결재</th><th>담임</th><th>원장</th></tr>
<tr><td colspan="2">기　간</td><td>년　월　일 ~ 월　일</td><td></td><td></td></tr>
<tr><td colspan="2">통합보육</td><td>등원( 7:30 ~ 9:00 )</td><td colspan="3">하원( 16:00 ~ 17:00 )</td></tr>
<tr><td colspan="2">일과(시간)</td><td colspan="4">계획 및 실행</td></tr>
<tr><td rowspan="3">일상생활</td><td>간식<br>(9:00~9:20)<br>(15:40~16:00)</td><td colspan="4"></td></tr>
<tr><td>점심식사<br>(12:20~13:20)</td><td colspan="4"></td></tr>
<tr><td>낮잠 및 휴식<br>(13:20~14:40)</td><td colspan="4"></td></tr>
<tr><td rowspan="2">놀이</td><td>실내놀이<br>(9:20~10:40)<br>(14:40~15:40)</td><td colspan="4">▶ 놀이상황<br>– 놀이터에서 진행한 나무껍질을 교실에서도 계속하기 희망함.<br>– 미술영역 등에서 다양한 재질의 종이를 찾더니 딱딱한 종이를 찾아 딱지 접기를 함<br>▶ 놀이지원<br>– 유아들이 딱지에 관심이 높아 기존 재료 외에 부족한 두꺼운 재질의 종이, 잡지 등을 추가로 제시함. 또한, 유아들이 이야기하는 딱지 크기에 맞추어 종이를 잘라서 딱지 접기를 지원함.</td></tr>
<tr><td>바깥놀이(대체)<br>(11:00~12:20)</td><td colspan="4">▶ 놀이상황<br>놀이터에서 유아들이 나무 밑에 떨어진 나무껍질을 수집하여 딱딱한 성질을 발견하더니 한 유아가 "이거 딱지 같아"라고 이야기함. 유아들이 나무껍질을 모아 딱지놀이를 시작함.</td></tr>
<tr><td colspan="2">활동<br>(10:40~11:00)</td><td colspan="4">▶ 교통안전교육<br>'신호등을 보고 건너요'라는 주제로 안전교육이 이루어지면서 길을 건너는 상황에 따라 안전하게 신호등을 보고 건너는 방법을 알아볼 수 있었음. 가정 연계로 유아들이 부모와 신호등을 보고 길을 건너 볼 수 있도록 안전교육 내용을 안내해야겠음.</td></tr>
<tr><td colspan="2">날 짜</td><td colspan="2">놀이 평가 및 다음날 지원 계획</td><td colspan="2">반 운영 특이사항</td></tr>
<tr><td colspan="2">0일(월)</td><td colspan="2">유아들이 다양한 재질을 활용할 수 있도록 재료를 추가로 제공할 필요가 있음. 딱지놀이 시 다른 놀이를 하는 유아들의 놀이공간이 확보될 수 있도록 실외 또는 유희실 등의 다양한 공간을 활용해야겠음</td><td colspan="2">부모개별면담</td></tr>
<tr><td colspan="2">0일(화)</td><td colspan="2">미세먼지로 인해 실외에서 진행하고자 했던 딱지놀이를 유희실에서 진행하였음. 그에 따라 실외놀이 대체활동 시간을 1시간으로 조정하였고, 유아들의 요구에 따라 오전 실내놀이를 20분 확대하여 진행하였음</td><td colspan="2">미세먼지 발생으로 유희실에서 대체놀이를 함</td></tr>
<tr><td colspan="2">0일(수)</td><td colspan="2">어제 진행하지 못한 실외 딱지놀이를 충분히 해볼 수 있도록 실외놀이를 1시간 30분으로 확대하여 진행하였음</td><td colspan="2"></td></tr>
<tr><td colspan="2">0일(목)</td><td colspan="2"></td><td colspan="2"></td></tr>
<tr><td colspan="2">0일(금)</td><td colspan="2"></td><td colspan="2"></td></tr>
<tr><td colspan="2">다음 주 예상 놀이 및 지원계획</td><td colspan="4">바깥놀이를 하면서 발견한 딱지놀이에 대한 유아들의 흥미가 지속되어 실내놀이에도 딱지놀이가 활발하게 진행되었으므로 충분한 놀이공간을 확보하기 위해 유희실을 활용하거나 영역을 통합하여 놀이공간을 마련해 주어야겠음.</td></tr>
</table>

출처: 보건복지부, 중앙육아지원센터(2020). 「2019 개정 누리과정」 보육일지 개선방향 및 일지 양식 예시.

### 4) 일일 보육계획안 작성

표준보육과정과 개정 누리과정에서는 영유아가 주도하는 놀이를 강조하고 있다. 영유아가 주도하는 놀이는 미리 계획하여 운영하기 어렵기 때문에 일일 보유계획안을 사전에 수립하기보다는 영유아가 놀이하며 경험한 내용을 중심으로 계획안을 기술할 수 있다. 즉, 일일 보육계획안을 작성하기보다는 일일 보육일지를 구체적으로 작성하여 보육계획안을 대체하는 것이다. 기존에 계획안을 자유선택활동, 대·소집단활동, 바깥놀이 등을 포함하는 정해진 형식에 맞추어 기술해 왔다면 개정 누리과정에서의 계획안은 유아가 실제 놀이한 내용 및 놀이를 지원하는 내용을 포함하되 자율적인 형식으로 바꾸어 볼 수 있다. 이것은 유아가 실제 경험한 놀이 내용과 그에 따른 교사의 놀이 지원계획을 기술하는 형식으로, 기존의 방식에 비해 사전 계획을 최소화하여 계획을 수립한다는 특징이 있다. 또한, 이러한 기록은 영유아의 놀이 지원을 위한 교사의 자율적 판단의 근거가 되고, 영유아가 놀이하며 배우는 과정을 이해하는 자료가 된다(보건복지부, 2020). 개정 누리과정에서 보육일지 기록의 목적은 첫째, 보육교사가 담당한 반에서 '영유아가 중심이 되고 놀이가 살아나는 누리과정'을 운영하고 관리하기 위함이다. 둘째, '유아―놀이중심의 누리과정'이 일과와 놀이 중에서 어떻게 이루어졌는지를 되돌아보고, 더 나은 방향으로 개선해 가는 과정의 기록이다. 셋째, 영유아 놀이를 관찰·기록함으로써 유아의 특성과 변화를 이해하며 누리과정이 적절하게 운영되고 있는지를 평가하는 데 목적이 있다.

보육일지에 포함되어야 할 내용 요소는 첫째, '놀이와 일상생활, 활동'으로 구성된 일과를 기록하되, 바깥놀이를 포함한 영유아의 자유놀이 진행에서 중심이 되는 내용을 기록한다. 둘째, 영유아의 자연스러운 놀이상황을 관찰하고, 이를 통해 교사가 지원하고자 하는 내용을 간략히 기록한다. 셋째, 놀이 중 작성한 메모나 유아의 놀이사진, 놀이 결과물 등을 활용하여 기록할 수 있다. 넷째, 반 운영의 특이사항(부모면담, 부모요구사항, 감염병 발병 상황, 안전사고 등)이 있는 경우 이에 대해 간략히 작성한다. 다섯째, 주간보육계획 또는 일일보육계획을 포함하여 작성할 수 있다(보건복지부, 중앙육아종합지원센터, 2020). 다음은 이상의 내용 요소를 포함하여 작성된 일일보육일지의 예시이다.

**표 9-8** 일과를 일상생활, 놀이, 활동으로 구분한 보육일지 사례 예시

<table>
<tr><td colspan="3">일 일 보 육 일 지 (만 세)</td><td rowspan="2">결재</td><td>담임</td><td>원장</td></tr>
<tr><td colspan="2">날 짜</td><td>년 월 일( ) 날씨:</td><td></td><td></td></tr>
<tr><td colspan="2">통합보육</td><td>등원( 7:30 ~ 9:00 )</td><td colspan="3">하원( 16:00 ~ 17:00 )</td></tr>
<tr><td colspan="2">일과(시간)</td><td colspan="4">계획 및 실행</td></tr>
<tr><td rowspan="3">일상생활</td><td>간식<br>(9:00~9:20)<br>(15:40~16:00)</td><td colspan="4"></td></tr>
<tr><td>점심식사<br>(12:20~13:20)</td><td colspan="4"></td></tr>
<tr><td>낮잠 및 휴식<br>(13:20~14:40)</td><td colspan="4"></td></tr>
<tr><td rowspan="2">놀이</td><td>실내놀이<br>(9:20~10:40)<br>(14:40~15:40)</td><td colspan="4">▶ 놀이상황<br>– 놀이터에서 진행한 나무껍질을 교실에서도 계속하기 희망함.<br>– 미술영역 등에서 다양한 재질의 종이를 찾더니 딱딱한 종이를 찾아 딱지 접기를 함<br>▶ 놀이지원<br>– 유아들이 딱지에 관심이 높아 기존 재료 외에 부족한 두꺼운 재질의 종이, 잡지 등을 추가로 제시함. 또한, 유아들이 이야기하는 딱지 크기에 맞추어 종이를 잘라서 딱지 접기를 지원함.</td></tr>
<tr><td>바깥놀이(대체)<br>(11:00~12:20)</td><td colspan="4">▶ 놀이상황<br>놀이터에서 유아들이 나무 밑에 떨어진 나무껍질을 수집하여 딱딱한 성질을 발견하더니 한 유아가 “이거 딱지 같아”라고 이야기함. 유아들이 나무껍질을 모아 딱지놀이를 시작함.</td></tr>
<tr><td colspan="2">활동<br>(10:40~11:00)</td><td colspan="4">▶ 교통안전교육<br>‘신호등을 보고 건너요’라는 주제로 안전교육이 이루어지면서 길을 건너는 상황에 따라 안전하게 신호등을 보고 건너는 방법을 알아볼 수 있었음. 가정연계로 유아들이 부모와 신호등을 보고 길을 건너 볼 수 있도록 안전교육 내용을 안내해야겠음.</td></tr>
<tr><td colspan="2">놀이 평가 및 다음날 지원 계획</td><td colspan="4">딱지놀이가 지속적으로 진행되면서 유아들이 자신이 만든 딱지를 어디에 보관해야 할지 고민하는 모습을 볼 수 있었음. 내일은 유아들이 딱지 가방이나 보관함을 만들어 볼 수 있도록 종이상자, 리본끈 등의 조형재료를 추가로 제공해 주어야겠음.</td></tr>
<tr><td colspan="2">반 운영 특이사항</td><td colspan="4">부모 개별면담</td></tr>
</table>

출처: 보건복지부, 중앙육아지원센터(2020). 「2019 개정 누리과정」보육일지 개선방향 및 일지 양식 예시.

## 2. 보육활동

보육활동은 영유아가 어린이집에 등원하여 귀가할 때까지 이루어지는 일과활동을 말한다. 영유아는 등원, 자유선택활동, 정리정돈, 대 · 소집단활동, 간식 및 점심, 낮잠, 일상생활 등의 다양한 활동을 경험하게 된다. 여기서는 어린이집에서 경험하는 주요 활동인 대 · 소집단활동, 자유선택활동, 바깥놀이를 중심으로 살펴보고자 한다.

### 1) 대 · 소집단 보육활동

#### (1) 이야기 나누기(동시, 동화) 활동

이야기 나누기는 교사와 영유아가 특정한 주제를 가지고 서로 정보를 교환하거나 생각을 들어보면서 의사결정을 하는 과정이다. 이때 대소집단의 형태로 구성하여 원이나 반원 형태 등으로 앉아서 진행할 수 있다. 일반적으로 생활주제와 관련된 것이나 일상생활에 관련된 부분을 함께 나누는 과정으로 진행될 수 있다.

이야기 나누기 시간은 수용적 분위기 속에서 다른 사람의 관점을 긍정적으로 수용하면서 자신의 주장을 표현하는 발표의 기회를 가질 수 있도록 하여야 한다. 따라서 교사는 실물, 그림자료, 영상자료 등의 적절한 관련 자료를 준비하되 영유아가 자발적 참여가 이루어지도록 구성되어야 한다.

#### (2) 동화, 동시, 동극 활동

영유아가 동화, 동시, 동극의 활동을 하는 것은 발달적 특성에 있어서 역할놀이나 가상놀이를 즐기는 관점과도 상통한다. 영유아는 동화, 동시, 동극 등을 통해 자신의 감정을 표현하고 나아가 억제된 욕구나 소망을 표출할 수도 있게 된다. 또한 이러한 경험은 문학적 활동으로 연계되어 나타날 수 있다.

동화는 영유아의 발달 특성에 맞는 간단하면서도 대화체가 풍부한 내용을 선정하여 반복과 운율을 통한 적극적 표현이 가능할 수 있도록 하는 것이 좋다. 동화에는 그림동화, 융판동화, 막대동화, TV동화, 테이블동화, 앞치마동화 등 다양한 접근이 가능하다.

동시는 리듬과 운율이 있는 생활에 적합한 동시를 듣고, 회상하며, 이야기를 나눌 수 있는 매개체 역할을 할 수 있다. 특히 동시는 특정 내용을 바꾸어 보거나 새롭게 창작하는 경험도 가질 수 있다.

동극은 동화의 내용을 극으로 표현하는 활동으로 나오는 등장인물의 가작화, 상황의 가작화, 사물의 가작화를 통해 동화의 내용을 극화하여 표현할 수 있다.

### (3) 음률활동과 신체활동

영유아들은 노래 부르기, 음악 감상하기, 소리 탐색과 악기 연주하기 등의 다양한 접근을 포함하는 음률활동을 통해 자유로운 표현을 할 수 있을 뿐 아니라 몸을 움직이는 활동인 신체활동을 통해서도 표현할 수 있다. 음률활동은 다양한 리듬악기(탬버린, 캐스터네츠, 트라이앵글, 마라카스, 리듬막대 등)나 멜로디 악기(실로폰, 멜로디언, 피아노 등)를 다루어 보고 직접 만들 수도 있다.

특히 노래 부르기는 생활주제를 고려하여 유아의 발달과 흥미를 고려한 노래를 선정해야 한다. 그리고 정확하게 따라 부르기의 방법보다 노래의 전체적 느낌을 감상할 수 있는 통합적으로 접근하는 것이 필요하다.

신체활동은 기본운동활동과 창의적 신체표현을 포함하여 자유로운 신체표현으로 건강한 몸과 정신을 증진시키는 데 중요한 활동이라고 볼 수 있다.

### (4) 게임활동

게임은 여러 가지 접근으로 영유아들의 활동으로 활용될 수 있다. 게임은 편게임이나 원게임이 있다. 편게임은 편을 나누어서 승패를 가질 수 있는 놀이의 형태이고, 원게임은 일반적으로 술래를 정해서 다른 모든 아이를 원의 형태로 다시 술래를 잡거나 선택하는 형태를 취하는 경우가 많다.

게임은 언어발달, 수발달, 신체발달, 정서발달 등 통합적 발달을 위한 접근이 될 수 있고, 협동 및 질서를 체험하는 활동의 기회가 되기도 한다. 특히 게임의 경우는 질서와 방법적 설정이 중요하다. 편게임의 경우 편을 나누고, 응원 연습을 하며, 시범을 통해 기준과 규칙을 정한 뒤, 규칙적 운영을 통해 점수를 부여하는 공정하고 질서 있는 운영이 필요하다. 이때 교사는 영유아의 능동적이고 적극적 참여를 독려할 뿐 아니라 협력하는 삶의 자세를 가지는 기회가 될 수 있도록 도와야 한다.

### (5) 조형활동

조형활동은 평면활동과 입체활동을 포함하여 다양한 재료와 표현방법을 통해 심미적 표현이 이루어지도록 한다. 우선 다양한 재료를 통한 탐색과 다양한 표현방법에 대한 생각과 시도가 이루어져야 한다. 다음으로 적극적이고 능동적인 표현이 이루어질 수 있는데 평면활동이나 입체활동이 다양하게 시도될 수 있어야 한다. 특히 자연물이나 생활 속에서도 표현할 수 있는 재료나 방법을 탐색하는 과정이 이루어질 때 독창성을 가질 수 있게 된다. 또한 영유아와 교사가 함께 표현에 관해 이야기 나누고 감상하는 과정을 통해 좀 더 풍부한 표현에 대한 심미감을 형성할 수 있다.

## 2) 자유선택활동

### (1) 언어영역

언어영역은 영유아의 언어발달에 적합한 듣기, 말하기와 같은 구어 환경과 읽기, 쓰기에 관련된 문어환경을 포함하여 제공함으로써 다양한 경험이 되도록 하여야 한다. 특히 생활 주제에 따른 다양한 탐색 및 표상이 있도록 도서, 모형 인형, 녹음기 및 테이프, 동극판, 쓰기 도구 등을 준비할 수 있다. 도서영역은 가능한 창가나 자연조명을 받을 수 있도록 하고, 아늑하고 조용한 영역으로 꾸미는 것이 좋다.

### (2) 역할영역

역할영역은 주제에 따라 자유롭게 놀이를 구성하면서 자신의 경험을 바탕으로 감정을 발산하고, 조절할 수 있는 영역이다. 역할영역은 다양한 복장, 도구, 가구, 소품 등을 제공하여 극놀이를 지원할 수 있다. 특히 가정생활소품, 시장놀이, 병원놀이 등의 소품들은 극놀이를 활발하게 할 뿐 아니라 적극적 활동을 도울 수 있다.

### (3) 조작영역

조작영역은 다양한 감각기관을 활용하여 개별적 활동이 이루어지도록 자료 및 교구를 제공한다. 즉, 영유아들이 소근육을 사용하여 스스로 조작해 보는 경험과 개별적인 탐색활동을 해보며 개념을 형성하고, 문제를 해결해 보는 경험을 제공한다. 구성자료, 조작활동 자료, 게임자료 등과 더불어 수집이나 제작이 가능한 자료도 제시하여 창의적이고 융통적 활동을 도울 수 있다.

### (4) 수학영역

수학영역은 수학적 능력의 토대를 구축하기 위하여 수학적 감각을 지원하는 영역이다. 영유아는 탐색과 놀이를 통해 만나는 문제를 논리, 수학적으로 해결하는 경험을 가지게 된다. 자연스런 생활 속에서 경험할 수 있는 수학적 관계나 원리, 수감각, 공간 및 도형, 기초적 측정, 규칙 및 패턴, 자료정리 및 결과 나타내기 등에 관련된 다양한 활동과 자료들이 제시될 수 있다.

### (5) 과학영역

과학영역은 영유아에게 주변 사물, 생명체, 자연현상에 대해 탐구 및 탐색을 할 수 있는 기회를 제공함으로써 자연을 존중하고 과학적 기초능력과 태도를 기르고자 구성되는 영역이다. 동식물 기르기, 관찰, 실험 등을 위한 다양한 재료 및 활동을 포함하여 제시하게 된다. 햇볕이 잘 드는 공간으로 배치하는 것이 유용하다.

### (6) 쌓기영역

쌓기영역은 다양한 건축 및 조형물을 구성하는 영역으로 탐색적이고 창의적 활동이 가능한 영역이다. 다양한 블록이나 소품 등을 제공하고, 카펫 등을 깔아 소음을 방지한다. 특히 조용한 영역과 가까이 배치하지 않도록 한다.

### (7) 음률영역

음률영역은 영유아들에게 노래 부르기, 악기 다루기, 음악 감상, 신체표현 등을 개별적으로 경험할 수 있도록 음향기기, 노래판, 다양한 악기 등을 제공하게 된다. 이는 다양한 소리로 이루어진 음악이나 악기를 경험하고 표현해 볼 수 있는 경험의 장이 될 수 있다.

### (8) 조형영역

조형영역은 유아의 생각과 느낌을 자발적이고 창의적으로 표현하도록 평면활동이나 입체활동 등의 조형활동을 할 수 있도록 준비된 영역이다. 긁적이거나 낙서하고, 그리고, 붙이는 평면활동이나 입체적 형태와 질감을 표현하는 입체 조형활동이 이루어질 수 있도록 다양한 재료를 제공하게 된다. 특히 물과 접근성이 용이하도록 영역 배치를 하는 것이 필요하다.

### (9) 물놀이, 모래놀이영역

물놀이영역이나 모래놀이영역은 실내외에 모두 설치할 수 있는데 융통적이고 창의적 표현이 가능한 영역이다. 물놀이는 물이 가까이 있고, 다양한 활동을 할 수 있는 용기와 도구를 함께 제공하게 된다. 모래놀이 영역은 청결한 모래를 제공하며, 정리의 용이성을 고려하여 수납장과 도구가 함께 제공되어야 한다.

### (10) 목공놀이 영역 및 요리 영역

목공놀이 영역은 목공을 통해 창의적으로 대소근육을 움직이며 물체의 특성과 차이점, 공간 관계 등을 경험할 수 있는 능동적 영역이다. 이는 망치, 톱, 못, 나무 등의 실제적 도구를 다루는 곳이므로 안전과 집중이 이루어지도록 구성되어야 하며, 이러한 경험은 창의성과 자기 조절력을 동시에 발달시킬 수 있다.

요리 영역은 별도로 구성하기도 하지만 필요에 따라 영역을 특정한 영역에 제시하여 활용할 수도 있다. 절기에 맞는 요리활동이 가능하도록 하며, 안전과 위생에 주의하는 영역이기도 하다. 특히 물리적 변화와 탐구를 위한 자세를 가질 수 있도록 도와주며, 활동에 적합한 다양한 요리도구들이 필요하다.

### 3) 바깥놀이 활동

바깥놀이란 실외에서 이루어질 수 있는 모든 놀이활동을 포함한다. 바깥놀이는 구조적 놀잇감을 통해 놀이기구를 이용한 놀이활동도 있고, 대근육활동, 동식물 탐색과 기르기, 물모래놀이, 극놀이, 탐색활동 등의 다양한 놀이가 있다.

유아교육기관에서 인지 중심의 활동이 강조됨에 따라 차츰 실내 중심의 교육활동이 강조되는 경향이 있다. 따라서 실외 환경과 활동이 위축되는 것은 유아교육기관의 질적 개선과 변화의 중요한 과제라고 볼 수 있다. 바깥놀이는 영유아의 일상과 더불어 자연스럽고 주기적으로 제공되어야 한다. 일반적으로 바깥놀이는 신체활동 영역, 물·모래놀이 영역, 탐색영역, 역할놀이 영역, 조용한 공간 등으로 다양하게 구성하고 있다.

### 4) 표준보육과정 영역에 따른 보육활동의 실제

개정된 교육과정은 영유아가 주도하는 놀이중심으로 보육활동이 이루어지기 때문에 기존의 도입, 전개, 마무리로 교사가 사전에 구성한 활동계획안은 의미가 없다. 대신 교사는 영유아의 놀이를 관찰하면서 영유아가 경험하는 실제가 무엇인지를 파악하고, 이를 바탕으로 영유아의 경험을 이해한 뒤 놀이를 지원하게 된다. 다음은 기본생활영역 중 안전하게 생활하기에서 약 먹는 것과 관련된 보육활동의 실제 사례이다.

**표 9-9** 기본생활영역-안전하게 생활하기 중 보육활동 실제 사례

| 선생님과 함께 약을 먹어요 | |
|---|---|
| ① 영아 경험의 실제 | 교사: 재언아~ 재언이 기침 콜록콜록 약 먹자.<br>교사가 투약함에서 약을 꺼낸다.<br>재언이와 예린이가 교사에게 다가온다.<br>재언: 이거, 이거, 약 주세요.<br>교사: 그래. 여기 재언이 약이라고 적혀 있네. 우리 재연이 약 먹고 어서 낫자.<br>예린이가 약 먹는 재언이를 본다.<br>교사: 예린아, 재언이 뭐 하고 있어?<br>예린: 약 먹어.<br>교사: 그치 재언이 선생님이랑 약 먹고 있지. 예린이도 지난번에 선생님이랑 감기약 먹었지.<br>예린: 엄마랑도 감기약 먹었어.<br>교사: 맞아. 약은 선생님, 엄마, 아빠와 같이 먹는 거야.<br>예린이가 인형과 약병을 가져와 인형에게 약을 먹인다.<br>교사: 예린이 선생님, 아기가 어디 아파요?<br>예린: 배가 아파요.<br>교사: 아기가 배가 아프군요.<br>예린: 자, 이제 주사도 맞아야 해요.<br>예린이는 주사기와 체온계를 가져와 인형에게 약을 먹이고 주사를 놓으며 놀이한다. |
| ② 영아 경험의 이해 | • 재언이는 약을 먹자는 교사의 말에 따라 미각으로 느껴지는 약의 질감과 쓴맛을 참고 정해진 용량을 먹었다.<br>• 예린이는 약을 먹는 또래의 모습에 관심을 나타냈다. 교사와 감기약을 먹었던 이야기를 듣고, 집에서 엄마와도 약을 먹었던 경험을 말했다.<br>• 예린이와 재언이는 '약은 어른과 함께 다루어야 한다'는 교사의 약물안전 이야기에 관심을 갖고 들었다.<br>• 예린이는 병원 놀이 장난감을 가져와 인형에게 약을 먹여주는 모방행동을 하였다. |
| ③ 교사 지원 | • 공간 및 안전<br>– 투약할 약은 보관방법(상온, 냉장보관 등)을 준수하여 영아의 손이 닿지 않는 곳에 안전하게 보관하였다.<br>– 정확한 투약이 이루어지도록 약 봉투, 약병 등에 영아의 이름을 적고, 투약 전에 확인하였다.<br>– 부모가 의뢰한 투약사항에 따라 영아에게 투약하고, 투약한 내용을 기록하여 부모에게 보고하였다.<br>• 상호작용<br>– 영아가 투약을 긍정적으로 받아들일 수 있도록 편안한 분위기를 형성하였다.<br>– 영아가 교사의 행동을 모방할 때 관심을 보이며 놀이 상대가 되어 주고, 상황이나 놀잇감을 추가로 제시하여 놀이를 활성화시킴으로써 영아의 표상 활동을 지원하였다.<br>– 일상생활에서의 투약경험과 관련하여 영아가 관심을 보이는 부분이 모방놀이나 투약안전교육으로 이어질 수 있도록 지원하였다. |

출처: 보건복지부(2020). 제4차 어린이집 표준보육과정 해설서.

# 3. 교재·교구 제작과 활용

교사는 교수매체의 정의를 이해하고, 영유아의 지각 및 학습원리, 유아교육 프로그램과 교수매체 등의 관련성을 파악해야 한다. 또한, 영유아를 위한 교수매체를 시각·청각의 동원, 경험의 구체성과 추상성, 활동영역, 활동성격, 기능의 복잡성 등에 의해 분류할 수 있는 능력과 자질을 갖추어야 한다. 교수매체는 다음과 같이 그림 자료, 융판 자료, 게시판, 입체적 교수매체, OHP와 TP자료, 녹음자료, VTR 자료, 컴퓨터 활용 자료(PPT), 실물자료, 견학 등이 있다.

**표 9-10** 교수매체의 종류

| 종류 | 내용 |
| --- | --- |
| 그림자료 | • 어린이집에서 많이 사용되는 교수매체는 그림자료이다. 그림자료는 평면에 직접 그린 그림이나 잡지, 책의 그림과 사진 등 아무런 도구 없이 제시할 수 있는 평면적인 그림이다. 그림자료는 언어로 말하는 것보다 직접적으로 의미를 전달할 수 있으며, 특히 사진 자료는 사실성이 높은 시각 자료로 아동의 흥미를 높이고 학습 효과를 높일 수 있다.<br>• 장점은 자료수집이 용이하고, 제작도 쉬우며, 다양한 교육활동의 자료로 활용된다는 것이다. 제한점으로는 사용 용도에 따라 크기에 대해 고려해야 하며, 정확한 심도의 지각이 요구되는 개념이나 기술의 학습은 평면적 그림으로는 그 학습효과를 거두기 힘들다는 것이다. |
| 융판 자료 | • 융판(flannel board) 또는 펠트판(felt board)을 베니어판 또는 두꺼운 하드보드지에 펠트, 융 등과 같이 보풀이 있는 헝겊을 씌운 것이며, 이 보풀의 떨어지지 않는 성질을 이용한 것이 융판 자료이다. 만들기 편하고 제시하기 쉬우며, 유아가 흥미를 느끼는 자료이므로 유아교육기관에서 많이 사용되는 교수매체이다.<br>• 간단한 시각자료가 되며, 학습효과를 높일 수 있는 교재로 활용되며, 주의집중을 도울 수 있다. 융판 자료를 제시하기 전에 자료는 순서대로 정리하여 놓아야 한다.<br>• 유의점은 그림 자료 뒤편에 붙이는 융, 찍찍이, 모래종이 등의 접착성을 고려해야 하며, 융판 자료는 크기에 유의하여 제작해야 한다. 붙이는 융판 자료의 색채는 융판의 색을 고려하여 잘 나타낼 수 있도록 칠하며, 한꺼번에 너무 많은 종류의 자료를 제시하는 것은 좋지 않다. 또한, 융판 자료의 관리에 유의해야 한다.<br>• 융판 자료의 제시 방법을 고려하여 자료를 붙이고 떼어낼 때 가능한 한 짧은 동작을 하여 영유아의 관심이 흐트러지지 않게 해야 한다. 또한 융판 자료는 영유아 스스로 붙여보면서 다시 활용해 볼 기회를 제공해 주는 것도 필요하다. |

| 종류 | 내용 |
|---|---|
| 게시판 | • 게시판은 대부분의 유아교육기관에서 유용한 학습활동 자료로 사용되고 있다. 기관의 실내외에 있는 벽면의 공간에 게시판을 붙여서 유아와 부모에게 관심과 흥미를 갖게 하고 게시내용을 효과적으로 전달한다.<br>• 게시물의 주제를 결정할 때 생활에 관련된 주제나 진행되는 교육활동에 관하여 주제를 결정한다. 사전에 계획하기 위하여 전시할 자료를 어떻게 배치할 것인지 스케치를 한다. 교육의 관점에서 벽면에 부착된 게시물은 자주 변화를 주어야 하며, 흥미 영역을 구분 짓는 가리개나 분리대, 교구장 뒷면 등을 게시판의 목적으로 활용하며, 동화를 읽고 그린 그림이나 책 표지, 동시 등을 수시로 적절히 게시하며 스스로 참여하게 하고 끊임없이 그 내용이 변화되도록 게시판을 활용하는 것이 중요하다.<br>• 게시판은 유아의 흥미를 유발할 수 있어야 하며, 게시할 자료의 내용은 하나의 주제로 연결되도록 하며, 게시 자료는 위치와 다양성을 고려하여 유아의 눈높이에 맞춰서 위치를 선정한다. 또 유아가 활용하여 참여하는 게시판이 되도록 한다. 미적 구성을 고려하여 매력적으로 꾸민다. |
| 입체적 교수매체 | • 유아기에 사용되는 교육자료 중에는 평면적인 그림 자료보다는 입체적 자료가 학습의 효과를 높이는 경우가 있다. 교육에서 직접적이고 감각적인 경험이 모든 개념 형성의 기초가 된다. 그러므로 가능한 유아의 구체적 경험을 도울 수 있는 실물이나 모델 등 입체적 자료의 활용이 필요하다. 유아교육현장에서 입체적 교수매체로는 실물, 모델, 디오라마 등이 학습 자료로 사용된다. |
| OHP와 TP 자료 | • 투시 자료(TP: transparency 자료)란 OHP(overhead transparency projectors) 필름 위에 유성펜, 수성펜, 유성 색연필 등으로 글씨를 쓰고 그림을 그려서 색칠하거나 복사하여 만든 자료이다.<br>• 투시자료는 교사와 어린이가 마주 앉은 상태에서 OHP 밑에 자료를 넣어 어린이가 편안하게 앞에 있는 스크린에 투영된 화면을 볼 수 있는 효과적인 제시 자료이다. OHP는 심도가 깊은 투명렌즈를 사용하고 있어 가까운 거리에서 밝고 큰 화면을 얻을 수 있으며, 스테이지(유리판)가 크므로 TP 자료에 직접 쓰거나 또는 그려가면서 조작 등을 손쉽게 할 수 있다. |
| 녹음자료 (tape recording) | • 카세트, 녹음기, 휴대폰, 오디오 등을 통해 녹음된 청각 자료를 의미한다. 유아교육현장에서는 음악 감상, 음률활동, 동화, 이야기 나누기 활동, 듣기 영역 등 일과를 통해 자주 활용되고 있다.<br>• 녹음 교재의 교육적 특성은 첫째, 소리를 기록할 수 있을 뿐 아니라 그대로 재생이 용이하며, 반복성이 있다. 둘째, 현장감 있는 소리를 들을 수 있다. |
| 미디어 및 인터넷 활용자료 | • Wifi 인터넷 환경과 스마트폰, 온라인 정보 사이트의 발달은 교사가 필요한 교재교구에도 변화를 주었다. 인터넷 활용 자료는 온라인상의 간단한 검색으로 그림 자료, 일러스트, 노래, 동영상, 애니메이션 등 다양한 형태의 자료를 쉽게 찾을 수 있어 유아교육기관에서 가장 활발히 활용한다. 그러나 유아 미디어 중독 등의 문제도 있어 적절한 활용의 선택이 필요하다. |

| 종류 | 내용 |
|---|---|
| 실물 자료 | • 생활의 가장 구체적인 장면에서 교육의 필요에 의해 사용되는 모든 사물, 사건, 견학 등이 포함된다. 실물은 때에 따라서 시각, 청각, 촉각, 후각, 미각까지도 느껴질 수 있다면 더욱 효과적이다.<br>• 교육적 특성은 첫째, 시각의 대상이 되는 사물을 자연 상태로서 관찰하고 구체적이고 직접적, 입체적인 관찰을 한다. 둘째, 자연물에 의한 생생한 교재로써 실생활과 연계되어 있어 실물은 시간적, 공간적으로 자유로울 수 없다. 하지만 실물의 활용으로 최대한 교육효과를 제공할 수 있음을 잊지 말아야 한다. |
| 견학 | • 유아들에게 어린이집에서 경험할 수 없는 장소 및 기관들을 직접 관찰할 기회를 제공한다. 견학을 통해서 유아들은 진행되고 있는 생활주제와 관련된 개념을 구체적으로 경험할 수 있다. 계획 및 사전 준비로 목적, 위치, 거리 및 소요시간, 비용 등을 고려하여 장소를 정하고 실생활과 연관된 가까운 지역사회로부터 시작하여 점차 범위를 넓혀 가는 것이 좋다.<br>• 유아들의 주의력과 건강상태를 고려하여 오전에 다녀올 수 있는 시기와 시간을 계획한다. 적어도 일주일 전에는 사전답사를 한다. 견학지에서 전문가의 안내받을 경우 안내자에게 인원수, 아동의 연령 및 발달 단계 등 구체적으로 전달하여 협조를 구한다. 교통수단을 이용할 경우는 안전에 유의하며 운전기사, 주차장, 보험가입여부, 차량점검, 우천 시 대피시설 등을 세심하게 점검한다. |

또한 비품 및 교재 · 교구는 영유아의 발달과 기관의 특성에 따라 적절한 선택이 중요하다. 선정 시 고려할 점(김정원 외, 2005; 임재택; 1997)을 요약하면 표 9-11과 같다.

**표 9-11 비품 및 교재 · 교구 선정 시 고려할 점**

| | | |
|---|---|---|
| 기능적 요구 | 안전성 | 유독성이 없고 깨끗하며, 끝이나 모서리가 날카롭지 않으며 정전기가 일어나지 않는 등 영유아의 건강, 위생 및 안전 보호를 위한 안전성을 고려해야 한다. |
| | 유용성 | 영유아의 발달 단계에 따른 요구를 만족시켜 주며, 영유아가 다양한 용도로 사용할 수 있는 정도에 따라 교구를 선정한다. |
| | 내구성 | 부딪치거나 눌려도 손상되지 않을 정도로 견고하며, 열에 잘 견디고 껍질이나 칠이 벗겨지지 않고, 관리나 보관이 용이해야 한다. |
| | 적합성 | 해당 연령에 알맞은 크기나 형태이어야 하며, 다용도로 활용할 수 있으며 성별에 구분 없이 활용될 수 있어야 한다. |
| | 경제성 | 가격이 적절하며 오랫동안 사용할 수 있는 비품이나 교구를 선정하도록 한다. |
| | 매력성 | 색상이나 디자인이 심미적인 즐거움을 줄 수 있어야 한다. 또한 촉감이나 질감도 좋아서 가지고 놀고 싶은 욕구를 느끼게 할 정도로 매력적이어야 한다. |

| | | |
|---|---|---|
| | 교사의 기호 | 비품 및 교재 · 교구를 실제로 사용하는 교사의 기호에 적합해야 활용도가 높을 수 있다. |
| 교육적 요구 | 발달에 적절한가 | 교재 · 교구는 영유아 발달단계의 특성에 부합해야 한다. 영유아에게는 모든 발달 영역에서 영유아가 획득하고 있는 기술을 보다 세련되게 하는 교재 · 교구가 필요하다. 예를 들어 언어와 위치감을 습득해야 하는 영아를 위해서는 어휘 구성을 격려하고 균형감각을 증진하며 손가락을 많이 움직이도록 하고 독립심을 기르도록 도와주는 교재 · 교구를 선택해야 한다. |
| | 활동적 인가 | 행동의 동기를 유발하고, 운동의 자유를 주며 근육발달과 협응능력을 촉진할 수 있는 교구를 선정한다. |
| | 개방적 인가 | 융통성 있게 사용할 수 있는 교구로 영유아에게 한 가지 방법만을 사용하도록 하지 않는다. 어린이집의 모든 교구가 개방적일 필요는 없으나 대체로 개방적인 교구를 마련하는 것이 바람직하다. |
| | 피드백을 주는가 | 영유아는 교재 · 교구와 상호작용할 때 교구를 통하여 자신의 행동에 대한 피드백을 받고 싶어 한다. |
| | 다목적 적인가 | 교구는 놀이에 대한 많은 가능성을 제시해야만 한다. 영유아의 문제해결력과 상상력과 창의력을 자극하며, 다양한 개인 · 집단적 활동의 기회를 제공해 주는 교구를 선정한다. |

## 4. 일상 양육활동

어린이집의 일과는 10시간 이상에 걸쳐 진행되므로, 일과활동은 영유아의 신체적 · 심리적 상태를 고려하여 무리 없이 구성되어야 한다. 영유아가 어린이집에 도착하게 되면 준비된 환경에서 놀이하고, 간식과 점심을 먹고, 휴식을 하게 되며 집단활동에도 참여하게 된다. 일과 운영은 일과가 끝나는 귀가 준비의 순간까지 영유아의 생리적 리듬을 고려하여 규칙적이고 일관되며 때로는 융통성 있게 계획되고 운영되어야 한다. 따라서 일상 양육활동에서 보육교사가 주의해야 할 사항을 살펴보면 표 9-12와 같다.

**표 9-12** 일상 양육활동의 주의사항

| 일과활동 | 주의사항 |
|---|---|
| 등원 | • 영유아가 전날 밤은 어떻게 지냈는지 수면 상태 등을 알아보고, 부모와 상세한 대화를 통해 영유아 보육에 필요한 정보를 교환한다.<br>• 부모와 영유아를 반갑게 맞이하고 영유아와 라포(rapport)를 형성하여 영유아가 부모와 편안하고 자연스러운 분위기에서 헤어질 수 있도록 돕는다.<br>• 영유아와 학부모 모두를 반갑고 따뜻하게 맞이하고, 영유아가 늦게 등원하여 교사가 활동 진행 중이라도 눈인사, 목례 등의 예의를 표시한다. 귀가 시 일과 중 특이사항(신변에 관한 일, 사고, 다툼 등 / 재미있어 했던 활동, 최근 발달상 진보된 부분이나 흥미를 보이는 것 등)에 대해서 전달한다.<br>• 어린이집과 가정과의 '연락장'을 활용하여 영유아에 대한 건강, 수면, 식사, 배변, 준비물, 언어 전달에 대한 정보 교환이 이루어지면 많은 도움을 받을 수 있다.<br>• 전날 밤에 수면을 제대로 취하지 못한 영유아는 조용한 침실에서 계속 잠을 잘 수 있도록 배려하고 아침식사를 제대로 하지 못한 영유아에게는 간식을 제공한다. |
| 자유선택 활동 | • 흥미 영역은 주제에 맞게 구성함으로써 주제에 관심을 갖고 자율적이며 즐겁게 놀이에 참여할 수 있으며, 이를 통해 교육적 효과를 얻을 수 있도록 한다.<br>• 영아를 위한 흥미 영역에는 대근육 활동 영역, 기저귀 가는 영역, 수유 영역, 낮잠 영역, 감각놀이 영역, 딸랑이 영역, 거울 영역들을 구성할 수 있다.<br>• 3세 유아를 위한 흥미 영역으로는 감각 영역, 조작놀이 영역, 낮잠 영역, 소꿉놀이 영역, 음악 영역, 도서 영역, 미술 영역 등을 구성할 수 있다.<br>• 4, 5세 유아를 위한 흥미 영역은 보육프로그램의 주제와 연결하여 자료와 활동의 변화를 줄 수 있으며, 도서 영역, 과학 영역, 블록 영역, 목공 영역, 역할놀이 영역, 조작 영역, 요리 영역, 컴퓨터 영역, 물놀이 영역, 모래놀이 영역, 미술 영역, 음악 영역, 감각 영역 등을 구성할 수 있다. |
| 정리 정돈 | • 영유아들은 자유선택활동을 정리해야 하는 시간임을 알리는 신호와 함께 각자가 하던 놀이를 마무리한다. 놀이 후 정리정돈 시간도 즐겁게 구성하여 놀이의 연장이 되도록 한다. 시간이 즐거운 놀이의 연장으로 경험하게 된다. 교사가 어느 정도 치워 주면서 영유아가 할 수 있는 범위 내에서 치우도록 하여 놀이실이 깨끗해지는 과정을 경험하도록 한다. (영유아가 정리해야 할 양이 너무 많으면 시작하기 전에 포기할 수 있으며, 바닥에 놀잇감이 흩어져 있으면 영유아가 넘어질 위험이 있으므로 놀이 중간에 정리를 한다.) |
| 배변(기저귀 갈기) 화장실 다녀오기 | • 영아의 배변은 대소변 훈련이 되기 전까지는 대부분 개인의 습관에 따라 이루어진다. 교사는 수시로 기저귀를 점검하고 기저귀 갈이대를 이용하여 갈아준다.<br>• 수유와 이유 직후, 수면 전에는 기저귀를 갈아 주어야 하며, 기저귀를 갈 때는 영아와 눈을 마주 보고 말을 하거나, 노래를 들려주면서 즐거운 분위기를 유지하도록 한다. 배변훈련은 영아가 발달상 충분한 준비가 되었을 때 시작하고, 부모와 보조를 맞추어 진행한다.<br>• 유아의 경우에는 활동이 끝나거나 시작하기 전에 규칙적으로 화장실 다녀오는 시간을 주도록 한다. |

| 일과활동 | 주의사항 |
|---|---|
| 수유와 이유 (간식과 식사) 및 이 닦기 | • 영양 면에서는 균형 잡힌 영양을 섭취할 수 있어야 하고 심리적인 면에서는 즐거운 시간이 될 수 있도록 해야 한다.<br>• 수유와 이유의 양이나 내용, 횟수 등은 영아의 연령과 보육시간을 고려하여 조정한다. 수유 시에는 교사와 영아와의 상호작용이 충분히 이루어질 수 있도록 개별적이며 즐거운 분위기에서 먹이도록 한다. 수유는 반드시 영아 한 명 한 명을 가슴에 안고 먹이며, 먹인 후에는 트림을 시켜서 자리에 눕힌다.<br>• 유아는 오전과 오후 1일 2회의 간식과 점심식사가 제공된다. 이 시간은 친구들과 즐거운 경험을 나누고 언어적 상호작용도 증진시킬 수 있으며, 음식과 식사에 대한 긍정적이고 바른 태도를 가질 수 있다. 식사를 마치고 나면 양치질을 하게 한다. |
| 집단활동 | • 영아기에는 집단활동이 거의 이루어지지 않으므로 별도의 집단활동을 계획하지 않는다. 유아기에는 집단활동 프로그램을 적절하게 구성하여 함께하는 경험을 하도록 한다.<br>• 3세 유아는 집단활동에 쉽게 적응하지 못하고 집중시간이 짧으므로 집단활동시간을 짧게 진행하도록 한다.<br>• 집단활동에는 이야기 나누기, 동화 들려주기, 미술활동, 음률활동, 신체표현, 게임활동, 바깥놀이, 슬라이드 보기, 견학, 야외학습 등이 있다. |
| 낮잠시간 | • 영아는 하루 생활의 많은 부분이 수면시간이다. 그러므로 수면시간에 대한 세밀한 배려와 계획이 필요하다.<br>• 분위기는 아늑하고 조용하게 조성해 주어 영아들이 편안함과 안정감을 느낄 수 있도록 한다. 영아의 경우에는 자기 전에 수유와 이유, 식사 등을 하고 기저귀를 갈아 주어 푹 잘 수 있도록 한다. 유아의 경우에는 스스로 낮잠 준비를 할 수 있도록 교사가 도와준다.<br>• 침구는 가볍고 간편한 유아용 침구로 준비해 주고 낮잠을 자기 전에 화장실을 다녀오게 한다. 낮잠 잘 준비가 완료되면 교사는 조용하고 낮은 음악을 틀어주어 유아들이 편안한 분위기 속에 잠들 수 있게 한다.<br>• 먼저 낮잠을 깬 유아는 화장실에 다녀오게 한 후 다른 유아들에게 방해가 되지 않게 조용한 활동(예: 책 보기, 조작활동, 미술활동 등)을 하게 한다. |
| 귀가 (하원) | • 귀가시간이 다가오면 교사는 영유아 개인이 가지고 가야 할 물건이나 전달사항이 있는지 점검한다. 등원시간과 비교하여 특별한 변화가 없는지 영유아를 살핀 후 개별적인 연락사항이 있으면 준비한다.<br>• 가정과의 '연락장'을 통해 영유아의 하루 생활을 간단하게 기록해서 부모님께 전해주도록 한다. 특별히 영유아의 건강이 좋지 않다든지 친구와 놀다 다친 곳이 있으면 어린이집에서 있었던 일 등을 자세히 적어서 전달하는 것이 좋다.<br>• 귀가 시간에는 부모님이 오실 때까지 당번교사가 전달사항을 전하도록 하며, 차량 탑승 하원 원아 외의 다른 원아는 자유놀이를 하며 부모님이 오실 때까지 교사와 함께 활동한 후 하원한다. |

어린이집은 이러한 일상적 양육활동을 부모와 교류하는 과정이 중요하다. 즉, 어린이집에서의 일상에 대한 정보를 제공하고, 또한 가정에서의 양육과정에 대한 정보를 수집하여 보육활동의 기초자료로 활용한다. 이를 통하여 어린이집의 보육과 가정의 양육이 연계가 될 뿐 아니라 최적의 보육을 위한 통합적 이해를 가능케 한다. 교류를 위한 어린이집의 연락장은 표 9-13과 같다.

영아들 같은 경우는 발달특성상 대집단 활동은 잘 이루어지지 않거든요. 대체로 영아를 대하는 경험이 없는 교사들은 대집단으로 수업을 자꾸 해야 한다는 생각을 하는 것 같아요. 대부분 개별이나 소집단으로 진행되는 예가 많지요. 장소 이동이 있을 때는 영아들을 모여 앉게 한 후, 간단한 손유희나 노래 또는 손인형 등으로 주의집중을 한 후 다음에 이동할 장소나 이루어질 활동에 대해서 짧게 이야기해 주는 것이 좋을 것 같아요(2009.9.26. A기관 원장 면담).

**표 9-13** 영아반 연락장 예시

| 일자 | 월 일 요일 | | | |
|---|---|---|---|---|
| 가정에서 | | | | |
| 영아 상태 | 기분 | 좋음 보통 나쁨<br>이유( ) | | |
| | 건강 | 좋음 보통 나쁨<br>이유( ) | | |
| | 체온 | 열이 있음 없음 | | |
| 식사 | 저녁 | | 식욕 | 있음, 보통, 없음 |
| | 그외 | | 식욕 | 있음, 보통, 없음 |
| | 오늘 아침 | | 식욕 | 있음, 보통, 없음 |
| 배변 | 저녁 | 안 했음 했음<br>(딱딱함, 보통, 설사) | | |
| | 아침 | 안 했음 했음<br>(딱딱함, 보통, 설사) | | |
| 수면 | : 부터 : 까지 | | | |
| 전달 사항 | | | | |

| 일자 | 월 일 요일 | | | |
|---|---|---|---|---|
| | 어린이집에서 | | | |
| 영아 상태 | 기분 | 좋음 보통 나쁨<br>이유( ) | | |
| | 건강 | 좋음 보통 나쁨<br>이유( ) | | |
| | 체온 | 열이 있음 없음 | | |
| 식사 | 간식 | | 식욕 | 있음, 보통, 없음 |
| | 점심 | | 식욕 | 있음, 보통, 없음 |
| | 간식 | | 식욕 | 있음, 보통, 없음 |
| 배변 | 회(시간: ) | | | |
| 수면 | : 부터 : 까지 | | | |
| 전달 사항 | | | | |

## 연락장을 작성할 때 꼭 살펴보아요!

① 날짜를 적고, 문장은 이해하기 쉽고 간결하게 한다.
② 글자는 정성껏 쓰고, 오자, 탈자가 있는지 살펴본다.
③ 반드시 높임말을 사용하고, 어려운 전문용어는 피한다.
④ 학부모의 질문에 답하기 어려울 때는 원장, 주임, 선배 교사에게 물어본다.
⑤ 문장으로 설명하기 어려울 때는 그림을 활용한다.
⑥ 부탁을 하거나 협력을 구할 때는 부드러운 표현을 하며, 확인을 요하는 내용일 때는 사인이나 도장을 받도록 한다.
⑦ 대답을 빠르게 한다. 많은 아이의 연락장을 확인하기란 쉽지 않지만 시간을 내서 빨리 처리하는 것이 중요하다.

■ 유아반 연락장 예시

| 일자 | | 월　　일　　요일 |
|---|---|---|
| 가정에서 | | |
| 유아 상태 | 기분 | 좋음　보통　나쁨<br>이유(　　　　　) |
| | 건강 | 좋음　보통　나쁨<br>이유(　　　　　) |
| | 체온 | 열이　있음　없음 |
| 전달 사항 | | |

| 일자 | | 월　　일　　요일 |
|---|---|---|
| 어린이집에서 | | |
| 유아 상태 | 기분 | 좋음　보통　나쁨<br>이유(　　　　　) |
| | 건강 | 좋음　보통　나쁨<br>이유(　　　　　) |
| | 체온 | 열이　있음　없음 |
| 전달 사항 | | |

★연락장을 기록할 때 특히 영아반 같은 경우는 원과 가정 모두 아이의 상태나 식사내용, 배변유무나 수면시간과 함께 아이가 어떻게 지냈는지 자세하게 기록할 수 있어야겠지요. 간혹 교사 중에는 글자를 너무나 날려서 적거나 어려운 전문용어를 사용하거나 오탈자가 많아서 가정에서 부모가 읽거나 이해하기 힘드신 경우도 있답니다. 요즘은 대부분 컴퓨터로 문서를 작성하고 휴대폰으로 문자를 넣는 데 익숙해져서 글자를 적는 데 익숙지 않은 젊은 교사들이 많이 있어요. 때로는 채팅 용어를 사용하기도 한답니다. 예를 들면 ~ 했어여^^ 라든가 ~ 했삼~ 등의 용어를 연락장에 사용해서 학부모로부터 교사에 대한 신뢰감을 떨어뜨리게 하는 경우도 있어요. 이런 부분들은 정말 주의를 해야 할 것 같아요.
(2009. 7. 26. A기관 원장 면담)

## 5. 영유아와의 상호작용

교사와 영유아의 상호작용은 단순히 눈에 보이는 말과 행동이 아니라 교사와 영유아가 맺고 있는 관계의 질을 반영한다. 교사는 영유아의 놀이를 지도하고, 보육하기 위하여 끊임없이 상호작용하며, 상호작용은 언제나 변화의 가능성과 의미를 내포하고 있다. 보육교사가 영유아와 상호작용하는 것에서 보육교사의 보육관과 아동관이 나타나므로 상호작용 형태는 교사와 영유아의 관계를 비추는 거울이라고 할 수 있다. 하루 일과에서 일어나는 상호작용을 정리해 보면 표 9-14와 같은 측면이 있다.

표 9-14 하루 일과에서 일어나는 상호작용

| 주요일과 | 주요 상호작용 내용 |
|---|---|
| 등원 및 통합보육 | • 영유아 맞이하기<br>• 부모와 간단한 대화 나누기 |
| 오전 간식 및 실내 자유놀이 | • 오전 간식 먹기<br>• 흥미 영역별 놀이를 개별 혹은 소집단으로 선택하여 놀이하기 및 자유놀이 |
| 정리정돈 및 화장실 가기 | • 자유놀이 정돈 및 화장실 가기<br>• 전이 및 집단 활동 준비하기 |
| 전이활동 및 집단활동 | • 간단한 전이활동 및 집단활동<br>• 다음 놀이 장소를 알려주고 이동 |
| 실외 자유놀이 | • 대근육, 탐구, 물 · 모래 놀이 등을 개별 혹은 소집단으로 선택하여 놀이하기 |
| 손 씻기, 점심식사, 이 닦기 | • 손 씻은 후 식사하기, 이 닦기 |
| 휴식 및 낮잠 | • 낮잠 자기, 휴식 취하기 |
| 실내 자유놀이 및 오후 간식 | • 오전 놀이의 반복, 연계 및 확장 |
| 정리정돈 및 화장실 가기 | • 자유놀이 정돈 및 화장실 가기 |
| 실외 자유놀이 | • 오전 놀이의 반복, 연계 및 확장 |
| 통합보육 및 귀가 | • 통합 보육공간에서 조용한 놀이 및 귀가 |

영유아기는 발달상의 개인차가 뚜렷한 시기이므로 보육교사는 영유아의 개별적인 특성을 배려해야 한다. 영유아는 모두 다른 기질을 갖고 태어나서 서로 다른 리듬과 스타일을 가지고 있다. 영유아의 기질을 배려한 상호작용의 유의점을 살펴보면 표 9-15와 같다.

표 9-15 영유아의 개별적 특성을 배려한 상호작용

| 영유아 기질 | 상호작용 |
|---|---|
| 쉬운 기질 | 쉬운 기질의 영유아는 비교적 잘 지내기 때문에 교사의 관심과 배려를 상대적으로 덜 받을 수 있다. 쉬운 기질의 영유아도 교사의 관심과 사랑을 받고 싶어 함을 이해하고, 쉬운 기질의 영유아에게도 교사가 주기적으로 관심을 보이고, 사랑을 적극적으로 표현해 주어야 한다. |
| 반응이 느린 기질 | 반응이 느린 기질의 영유아는 새로운 상황에 적응하기 위해서 시간이 많이 필요하다. 느린 기질의 영유아를 위해서 교사는 영유아가 안심할 수 있도록 옆에 있어 주고 인내심을 가지고 기다려 주어야 한다. 느린 기질을 가진 영유아가 일단 적응을 하게 되면 매우 안정되게 생활할 수 있다. |
| 까다로운 기질 | 까다로운 기질을 가진 영유아는 매우 활동적이므로 놀이실 한쪽에 에너지를 마음껏 발산할 수 있도록 환경을 마련해 주도록 한다. 자기주장과 욕구가 강하므로 놀이실 상황들에 대해서 미리 알려주어서 당황하지 않도록 배려해 준다. 일과를 운영함에 있어서도 집단의 계획표에 영유아를 맞추려 하기보다는 영유아 개개인의 발달 속도와 기질 등을 고려해 최대한 개별적으로 운영하도록 하고, 이에 따라 상호작용해 주도록 한다. |

교사와 유아 간 또는 유아 상호 간의 대화를 통해서 유아들은 스스로 사고활동을 촉진하며, 탐구하는 능력을 키우게 되고, 학습하는 방법을 배우게 된다는 점에서 상호작용은 중요하다. 특히 활동에서 교사의 발문은 교사가 활동을 성공적으로 안내하고, 유아가 그에 따라 적절하게 실천할 수 있도록 하는 중요하고 핵심적인 활동기술이다. 따라서 교사는 유아와의 상호작용과 발문기술을 향상시킬 수 있도록 노력해야 한다. 교사가 다양한 활동에서 유아들에게 발문을 하는 이유는 다음과 같다(전경원, 1998).

- 흥미를 고조시키고 유아가 활동에 적극적으로 참여하도록 동기 유발

- 유아의 준비도를 평가하고, 그에 맞추어 활동 준비
- 알려준 것을 복습하고 요약
- 새로운 관계를 알아볼 수 있는 통찰력을 함양
- 비판적 사고를 자극하고 발문하는 태도 발달
- 유아 스스로 지식을 더 찾도록 자극 제시
- 활동의 목적을 달성했는지 평가

★ 간혹 선생님들이 아이들과 함께 생활하다 보면 초심을 잃고 아이들을 함부로 대하거나 무시하는 말투로 이야기할 때가 있어요. 한 번씩 배우는 입장에서 자신의 행동이나 말투를 점검해 볼 필요가 있을 것 같아요. 예를 들어 혼내 줄 거야, 바깥놀이 안 시켜 줄 거야, 누가누가 제일 늦게 하는지 한번 보자 등의 말을 하는 것은 정말 교사로서 해서는 안 되는 말이라는 것을 명심해야 할 것 같아요(2009.7.26. A기관 원장 면담).

## 아이가 좋아하는 교사와 싫어하는 교사의 특징(A.M. Gallup)

• 아이가 좋아하는 교사

| | |
|---|---|
| 1 | 어린이를 잘 안아준다. |
| 2 | 어린이의 마음과 희망을 알고 지도한다. |
| 3 | 언제나 밝은 태도로 누구에게나 공평하게 대한다. |
| 4 | 잘 알도록 친절하게 가르쳐 준다. |
| 5 | 재미있게 가르쳐 준다. |
| 6 | 잘 알고 가르쳐 준다. |
| 7 | 말과 행동이 일치한다. |
| 8 | 약속을 잘 지킨다. |
| 9 | 상식이 풍부하다. |
| 10 | 질문에 잘 응해준다. |
| 11 | 자기 자랑을 하지 않는다. |
| 12 | 자기 과실을 인정한다. |
| 13 | 항상 어린이를 아껴주고 생각해 준다. |

• 아이가 싫어하는 교사

| | |
|---|---|
| 1 | 쉽게 화를 낸다. |
| 2 | 불공평하게 대한다. |
| 3 | 신경질적이다. |
| 4 | 약속을 지키지 않는다. |
| 5 | 성격이 삐뚤어져 있다. |
| 6 | 지도법이 나쁘다. |
| 7 | 너무 완고하고 무섭다. |
| 8 | 지나치게 엄격하다. |
| 9 | 폭력을 사용한다. |
| 10 | 부정적이다. |

## 6. 영유아 관찰일지 쓰기

교사의 업무 중 중요한 업무가 바로 영유아를 관찰하는 것이다. 관찰은 가장 오랜 역사를 가진 평가 방법의 한 가지로 영유아를 평가하는 가장 좋은 방법이라고 할 수 있다. 영유아의 일상적 활동에 대한 관찰은 자연스러운 상황에서 영아의 행동 특성이나 발달 상황을 알아볼 수 있다는 이점이 있다. 교사는 관찰을 통해서 영유아의 놀이를 확장하거나 개입할 적절한 기회를 포착하게 되며, 또래 관계의 형성, 영유아의 관심과 흥미가 어디에 있는지, 욕구는 무엇인지, 적응과 갈등 상황을 알 수 있게 되는 중요한 근거 자료를 얻을 수 있다.

영유아에 대한 관찰은 체계적인 절차를 통해 이루어지는데, 일반적으로 영유아를 관찰하는 데 있어 많이 사용되는 방법으로는 일화기록법, 시간표집법, 사건표집법, 행동목록법, 평정척도법 등이 있다. 영유아를 대상으로 가장 일반적으로 많이 사용되는 평가 방법인 일화기록법, 행동목록법을 중심으로 구체적으로 살펴보면 다음과 같다.

### 1) 일화기록법

일화기록은 개인의 특성을 이해하기 위하여 개인이 나타낸 구체적인 행동 사례나 어떤 사건에 관련된 관찰 일지를 상세히 기록하는 방법이다. 일화기록법은 신문기사를 쓰듯이 사실적으로 무슨 상황이 언제, 어디서, 어떻게 일어났으며 영유아가 그 상황에서 무슨 말을 하고 행동했는지를 적는 것이다.

## 일화기록을 할 때 이런 점을 주의해 주세요

- 사건이 생긴 후 즉시 기록하도록 해요.
- 대상 인물의 행동과 말을 구별해서 기록해요.
- 장면, 진행 중인 활동 등 상황적인 자료를 반드시 기록에 포함시키도록 해요.
- 대상 인물의 행동과 언어를 기록함과 동시에 그 상황에 있던 다른 사람들의 반응도 함께 기록해요.
- 대화의 정확한 의미를 파악하기 위해서 대상 인물이 사용한 말을 그대로 인용하도록 해요.
- 사건을 시간적 순서에 따라 기록해요.
- 객관적이고 사실적이며 완전한 기록이어야 해요.

## 일화기록 관찰 양식

관찰유아: 이우혁, 최상진, 장만우　　연　령: 만 3세　　성　별: 남
관 찰 자: 김 혜 윤　　관찰일자: 2020. 4. 28　　관찰시간: 9:30am
관찰장면: 활동 및 신체놀이

### 기　록

우혁이가 종이블록을 밟고 서서 "스케이트 재미있어!" 하고 외쳤다. 이에 상진이가 블록을 꺼내 우혁이를 따라 하며 "스케이트 재미있네" 하고 말하자 영철이가 블록을 들고 두들기며 "스케이트! 스케이트!" 하고 웃었다. 교실을 돌며 스케이팅 놀이를 하다 퍼즐을 하고 있는 준서와 부딪혔다. 이에 준서가 "나한테 아프게 하지 마." 하고 말하자 "미안, 내가 스케이트를 더 빨리 타고 싶어서 그랬어."라고 하는 우혁이었다. 이에 교사가 "엄청 긴 스케이트장으로 출발해볼까?" 하며 교실 문을 열자 우혁이가 "칙칙폭폭이다!" 하며 블록을 밟고 스케이팅 흉내를 내며 복도로 나갔고 상진이와 영철이, 민우가 뒤를 따랐다. 이를 본 찬열이가 블록을 들고 뛰어나왔다. 복도를 두세 번 다니며 스케이트를 타던 상진이가 책방 문을 열고 "여기다!" 하고 말하자 민우가 "스케이트! 스케이트!" 하며 책방으로 달려갔다. 블록에서 발이 미끄러지자 영철이가 "이거를 발에 어떻게 붙이지?" 하며 블록을 살폈다. 현서가 "줄을 묶어볼까?" 하며 이야기를 건네니 민우가 "아! 그러면 운동화처럼 되겠다! 선생님! 나 끈 필요해." 하고 말했다. 교사가 리본 끈을 주자 블록과 발을 여러 번 감더니 민우가 "발레리나 같네. 춤을 춰야겠다." 하며 제자리에서 빙글빙글 돌아보고 팔을 올렸다가 내리며 춤을 췄다.

발달 영역: 신체운동 · 의사소통 · 사회관계 영역

요약
- 우혁이는 자신의 잘못을 인정하고 사과할 줄 아는 행동을 한다.
- 서현이는 창의적으로 문제를 해결한다.
- 놀이를 완성하는 공간확장 및 놀잇감 지급 등의 교사 지급이 필요하다.

교사는 일화기록을 할 때 자신의 주관적인 판단을 배제하여 관찰한 사건에 대한 사실적이고 객관적인 기록이 되도록 주의해야 한다. 또한 일화기록은 영유아가 속한 사회 및 문화적 상황이나 물리적 환경과의 관련 속에서 영유아의 일상적인 행동을 총체적으로 서술해야 한다. 일화기록은 특별한 기록 양식 없이 노트나 접착메모지에 간단하게 기술할 수 있다. 그러나 이때 행동에 대한 기술과 함께 영유아의 이름, 관찰 일시, 관찰 장면 등과 같은 기본 정보를 반드시 기록해야 한다.

### 2) 행동목록법(체크리스트)

행동목록법은 어느 정도 구조화된 관찰법으로서, 교사가 관심 있는 행동목록을 사전에 준비하고 각 행동의 출현 여부를 관찰한 뒤에 '예/아니요', 또는 '그렇다/그렇지 않다'로 표기하는 방법이다. 이 방법은 어떤 행동의 출현 여부와 변화 여부를 판단하는 데에 도움이 된다. 특히, 미리 작성된 목록표를 사용하기 때문에 간편하고 더욱 사용하기가 쉽다. 행동목록표를 작성하여 사용하는 문항은 가능한 관찰 가능한 구체적 행동을 나타내는 것이어야 하며, 문항 간 서로 중복이 없어야 하고, 가능한 논리적으로 구성하여야 한다.

**행동목록표를 작성할 때 주의해 주세요**

- 행동목록은 관찰 전에 준비되어 있어야 해요.
- 행동목록에 포함된 문항은 관찰 가능한 구체적인 행동을 나타낼 수 있어야 해요.
- 행동목록의 문항은 포괄적이고 대표적인 목록으로 구성되어야 하며 문항 간에 서로 중복 없이 일정한 체계에 맞게 논리적으로 조직되도록 해요.
- 관찰 행동의 출현 유무 표기와 함께 처음 그 행동이 나타난 날짜를 기록하도록 만들어요.

## ■ 유아 행동발달 관찰 기록지 ■

관찰아동: ____________________ 생년월일 ____________________( 남, 여 )

관 찰 자: ______________________________________________

| 관 찰 일 | 1회 | 2회 | 3회 | 4회 | 5회 | 6회 |
|---|---|---|---|---|---|---|
| | | | | | | |

| 영역 | 내 용 | 1회 | 2회 | 3회 | 4회 | 5회 | 6회 |
|---|---|---|---|---|---|---|---|
| 기본생활습관 | 1. 정리정돈을 할 수 있다.(장난감, 작업, 간식책상) | | | | | | |
| | 2. 간식/식사 전에 손을 씻는다. | | | | | | |
| | 3. 규칙(차례, 약속)을 잘 지키는 편이다. | | | | | | |
| | 4. 어른에게 존댓말을 사용한다. | | | | | | |
| | 5. 음식을 골고루 먹는다. | | | | | | |
| | 6. 낮잠을 잔다. | | | | | | |
| | 7. 교사의 지시를 잘 이해하고 따른다. | | | | | | |
| | 8. 물건을 소중히 다루고 아껴 쓴다. | | | | | | |
| | 9. 고마워, 괜찮아, 미안해 등의 말을 적절하게 사용한다. | | | | | | |
| | 10. 혼자서 옷을 입을 수 있다. | | | | | | |
| | 11. 화장실 사용 후 뒤처리를 혼자서 한다. | | | | | | |
| 신체발달 | 1. 자세가 바르다(앉을 때, 걸을 때, 서 있을 때). | | | | | | |
| | 2. 행동이 민첩하다. | | | | | | |
| | 3. 양발을 바꾸어 가며 계단을 오르내릴 수 있다. | | | | | | |
| | 4. 바깥놀이에 활발히 참여한다. | | | | | | |
| | 5. 한 발로 깡충 뛰기를 할 수 있다. | | | | | | |
| | 6. 공을 던지고 받을 수 있다. | | | | | | |
| | 7. 그네를 혼자 구를 수 있다. | | | | | | |
| | 8. 매트에서 구르기를 할 수 있다. | | | | | | |

### 3) 평가 결과의 기록 및 활용

평가 결과는 영유아에 대한 모든 평가 자료를 통합하여 문장으로 기술한다. 평가 결과를 기술할 때 영유아들을 비교하고 상대적으로 평가하여 순위를 매기거나 점수를 매기는 방식은 바람직하지 않으며, 영유아의 현재 발달 수준을 확인하고 그 가능성을 넓혀 주는 방향에서 기술되어야 한다. 즉, 영유아가 하지 못하는 것이나 단점보다는 할 수 있는 것이나 장점을 중심으로 기술하는 것이 바람직하다. 그리고 평가자가 아닌 사람이 기록된 평가 결과를 읽어 볼 때에도 평가자와 똑같은 판단을 할 수 있도록 객관적으로 기술해야 한다. 이와 같이 기록된 평가 결과는 아래에 제시된 방식으로 활용될 수 있다.

- 평가 결과는 개별 영유아나 한 학급의 영유아에 대한 교육을 계획하는 데 가장 중요한 자료로 활용할 수 있다. 평가 결과는 영유아의 장단점을 파악하게 해주고 이들의 욕구를 만족시키며 동시에 영유아의 전인적인 발달을 자극할 수 있는 교육 경험, 관심 분야에 따른 프로그램과 교수·학습 활동 및 다양한 교수 방법을 개발하고 계획하는 데 기초가 된다. 이를 통해 개별 영유아에 대한 개인별 발달 상황과 향상 정도를 확인함으로써 개별화된 학습을 가능하게 해 준다.
- 평가 결과는 부모와의 면담 시 면담 자료로 활용하거나, 한 달이나 한 학기 또는 학년 단위로 각 가정에 보내어, 각 가정에서 영유아를 지도할 때 참고 자료로 활용할 수 있도록 한다.
- 평가 결과는 교사로 하여금 보육과정 운영 계획부터 교재·교구, 환경 구성 및 교수·학습 활동에 이르기까지 자신의 보육과정 운영을 전반적으로 점검하여 보는 데 활용할 수 있다.

- 평가 결과는 문제가 있는 영유아를 전문가에게 의뢰할 때 문제 해결 방안의 기초 자료로 활용할 수 있다.

교사 한 명이 20명의 아이들과 함께 생활하다 보면 아이들을 모두 관찰하고 기록으로 남기는 것이 수월하지가 않거든요. 특히 초임교사 같은 경우는 더 그렇답니다. 아이들과 활동을 하다가 수첩을 꺼내서 정지한 상태에서 자세히 기록을 하려면 아이들을 관찰하는 것이 무척 부담스러운 업무가 될 수 있겠지요. 그래도 교사는 항상 필기도구나 메모지를 준비하여 주머니 속이나 교실 내의 선반 또는 적당한 위치에 놓아두었다가 관찰자가 관심을 갖고 있던 유아들의 행동이 발생하면 즉시 내용을 기록하도록 하는 것이 필요해요. 이렇게 관찰한 자료는 부모님과의 면담뿐 아니라 아이에 대해서 더 잘 이해할 수 있는 근거가 될 수 있고 교사 스스로도 교사로서의 자질과 전문성을 향상할 수 있는 기회가 된다고 생각해요(2009.10.23. H 원장 면담).

Chapter

# 10

# 어린이집 운영관리 직무

## "운영관리를 위한 직무 이야기"

1. 학부모 관리
2. 영유아 초기적응 지도
3. 행사관리
4. 교재 및 교구 관리
5. 영유아 건강, 영양, 안전 교육
6. 보육교직원 관리

아이는 시대나 역사와 무관한 비문화적이고 고립된 개체가
아니고 문화나 언어 안에서 생활하며 다른 이들과의 관계 속에서
함께 역사를 만들어 가는 존재이다.

– Valerie Polakow Suransky의 『The Erosion of Childhood』 중에서

# 1. 학부모 관리

영유아를 이해하고 바람직한 성장과 발달을 돕기 위하여 가정과의 연계가 중요하며, 어린이집과 가정과의 연계가 가장 효율적으로 이루어지는 것이 바로 '부모교육'이다. 어린이집 부모교육의 목표는 부모가 부모의 역할과 기능을 효과적으로 수행할 수 있도록 교육적 자질과 소양을 높이는 것이다. 즉, 부모가 자녀양육과 교육에 대해 올바른 인식을 하고, 이에 적합한 지식과 능력을 갖추도록 도와서 부모 자신의 발달은 물론 효과적인 교육자, 교육 동반자로서의 부모가 되도록 하는 데 있다. 따라서 어린이집에서는 다음과 같이 다양한 유형으로 부모교육을 시행할 수 있다.

**표 10-1** 부모교육의 유형

| 유형 | 내용 |
|---|---|
| 가정통신문 | • 가정통신문은 부모를 위해 작성되어 각 가정으로 전달됨으로써 자녀에 대한 부모참여의 중요성을 지속해서 알려주는 매체가 된다. 가정통신문의 내용은 식단, 건강 및 영양 등의 정보와 현장학습이나 특별활동 및 부모를 위해 계획된 프로그램 일정이나 행사에 관한 공지 및 안내 등에 관한 사항이 포함된다. |
| 개인 편지 | • 영유아의 생활 상태를 간단하게 전달하는 방법으로 교사의 성의가 느껴질 수 있게 편지를 써야 한다. 무조건 칭찬이나 잘못된 점을 지적해서 쓰기보다는 평소에 관찰하고 기록한 것을 토대로 현재 영유아의 모습을 기록하고, 더욱 향상될 수 있도록 노력할 수 있는 점에 초점을 두어야 한다.<br>예) 오늘 정아가 어린이집에서 처음으로 친구들과 어울려서 소꿉놀이(엄마 놀이) 하였습니다. 또래 관계의 사회성 발달이 점점 발달하고 있음을 보여주고 있습니다.…… |
| 게시판 | • 등·하원 시 바쁘게 움직이는 부모가 중요한 정보를 한눈에 볼 수 있게 효율적으로 활용해야 한다. 부모의 눈에 쉽게 띌 수 있는 곳에 게시판을 부착하고 게시물을 제시하여 통신을 통해 전달한 정보를 다시 확인시키고 주요 공지 사항이나 어린이집 생활에서의 중요한 정보를 전달한다. (어린이집의 교육 행사나 특별행사, 매주 또는 매월 발행된 가정통신문, 자녀 양육 정보, 부모 협조 사항 등이다. 그 외 식단, 건강, 예방접종, 습득물 게시) |

| 유형 | 내용 |
|---|---|
| 전화 | • 전화 대화는 서로 대면하지 않기 때문에 밝은 목소리로 대화한다. 상대방의 이야기를 잘 들어주는 것이 매우 중요하며 꼭 메모하면서 요점을 파악하여 만족스러운 대화가 되도록 한다. |
| 홈페이지 | • 어린이집 홈페이지는 한눈에 학부모를 위한 다양한 정보가 있다는 것을 학부모가 알 수 있도록 할 필요가 있다. 교사는 자주 주제를 바꾸어 좋은 정보를 올려주고, 부모와 대화를 할 수 있는 대화의 창도 수시로 검색해서 질문의 답글을 그때그때 지혜롭게 올려 교사의 의견이나 부모의 의견을 자주 교환해야 할 것이다. |
| 지상 강좌 | • 매달 정기적인 정보지로 만난다. 정확한 문장과 철자에 대한 주의는 물론 목적이 주어지는 전문적인 내용이 되어야 한다.<br>예) 영유아를 위한 부모교육 제 ○○호<br>가정에서 대처할 수 있는 상황별 응급처치<br>1. 화상을 당했다면~ |
| 부모 강연회 | • 다수의 부모에게 정보를 제공하기 위해 전문적인 외부 강사를 초청하여 강연을 듣기도 하고 워크숍과 토의를 함께 할 수 있는 기회를 대략 1년에 1~3회 정도 갖는다. |
| 개인 상담 | • 보통 1년에 1학기와 2학기 두 번 정도 계획하며, 필요하면 개별 통지하여 상담하기도 한다. 1학기 상담은 영유아의 정보를 부모로부터 얻기도 하고 영유아의 발달 정도에 대해 서로 교환하면서 연계 교육을 위해 협력적인 관계를 맺는다. 2학기 상담은 꾸준히 준비된 관찰 자료를 토대로 영유아의 전반적인 발달 상황과 앞으로의 교육에 대하여 바람직한 지도 방향을 모색한다. |
| 가족 참여 활동 | • 부모가 어린이집의 보육프로그램이 어떤 목표를 가지고 어떻게 운영되고 있는지 어린이집 보육 과정이 진행되어 가는 과정을 이해하는 최선의 방법이다. 학부모와 유아가 자신의 역할을 제대로 해낼 준비가 되어 있을 때 계획하는데, 학부모가 많이 참여할 수 있는 요일을 사전에 설문지를 통하여 조사한 후 3주 전에 학부모통신란을 통해 알려준다.<br>• 참여 활동 내용은 어린이집에서 주제와 활동유형을 정하고, 활동 내용과 참여 수업에 대한 유의 사항 등을 참여 수업 1주일 전에 가정으로 안내한다. |
| 가족 참관 활동 | • 학부모가 자신의 자녀가 또래 친구 및 교사와 어떻게 상호작용하는지, 다른 또래와 발달에 적합한 전형적인 행동이나 기술, 놀이를 선택하거나 지속성에 관한 이해를 높여 주기 위해 활용한다. 1년에 2~4회 정도가 적당하고, 언제든지 학부모가 원할 때 실시하며, 기관의 사정에 따라 참관실이나 복도에서의 참관을 허용하는 것이 바람직하다. 교사는 참관하기에 앞서 학부모가 관찰자로서 해야 할 역할과 교실에서의 행동, 관찰 포인트 등 참관을 위한 안내를 실시한다. |

간혹 교사가 학부모와 상담할 때 기관의 사정을 핑계 삼아 하지 말아야 할 이야기를 할 때가 있어요. 예를 들면 올해는 유난히 극성맞은 아이가 많아서 힘들다거나 가난하거나 조부모가 키우는 아이가 많다거나 ○○○ 반 교사가 전달해 주지 않았다거나 다른 기관에는 ~ 등등. 이러한 예는 학부모가 기관에 관한 이미지뿐 아니라 교사의 이미지도 흐려놓게 될 수 있어요. 그리고 학부모의 질문에 건성으로 "○○는 잘 지내요, 예뻐요, 별문제 없어요!" 등의 말은 별로 좋지 못해요. "오늘 누구와/무엇을/ 간식으로 ○○가 나왔는데 많이 먹었어요, 등 아이에 대해 관찰한 내용—작고 시시콜콜하다고 생각되는 내용이 일상적인 부모 대화에서는 중요한 내용이 됨을 기억하고, 교육활동의 결과 또는 활동 과정의 모습을 중심으로 대화하는 것이 매우 중요한 것 같아요(J기관 원장 면담).

표 10-2 부모 오리엔테이션 안내문 예시

## 부모 오리엔테이션 안내문(예시)

본 어린이집에서는 가정과 어린이집에서 일관성 있는 보육이 이루어지도록 신입 원아 부모를 대상으로 부모 오리엔테이션을 다음과 같이 계획하였습니다. 꼭 참석하시어 자녀의 어린이집 생활을 이해하는 데 도움이 되시기를 바랍니다.

| | |
|---|---|
| 일시 | 년 월 일 ( 요일) 오후 1시 30분<br>오후 3시 30분<br>※ 가능한 시간에 1회 참석하시면 됩니다. |
| 장소 | ○○어린이집 강당 |
| 내용 | • 본 어린이집의 전반적인 운영방침 안내<br>• 보육 교직원 소개<br>• 기관 및 학급 안내<br>• 신입 원아의 초기적응 과정 안내 |

※ 학부모만 참석해 주시기 바랍니다.

. . .

○○어린이집 원장

* 오리엔테이션 참석이 가능하신 시간에 ✓ 표하여 어린이집으로
**월 일 ( 요일)까지** 제출하여 주시기 바랍니다.

——————————— 자르는 선 ———————————

__________반 영유아명__________

부모 오리엔테이션 참석 가능 시간 오후 1시 30분 ( )
오후 3시 30분 ( )

**○○어린이집**

표 10-3 연간 부모교육계획안 예시

| 시기 | 유형 | 내용 | 방법 |
|---|---|---|---|
| 3월 | • 생활기록부 작성 및 학부모 면담 | • 영유아 발달, 선호도 등 일반적인 정보 교환<br>• 영유아의 적응에 대한 부모와의 의견 교환 | 개별 면담 |
| 4월 | • 어린이집 운영위원회 구성<br>• 부모교육 "자녀교육의 올바른 태도와 방법" | • 운영위원 소개 및 어린이집 운영위원회에 대한 안내<br>• 부모의 양육 태도가 자녀에게 미치는 영향에 대한 이해 | 강연회<br>(지역공개) |
| 5월 | • 1회 운영위원회 회의 | • 어린이집에 대한 운영현황 및 개선방안 토의<br>• 지역연계 프로그램의 개발 및 정보 교환 | 회의 |
| 6월 | • 가족 참여 수업 | • 아이와 함께하는 다양한 놀이 체험 | 부모참여 |
| 7월 | • 부모 면담<br>• 발달 상황 관찰기록서 발송 | • 영유아에 대한 정보 제공<br>• 한 학기를 마무리하며 관찰과 발달 상황을 기록하여 각 가정에 전달 | 개별 면담<br>가정통신문 |
| 8월 | • 2회 운영위원회 회의 | • 1학기 어린이집 운영 및 개선방안에 관한 논의<br>• 지역연계 프로그램의 개발 및 정보 교환 | 회의 |
| 9월 | • 부모교육 "만 5세~초등학교에 입학 전 준비과정" | • 만 5세 유아 부모를 대상으로 초등학교에 입학하기 전 필요한 정보 제공 | 강연회 |
| 10월 | • 가족운동회<br>• 3회 운영위원회 회의 | • 아이와 함께 몸을 움직이고 게임하는 시간을 통해 자녀와 친밀감을 가짐<br>• 어린이집 운영 및 개선방안에 관한 논의 | 가족 참여<br>회의 |
| 11월 | • 부모 면담<br>• 발달상황 관찰기록서 발송 | • 영유아에 대한 정보 제공<br>• 학기를 마무리하며 관찰과 발달 상황을 기록하여 각 가정에 전달 | 개별 면담<br>가정통신문 |
| 12월 | • 가족 송년 음악회 | • 1년간의 활동 내용을 중심으로 아이의 발전된 모습과 가족의 소중함을 느끼는 음악회 | 가족 참여 |
| 1월 | • 학부모 반별 간담회 | • 어린이집에 대한 학부모들의 건의 사항과 함께 의견 교환 | 간담회 |
| 2월 | • 신입 원아 부모 오리엔테이션 및 운영 안내<br>• 4회 운영위원회 회의 | • 전반적인 어린이집 운영방침 및 보육프로그램 소개<br>• 어린이집 예결산을 포함한 운영 전반에 관한 점검 | 강연회<br>회의 |

## 2. 영유아 초기적응 지도

신입 원아를 위한 초기적응 프로그램은 영유아가 부모와 헤어지는 것을 두려워하지 않고 어린이집을 안전하고 편안한 장소로 느끼도록 적응 기간을 통해 점진적으로 적응하도록 도와주는 프로그램이다. 첫 주의 보육 시간은 약 2~3시간 정도에서 시작하여 점진적으로 늘려가는 것이 좋고, 일반적으로 2주에서 4주 정도로 계획하는 것이 보통이다. 그러나 영유아의 개인차 및 맞벌이 부모의 여건을 고려하여 융통성 있게 진행한다.

**표 10-4** 영유아 초기적응을 위한 지도내용

| 구분 | | 내용 |
|---|---|---|
| 주의사항 | | • 초기적응 프로그램 시작 단계에서 교사는 성급하게 영아와의 직접적인 접촉을 시도하지 않는다.<br>• 적응프로그램을 시행할 때 영아의 부모나 주 양육자의 도움이 필요하다.<br>• 적응기간 동안 교사는 쉽게 적응되지 않더라도 인내하는 마음이 필요하다.<br>• 적응프로그램을 진행하는 중 영아의 무리한 참여를 요구하지 않으며 관찰할 기회를 제공한다. |
| 전략 | 거리 | • 처음 등원한 영아에게 곧바로 다가서는 것은 심리적인 위축감을 느끼게 한다. 따라서 교사는 영아와 친밀해지기까지 일정한 거리를 두고 지켜보며, 오히려 영아가 보호자의 영역에서 주변을 탐색하도록 놓아두는 것이 효과적이다. |
| | 간접적인 접촉 | • 영아와 물리적으로 거리를 두었다면, 심리적으로도 거리를 둠으로써 안정감을 준다. 처음 보는 영아에게 입을 맞추거나 머리를 쓰다듬는 등의 직접적인 신체접촉은 낯선 이에게 불안해하는 영아를 더 불안하게 만든다. |
| | 시간 | • 아이가 상황에 익숙해질 시간이 필요하다. 집이 아닌 다른 곳에서 처음 보는 사람과 처음 보는 신기한 물건이 익숙해지기까지 영아에게는 분노와 심리적 상처가 치유될 만한 자정의 시간이 필요한 것이다. 이때, 교사는 영아가 원내 환경에 적응하기까지 섬세하게 관찰하고 기다리면서 반응한다. |
| 적응 시간표 | 영아 (2~3주) | (적응 기간은 영유아의 개인적 특성에 따라 달라질 수 있다)<br>• 짧게 방문하기(2~3일간), 부모와 잘 헤어지기(2~3일간)<br>• 오전 놀이, 점심(2~3일간), • 낮잠 자기(2~3일간), • 하루 종일 지내기(2~3일간) |
| | 유아 (1주) | • 실내·외 자유놀이(1~2일간), 점심(2일간), 낮잠 자기(1일간), 하루 종일 지내기(2일간) |
| 적응을 위한 구체적 활동 | | • 안기와 달래기, 부모와 인사시키기, 영아의 기분 이해하고 표현하기<br>• 적절한 동화책 읽기, 적응 행동 격려하기, 또래, 놀잇감 소개하기 |
| 적응을 돕기 위한 환경구성 | | • 안락한 공간 및 개별 공간 구성, 동물, 금붕어, 거북이 등 동식물 키우기,<br>• 영유아 사진 및 가족사진 전시, 애착 물건이나 놀잇감 |
| 부모의 적응을 위한 방법 | | • 어린이집에 대한 전반적인 내용을 오리엔테이션을 통해 부모에게 전달할 수 있도록 프로그램을 계획한다.<br>• 적응 동안 부모의 역할에 대해 안내, 부모와 파트너십을 형성하며, 부모에게 영아 및 일과, 어린이집에서 제공하는 프로그램에 대한 정보를 제공한다.<br>• 부모와의 긴밀한 관계를 형성함으로써 정보를 얻고 공유할 수 있다. |

## 3. 행사관리

유아교육기관의 행사는 다양하다. 누구를 대상으로 하는지, 부모가 참여하는 행사인지, 어디에서 이루어지는 행사인지, 어떤 내용의 행사인지에 따라 다양하게 분류된다. 이영석(1998)은 행사내용에 따라 입학식, 졸업식, 개교기념일 등의 의식행사, 전시회나 발표회 및 경진대회 등의 학예행사, 신체검사나 운동회 등의 보건체육행사, 소풍 등의 현장학습행사, 소방훈련이나 교통안전교육 등의 안전교육 행사, 지역사회와의 연계를 위한 행사로 구분하였다. 2007년 개정 유치원교육과정에서는 유치원 행사로 입학일, 졸업일, 생일, 현장학습, 소풍, 가족 참여일 등을 들고 있으며, 국경일, 기념일, 명절과 절기 등과 더불어 '특별한 날들'이라는 이름으로 계획·운영하도록 하고 있다(교육과학기술부, 2008).

유아교육기관의 철학이나 상황에 따라 행사의 종류는 다르나 일반적으로 유아교육 현장에서 실시하고 있는 행사는 신입생 오리엔테이션, 입학식, 부모교육 관련 행사(부모 강연회, 부모참여 수업), 어린이날 행사, 어버이날 행사, 현장학습, 운동회, 작품 전시회, 재롱 잔치, 크리스마스 행사, 졸업식 등이 있다.

**행사를 진행할 때 이런 점을 주의해 주세요**

- 부모에게 잘 보이거나 상을 받기 위해서 영유아의 흥미를 무시하고 무리한 연습을 시키지 마세요.
- 평소에 영유아가 배웠거나 즐겨 부르던 동요, 함께 꾸며 보았던 악기 놀이를 발표할 수 있는 조촐한 동요대회나 발표회를 계획해 보아요.
- 모든 영유아가 참여할 수 있도록 하며, 행사를 계획할 때 영유아를 참여시키도록 해요. (장소, 무대 계획, 발표 내용, 악기의 선택 등)
- 훌륭한 악기연주나 노래를 기대하기보다는 흥미롭고 창의적인 연구를 준비하는 과정에 초점을 맞추어 봐요.
- 다른 활동을 전개하는 데 방해가 되지 않도록 주의하며, 개별적인 상을 주기보다는 그룹으로 또는 잘한 부분의 명목별로 모두에게 상이 돌아갈 수 있도록 하는 것이 좋겠지요.

**표 10-5** 어린이집 행사 운영 방법

| 단계 | 내용 |
|---|---|
| 계획하기 | • 교사 협의를 통해서 연간 생활 주제와 관련되는 행사내용 및 시기 등을 결정한다.<br>• 행사 장소를 결정한다.<br>• 참가 대상 인원을 결정한다.<br>• 교육내용과 소요 경비를 결정한다. |
| 준비하기 | • 구체적 행사내용을 결정한다.<br>• 내부 결재에 따라 관계 기관에 협조 공문을 보낸다.<br>• 준비물의 구입과 제작을 추진한다.<br>• 행사 역할 분담을 작성한다.<br>• 행사 장소를 점검하고, 좌석 배치를 계획한다.<br>• 영유아가 행사 중 안전하게 활동할 수 있도록 안전 대비 계획을 세운다.<br>• 영유아에게 행사의 의미를 알린다.<br>• 부모에게 안내장 및 초청장을 보낸다. |
| 진행하기 | • 영유아와 함께 행사 진행 과정을 결정하고 활동한다.<br>• 적극적인 참여와 질서 지키기를 약속한다.<br>• 간식과 준비물, 생리적인 요구를 해결할 적절한 시간을 마련한다.<br>• 특별한 도움이 필요한 영유아에 대해 관심을 둔다(학부모 자원봉사자 활용).<br>• 진행 상황에 따라 융통성 있게 좌석을 배치한다.<br>• 진행 과정을 카메라, 비디오 등을 통해 기록한다.<br>• 시작과 종결의 표현이 분명해야 한다. |
| 평가하기 | • 영유아가 행사에서 경험한 것을 이야기하고, 느낌을 다양하게 표현한다.<br>• 교사 회의를 통해 사전 준비, 진행과 준비물, 프로그램의 교육적 의의 등 행사의 운영 과정에 이상이 없었는지 토의하고 기록으로 남긴다.<br>• 교사는 진행 과정을 비디오, 사진 기록과 함께 평가 자료로 활용한다.<br>• 영유아의 의견과 교사의 의견을 조합하여 기록한다.<br>• 행사 프로그램이 적절했는지를 평가한다.<br>• 자원봉사자의 활동 상황에 대해 평가한다.<br>• 부모에게 설문지를 통해 행사에 대한 의견을 듣는다.<br>• 평가된 사항은 다음 행사에 반영한다. |

표 10-6 연간 행사 및 현장학습 계획

| 월 | 생활 주제 | 행사 및 현장학습 | 행사 목적 |
|---|---|---|---|
| 3 | 어린이집에 왔어요 | • 신입생 및 부모 예비 모임<br>• 입학식<br>• 부모특강<br>• 어린이집 주변 산책<br>• 교통안전센터 견학 | • 원에 관한 전반적인 소개를 받음으로써 어린이집 교육에 대하여 이해한다.<br>• 어린이집의 생활을 편안하고 즐겁게 할 수 있다.<br>• 어린이집 보육에 대한 부모로서 해야 할 역할을 다짐하는 시간을 가진다.<br>• 자연현상의 변화에 관심을 둔다.<br>• 교통안전과 규칙을 알고 생활화한다. |
| 4 | 따뜻한 봄이 왔어요 | • 식물원이나 유채꽃 견학<br>• 동물농장 견학<br>• 신체 발달 검사<br>• 부모 상담<br>• 요리 활동 | • 자연현상에 관심을 두고, 식물을 관찰하며 보호하는 마음을 갖는다.<br>• 동물의 특성에 관심을 두고, 관찰하며 탐구심을 가진다.<br>• 키, 몸무게 등을 통해서 신체 건강에 관한 관심을 가진다.<br>• 어린이집의 적응 상태와 유아의 이해를 돕는다.<br>• 요리하는 즐거움과 올바른 식습관을 기른다. |
| 5 | 사랑하는 가족 | • 어린이날 행사<br>• 부모 참관 수업<br>• 가족과 함께 하는 등반<br>• 가족을 위한 요리 활동 | • 어린이날을 축하하고 그 의미를 알아본다.<br>• 어린이집 교육을 이해하며 영유아 지도에 도움이 된다.<br>• 자연을 관찰하는 태도를 갖고, 가족의 소중함을 느끼며 가족 간의 화합을 도모하는 시간을 가진다.<br>• 가족을 위한 요리를 준비함으로써 즐거움을 느낀다. |
| 6 | 우리 이웃과 지역사회 | • 우리 동네 돌아보기<br>• 병원, 우체국, 은행, 시장, 방송국 견학<br>• 시장 놀이, 병원 놀이, 우체국 놀이<br>• 가족 참여 수업<br>• 충혼탑 견학 | • 어린이집 주변에 관심을 둔다.<br>• 공공 기관의 역할에 관해 관심을 둔다.<br>• 역할극을 통해서 사회화의 기초를 형성한다.<br>• 가족과 함께 하는 시간을 갖고 유대감을 형성한다.<br>• 나라 사랑하는 마음을 가진다. |
| 7 | 햇볕은 쨍쨍 여름이 왔어요 | • 물놀이<br>• 여름 캠프<br>• 부모교육<br>• 요리 활동 | • 물놀이 방법과 안전에 대해 알고 즐겁게 물놀이를 한다.<br>• 더불어 사는 체험을 통해 함께 하는 즐거움을 느낀다.<br>• 부모의 역할에 대한 바람직한 안내를 제공한다.<br>• 여름 과일을 이용한 요리 활동을 즐긴다. |

| 월 | 생활 주제 | 행사 및 현장학습 | 행사 목적 |
|---|---|---|---|
| 9 | 교통기관 | • 자동차 정비소 견학<br>• 비행장 견학<br>• 해양 경찰서 견학<br>• 함께 하는 운동회 한마당<br>• 미술관 견학 | • 자동차의 특징과 내부 구조를 탐색할 수 있는 경험을 가진다.<br>• 비행기의 특징과 역할에 대해 관심을 둔다.<br>• 해양 경찰서의 역할과 배의 구조에 관해 관심을 가진다.<br>• 가족과 체육 활동에 대한 참여도를 높이고 질서 의식과 기초 체력 향상을 도와준다.<br>• 다양한 조형을 감상한다. |
| 10 | 우리나라와 세계 여러 나라 | • 부모 면담<br>• 수목원 견학<br>• 민속촌 및 박물관 견학<br>• 요리 활동<br>• 민속놀이<br>• 소인국 견학 | • 영유아의 행동과 이해를 돕는다.<br>• 자연현상의 특징과 가을의 변화에 관해 관심을 가진다.<br>• 우리나라 전통 생활과 조형물, 유물에 관심을 가진다.<br>• 전통 음식 요리 활동을 통해 전통 음식에 관해 관심을 가진다.<br>• 민속놀이 활동 경험을 통해 관심과 자긍심을 가진다.<br>• 세계 여러 나라의 조형물에 관해 관심을 가진다. |
| 11 | 세계와 우주, 기계와 도구 | • 과학교육원 견학<br>• 어머니 참여 수업<br>• 소리섬 박물관<br>• 정보 통신관 견학<br>• 도서관 견학 | • 과학 활동을 체험하고 우주의 생태에 관심을 가진다.<br>• 어린이집 교육에 직접 참여하면서 자녀교육을 이해한다.<br>• 음악의 소리를 통해 기계의 발전을 알아본다.<br>• 우리에게 편리함을 주는 정보 통신에 대해 관심을 둔다.<br>• 도서관의 역할과 이용 방법을 알고 책에 관심을 둔다. |
| 12 | 고마운 사람과 겨울맞이 | • 소방서 견학<br>• 양로원 방문<br>• 성탄절 행사<br>• 요리 활동 | • 소방서의 역할과 안전하게 불을 사용하는 방법과 불이 났을 때 대처하는 방법을 안다.<br>• 어른에 대해 공경하는 마음을 가진다.<br>• 성탄절의 의미와 선행에 대해 생각해 보고 즐거운 성탄을 즐긴다.<br>• 김장하여 사랑을 전달한다. |
| 2 | 졸업, 초등학교에 갑니다 | • 부모교육<br>• 초등학교 견학<br>• 졸업식 | • 유아의 발달 단계에 따른 부모의 역할에 대해 도움을 준다.<br>• 초등학교 견학을 통해 초등학교의 역할과 생활에 관심을 둔다.<br>• 졸업의 의미를 알고 1년 동안의 유치원 생활을 마무리한다. |

## 4. 교재 및 교구 관리

교재 · 교구는 유아교육기관에서 필요한 것이다. 교재 · 교구의 질과 양, 그리고 교재 · 교구의 적절한 활용은 영유아의 상호작용 및 보육프로그램의 효과에 영향을 미친다. 특히, 구체적인 조작을 즐기는 영유아에게 의미 있는 놀이를 지원해 주기 위해서는 종류가 다양하고 수준별 교재 · 교구를 새롭게 구매하거나 제작하여 제시하는 것과 더불어 언제, 어디서든 즉시 꺼내어 활용할 수 있도록 교재 · 교구가 한눈에 들어올 수 있게 정리 보관하는 것이 중요하다.

따라서 어린이집 사정을 잘 모르는 신임교사는 적절한 교재 · 교구의 투입, 활용을 극대화하기 위해서 교재 · 교구가 어디에 어떤 종류가 어느 정도 있는지 먼저 파악해야 한다. 다음은 교재 · 교구를 활용하고, 정리하는 관리 방법이다.

### 1) 교재 · 교구를 보관할 공간을 확보한다

어린이집은 교재 · 교구를 보관 · 관리할 수 있는 교육 자료실을 확보하여야 한다. 별도의 자료실을 마련할 수 있는 시설, 공간이 없으면 보관 · 관리할 수 있는 자투리 공간을 활용하여 정리하는 방법도 생각한다.

예) 1층: 대집단 활동 자료(이야기 나누기, 동화, 동시 등)
　　2층: 생활 주제별(퍼즐, 바느질 자료 등)
　　3층: 영역별 게임 자료, 실험 도구 등

### 2) 교재 · 교구 목록 대장을 마련하여 기록한다

교재 · 교구 구입 및 기증, 제작 시에도 대장에 기록하여 교재 · 교구의 관리와 활용을 원활히 할 수 있도록 한다.

**표 10-7** 교재 · 교구 대장 기록 예시

| 일련 번호 | 구입 일자 (제작 일자) | 자료명 | 수량 | 출처 | 구입처 | 구입 가격 | 비고 |
|---|---|---|---|---|---|---|---|
| 1 | '21. 07. 12. | 교수 자료 | 2질 | 교육산업 | 교재사 | 80,000 | 구입 |
| 2 | '21. 04. 10. | 통합 영역 교육자료 | 10종 | 교육청 | 보육사 |  | 제작 |
| 3 | '21. 05. 25. | 전래 동화자료 | 1질 | 한국육영회 | 한국육영회 |  | 기증 |

### 3) 어린이집의 보육과정에 맞게 생활 주제를 정한다

보육과정과 관련된 활동의 전개를 도와주고, 상호작용의 질과 양을 결정하는 교재 · 교구를 효율적으로 사용하기 위해서는 우선 생활 주제를 정한다.

**표 10-8** 어린이집 생활 주제 선정 예시

<table>
<tr><td rowspan="2">1</td><td rowspan="2">우리 어린이집</td><td>즐거운 어린이집</td><td rowspan="2">6</td><td rowspan="2" colspan="2">교통기관</td></tr>
<tr><td>나</td></tr>
<tr><td rowspan="4">2</td><td rowspan="4">계절</td><td>봄</td><td rowspan="4">7</td><td rowspan="4" colspan="2">도구와 기계</td></tr>
<tr><td>여름</td></tr>
<tr><td>가을</td></tr>
<tr><td>겨울</td></tr>
<tr><td rowspan="2">3</td><td rowspan="2">가족과 이웃</td><td>가족</td><td rowspan="2">8</td><td rowspan="2">우리나라와<br>세계 여러 나라</td><td>우리나라</td></tr>
<tr><td>우리 동네와 지역사회</td><td>세계 여러 나라</td></tr>
<tr><td rowspan="6">4</td><td rowspan="6">동물</td><td>애완동물</td><td rowspan="3">9</td><td rowspan="3">지구와 환경</td><td>지구와 우주</td></tr>
<tr><td>농장 동물</td><td rowspan="2">환경</td></tr>
<tr><td>야생 동물(동물원 동물)</td></tr>
<tr><td>공룡</td><td rowspan="3">10</td><td rowspan="3">특별한 날</td><td>기념일</td></tr>
<tr><td>곤충과 벌레</td><td>명절</td></tr>
<tr><td>기타 동물</td><td>행사</td></tr>
<tr><td rowspan="8">5</td><td rowspan="8">건강한 몸과<br>마음</td><td rowspan="2">건강한 생활<br>(음식, 운동 경기)</td><td rowspan="8">11</td><td rowspan="8">기타 주제</td><td>색, 모양, 선</td></tr>
<tr><td>소리</td></tr>
<tr><td>안전한 생활</td><td>숫자</td></tr>
<tr><td rowspan="5">깨끗한 생활</td><td>요리</td></tr>
<tr><td>실험</td></tr>
<tr><td>지역화 자료</td></tr>
<tr><td>책</td></tr>
<tr><td>인형</td></tr>
</table>

### 4) 생활 주제와 주제에 맞는 활동을 활동 형태별로 분류한다(A~P)

교재·교구마다 생활 주제, 주제에 따른 활동 형태를 한눈에 알아볼 수 있도록 이야기 나누기, 동화, 동극 등으로 분류하여 알파벳 순으로 표시해 본다.

표 10-9 생활 주제와 주제에 맞는 활동 분류 예시

| 생활 주제 | | | | | 주제 | | | |
|---|---|---|---|---|---|---|---|---|
| 영역 번호 | A.이야기 나누기 | B.동화 | C.동극 | D.동시 | E.이야기 꾸미기 | F.신체·음률 | G.게임 | H.요리 |

| 생활 주제 | | | | | 주제 | | | |
|---|---|---|---|---|---|---|---|---|
| 영역 번호 | I.언어 | J.수·조작 | K.과학 | L.조형 | M.쌓기·역할 | N.전통 놀이 | O.실외 활동 | P.환경 구성 |

### 5) 활동 형태별로 교재·교구를 분류한 후 분류 번호를 넣는다

자료를 생활 주제, 활동 형태를 기록한 후 분류 번호(8-생활 주제, 세-주제, A-이야기 나누기, ①-교구 번호 1번)를 순서대로 기록하고, 주제, 활동명, 활동 자료, 수준, 자료 형태, 출처를 기록한다.

표 10-10 교재·교구의 분류번호 예시

| 생활 주제 | 8. 세계 여러 나라 | | | | | | |
|---|---|---|---|---|---|---|---|
| 활동 형태 | A. 이야기 나누기 | | | | | | |
| 분류 번호 | 주제 | 활동명 | 활동 자료 | 수준 | 자료 형태 | 출처 | 비고 |
| 8-세-A-① | 우리나라 | 이야기가 있는 조각품 | 그림 카드 4장 | Ⅱ | 제시용 | 육영회 | ★ |
| 8-세-A-② | 세계 여러 나라 | 세계 여러 나라의 친구들 | 그림 카드 24장 | Ⅱ | 융판용 | 육영회 | ★ |

★ 표시는 작은 자료 상자에 들어 있음.

### 6) 교구는 크기별로 자료 상자에 넣어서 공간 크기에 따라 배치한다

생활 주제와 활동 형태별로 분류하여 기록한 후 자료의 크기에 따라 공간에 맞게 정리한다.

**표 10-11** 활동 형태별 공간 정리 예시

| 내용 | 사물함 모양 |
|---|---|
| ④ 이야기 나누기, 동화, 동시, 음률… | |
| ③ 음률, 과학, 조형… | |
| ② 동화, 동시, 동극 | |
| ① 이야기 나누기 | |

※ ①,②,③의 공간은 대집단을 위한 활동의 큰 자료(평면 자료)를 넣고 보관한다. ④의 공간에는 작은 자료(융판용, 자석용)를 비닐 팩에 담아서 보관하거나 작은 파일철에 활동지와 함께 보관한다.

### 7) 자료 상자의 보이는 면에는 생활 주제와 활동 형태를 기록하고 붙인다

공간에 넣은 자료 상자는 한눈에 쉽게 찾을 수 있도록 보이는 앞면에 생활 주제와 활동 형태를 기록하고 붙인다(자료 상자 크기에 맞게 붙인다). 또한 상자 겉면에도 자료 상자에 넣어진 자료의 주제, 영역, 분류 번호, 자료명, 활동 자료를 기록하고 아래와 같이 상자 겉면에 붙인다(왼쪽 상단).

**표 10-12** 자료 보관 상자 앞면 부착 예시

| 생활 주제 | 8. 우리나라와 다른 나라 | 활동 영역 | A. 이야기 나누기 |
|---|---|---|---|
| **분류 번호** | **주제** | **자료명** | **활동 자료** |
| 8-세-A-④ | 세계 여러 나라 | 세계 여러 나라 친구들 | 그림 자료 1장 |
| 8-세-A-⑤ | | 인사말이 서로 달라요 | 그림 자료 1장 |
| 8-세-A-⑥ | | 아름다운 민속 의상 | 그림 자료 1장 |
| 8-세-A-⑦ | | 여러 나라가 있어요 | 그림 자료 1장 |
| 8-세-A-⑧ | | 우리나라 음식, 다른 나라 음식 | 그림 자료 1장 |

## 8) 비닐 팩에 들어 있는 자료의 목록을 적어 오른쪽 위에 붙인다

각각의 내용물에 분류 번호를 적는다. 비닐 팩과 각각의 내용물에 분류 번호를 붙이고 정리한다.

**표 10-13** 자료 목록의 예시

| 1 | 분류 번호 | 8-세-A-① | 2 | 수준 | Ⅱ |
|---|---|---|---|---|---|
| 3 | 활동 영역 | 이야기 나누기 | | | |
| 4 | 생활 주제 | 우리나라와 다른 나라 | | | |
| 5 | 주제 | 세계 여러 나라 | | | |
| 6 | 활동명 | 이야기가 있는 조각품 | | | |
| 7 | 활동 자료 | 그림 카드 4장 | | | |

### 9) 활동 교구가 적은 것은 한꺼번에 넣는다

활동 교구가 적은 것은 한꺼번에 넣어서 보관하고, 다음과 같이 목록을 제시한다.

표 10-14 혼합하여 보관하는 목록 예시

| 활동 영역 | D.이야기 꾸미기 | | |
|---|---|---|---|
| 분류 번호 | 주제 | 자료명 | 활동 자료 |
| 2-봄-D-① | 봄 | 소풍 가는 길 | 그림 자료 4장 |
| 2-즐-D-② | 우리 어린이집 | 간식을 먹어요 | 그림 자료 4장 |
| 2-동-D-③ | 동물원 동물 | 동물원에서 생긴 일 | 그림 자료 4장 |

### 10) 영역에 따른 활동 자료도 분류 번호를 넣고 투명 상자에 넣는다

영역에 따른 활동 자료의 경우도 분류 번호를 만들어 투명 상자에 넣어서 보관한다. 언어, 수·조작, 신체, 쌓기·역할, 조형 활동의 자유선택시간에 자주 사용되는 교재·교구 및 게임 자료, 입체 자료와 이를 분류 보관하는 비닐 팩에도 같은 분류 번호를 정해서 붙인 후 투명 상자에 넣는다. 비닐 팩은 교재·교구 크기에 따라 다양하게 준비한다.

### 11) 생활 주제별로 전체 목록을 작성한다

전체 목록을 작성하면 교육활동을 계획하고 전개할 때 교재·교구 현황을 쉽게 들여다볼 수 있어서 아이디어를 찾는 데 도움이 된다. 목록은 복사해서 교실에도 보관한다.

**표 10-15** 생활 주제별 전체 목록 예시

| 생활 주제 | 1. 나와 유치원 | | | | 주제 | 즐거운 어린이집 | | |
|---|---|---|---|---|---|---|---|---|
| 영역<br>번호 | F.게임 | G.언어 | H.수, 조작 | I.과학<br>(요리) | J.조형 | K.쌓기,<br>역할 | L.전통 | M.안전 |
| ① | 꼭꼭<br>숨기기 | 친구 알기<br>돌림판 | 모양 통나무<br>다리<br>건너기 | 색깔<br>주먹밥 | 크레파스<br>묶음<br>그림 | 유치원<br>꾸미기 | 어디까지<br>왔나 | 길을<br>건너요 |

## 12) 생활 주제별 영역별 내용(활동 방법)을 전체 복사해서 자료 대장에 정리한다

교재 · 교구의 활용을 돕기 위해 활용 방법이 기록되고, 해당 교재 · 교구의 사진을 붙일 수 있는 서식을 만들어 두는 것도 좋은 방법이 된다.

## 13) 정리된 교재 · 교구의 보관 장소에도 목록을 적는다

정리된 보관 장소에도 교재 · 교구의 목록을 적어서 비치하면 효율적으로 활용할 수 있다.

**표 10-16** 교재실의 전체 목록 비치의 예

| 1층 교재실 목록 | |
|---|---|
| 1 | 이야기 나누기 |
| 2 | 동화 |
| 3 | 동시 |

### 14) 도서 구입 시 대장에 기록하여야 하며 관리를 철저히 해야 한다

각 도서에도 대장과 동일한 번호가 붙어 있어 도서관리 및 활용에 편리함을 준다. 책은 출판사별, 또는 주제별로 분류 번호 순서대로 도서 대장에 기재하고, 분류 번호 순서대로 책장에 정리 보관한다.

**표 10-17** 도서구입대장 기록의 예

| 일련 번호 | 분류 | 구입 일자 | 도서명 | 저자 | 출판사 | 출판 연월일 | 규격 | 구입자 | 금액 | 비고 |
|---|---|---|---|---|---|---|---|---|---|---|
| 1 | 8-유-① | 2000. 12. 03 | 동물 유치원 | OOO | 새샘 | 1999. 03. 20 | 210 × 297 | OOO | 100,000 | 1질 |
| 2 | | | | | | | | | | |

# 5. 영유아 건강, 영양, 안전 교육

## 1) 영유아의 건강관리

영유아가 생활하는 어린이집에서 건강은 중요한 운영의 지표가 된다. 영유아의 건강한 발달을 위해 청결에서 예방에 이르기까지 건강관리가 체계적으로 이루어져야 할 것이다. 「영유아보육법」에 근거하여 어린이집에서의 건강관리는 영유아 건강진단 및 관리와 교직원의 건강관리를 포함하고 있다. 실제 어린이집에서는 영유아의 기본생활습관에서부터 보육활동에 이르기까지 건강생활을 위한 다양한 활동을 시도하고 있다.

보육교사는 영유아가 올바른 건강생활습관을 갖도록 관찰하고, 규칙적 생활하도록 지도하며, 나아가 건강교육 프로그램을 적극적으로 개발하여 실행해야 한다. 어린이집의 건강관리를 위한 여러 가지 실천적 영역을 살펴보면 다음과 같다.

**표 10-18** 영역별 건강관리 내용

| 영역 | | 내용 |
|---|---|---|
| 실내 시설의 청결 유지 | 놀잇감 청결 | • 물놀이: 물놀이대는 청결하게 하며 소독액으로 위생 처리하고, 적어도 하루에 한 번씩 깨끗한 물로 갈아준다. 물놀이하기 전에 영유아가 손을 씻도록 하고, 모든 물놀이 도구는 매일 씻고 소독한다.<br>• 역할 놀이 의상: 역할 놀이 물품을 통해 특히 머리나 피부와 관련된 병원균이 전염될 수 있으므로 자주 세탁하여 청결하게 관리한다.<br>• 모래놀이: 모래 영역에는 동물이 접근할 수 없도록 하며, 사용하지 않을 때는 덮어둔다. 모래는 한 학기에 한 번 정도 세척한다.<br>• 놀잇감이나 교구장: 영아들은 모든 물건을 입으로 물고 빨거나 씹음으로써 만족감을 느끼므로 딸랑이, 오뚝이, 인형 등의 놀잇감은 매일 한 번씩 닦아준다. 놀이실의 손잡이, 책상 위 등의 표면, 놀이 영역, 유아용 침대 등의 소독과 청결을 위해 소독액을 사용하고, 소독액을 넣은 스프레이 통은 반드시 내용물 표시를 해두고 영유아의 손이 닿지 않는 곳에 보관한다.<br>• 기저귀 갈이대: 교사는 깨끗하고 편안한 환경에서 즐거움이 될 수 있도록 청결 관리에 관심을 가지고 사용 전·후에 소독액으로 청결을 유지한다. |
| 보육실 환기와 습도 조절 | 공기 | • 적당한 온도, 습도, 환기는 영유아의 질병에 대한 저항력과 병후 회복력을 증가시키기 때문에 관리한다.<br>• 실내 온도는 겨울 18.3~23.8℃, 여름 20~27.7℃를 유지한다. 겨울이라도 하루에 한 번 이상 창문을 열어 환기하며, 지나치게 건조하거나 습기가 많은 경우 적절한 습도 조절(50~60%)을 위하여 가습기나 제습기를 사용한다.<br>• 환풍기를 사용할 때 청결하게 관리하고 정기적으로 점검한다. |
| | 채광 | • 자연 채광이 부족할 때 영유아의 성장이 저해될 수 있으므로 커튼 또는 블라인드나 발 등으로 채광의 양을 조절한다. |
| 조리실과 식자재의 위생적 관리 | 조리실 | • 조리실 위생, 급식 설비와 식기류, 환경 위생, 식자재 보관 관리 과정은 위생적으로 관리하고, 보관한다. |
| | 영아 | • 우유는 냉장고(0℃~10℃)에 위생적으로 보관하고, 우유병은 사용할 때마다 매번 소독(부모가 소독된 우유병 가져오게 함)한다. |
| 보육교사와 영유아의 손 씻기 | 영유아 | • 간식 또는 식사하기 전이나 음식을 만지기 전<br>• 화장실에 가기 전이나 다녀온 후<br>• 코를 풀거나 상처 부위를 만진 후<br>• 애완동물을 만지거나 먹이를 준 후<br>• 바깥놀이·모래놀이를 한 후<br>• 요리 활동을 하기 전과 후<br>• 미술공예 활동을 한 후 |

<table>
<tr><th colspan="2">영역</th><th>내용</th></tr>
<tr><td rowspan="2">실내 시설의 청결 유지</td><td>교사</td><td>• 어린이집에 도착한 후<br>• 음식 준비나 식사 전 또는 유아에게 음식을 먹이기 전<br>• 요리 활동을 시작하기 전후<br>• 기저귀를 갈아주기 전후<br>• 영유아의 화장실 사용이나 배변을 도와준 후<br>• 영유아의 코를 닦거나 더러워진 물, 상처를 만진 후</td></tr>
<tr><td>마실 물과 물컵</td><td>• 생수나 끓인 물은 위생적인 용기에 담아 두며, 정수기 사용 시 정수기 꼭지는 매일 분리하여 세척한다. 항상 깨끗한 컵을 사용하도록 한다(사용 전, 사용 후로 나누어 1회만 사용).<br>• 개인용 물컵 사용 시에는 식기 소독기나 먼지와 습기가 없는 건조한 곳에서 보관한다.</td></tr>
<tr><td rowspan="2">영유아를 위한 급/간식</td><td>급식</td><td>• 영양 섭취의 균형을 위해 다섯 가지 기초식품군(탄수화물, 단백질, 지질, 비타민, 무기질)을 골고루 사용하여 균형 있는 음식을 제공한다.<br>• 2005년도 개정: 1~3세의 영아의 1일 에너지 섭취량은 1,000kcal이고, 단백질 권장량 15g이다. 어린이집에서의 총 섭취 에너지량은 600kcal, 4~6세 유아의 1일 에너지 섭취량은 1,400kcal이고, 단백질 권장량 20g이다. 어린이집에서의 점심과 간식을 필요한 하루 칼로리와 단백질을 섭취할 수 있도록 영양사가 식단을 구성한다.<br>• 먹기 쉽고, 소화에 용이한 조리 방법을 선택한다.<br>• 맛은 싱겁고 엷게 조리한다.<br>• 다양한 조리 방법으로 특정한 식품이나 맛이 반복되지 않도록 급식을 제공한다.<br>• 가공식품이 아닌 천연식품을 사용하며, 제철 음식을 이용하여 우수한 영양소를 공급한다.<br>• 기름에 튀기거나 다량의 설탕, 소금, 화학조미료를 넣는 조리 방법은 식습관 형성이 이루어지는 중요한 시기에 영향을 미치므로 삼가는 것이 필요하다.<br>• 각 식단에서 색, 맛, 질감, 형태, 크기, 온도가 영유아에게 적절하게 배식이 되도록 한다.<br>• 영유아는 질병에 대한 저항력이 약하므로 식품의 구입, 보관, 섭취 과정이 위생적이어야 한다.</td></tr>
<tr><td>간식</td><td>• 가능한 한 식사와 중복되지 않아야 한다.<br>• 내용과 양이 식사를 방해해선 안 된다.<br>• 지나치게 당분이 높거나, 탄수화물 위주의 인스턴트식품, 과자류 등은 피한다.<br>• 인공착색료나 향료, 방부제가 많이 첨가된 것은 피한다.<br>• 지방 함량이 높은 음식은 피한다.<br>• 탄산음료는 피한다.</td></tr>
</table>

또한 영유아의 건강관리를 위해서는 기본적으로 전염병의 감염 시기나 주요 증상을 확인하고, 이에 근거하여 명확한 예방을 위한 규정을 세워서 운영한다. 특히 감염의 위험이 있는 경우 휴원 조치하여 전염을 방지하는 관리체계가 필요하다. 특히 수두, 풍진, 홍역, 성홍열, 백일해 등의 주요 전염병의 특징을 이해하고, 이에 대한 대처가 중요하다.

**표 10-19** 연령별 예방접종

| 구분 | 연령 | 종류 |
|---|---|---|
| 기본 접종 | 4주 이내 | BCG |
| | 2개월 | 경구용 소아마비, DPT, 간염 1차 |
| | 3개월 | 간염 2차 |
| | 4개월 | 경구용 소아마비, DPT |
| | 6개월 | 경구용 소아마비, DPT |
| | 8개월 | 간염 3차 |
| | 12~15개월 | 홍역, 볼거리, 풍진(MMR) |
| | 3세 | 일본 뇌염 |
| 추가 접종 | 18개월 | DPT |
| | 4~6세 | 경구용 소아마비, DPT, MMR |
| | 2년마다(15세까지) | 일본 뇌염 |

## 2) 영유아 영양관리

영유아가 종일 생활하는 어린이집은 균형 있는 영양을 위한 관리가 이루어져야 한다. 영유아를 돌보아 기르는 과정에서 영양은 중요한 영역임에 틀림이 없다. 어미가 젖을 먹여 자식을 키우는 돌봄의 마음과 과정이 현대사회의 보육에서 또 다른 과제이다.

### (1) 모유 수유

영아의 영양에 있어서 모유만으로 영양을 공급하는 모유영양이 있는데 이는 아주 어린 영아에게 있어 이상적이다. 영양뿐 아니라 영아의 정서와 다른 발달적 순기능을 위해 필요한 영양 방법이며, 권장할 만하다. 모유 수유는 1~2개월경은 1~3시간 정도의 간격으로 먹이고, 하루에 적어도 8회 이상 젖을 먹인다. 시간이 지나면서 자연스럽게 수유 간격이 길어지고 시간도 규칙적으로 적응하는데, 대략 3~4개월경 이후부터는 4시간 간격으로 하루 5~6회 먹이는 것이 일반적이다. 9~10개월경에는 모유가 묽어지므로 반드시 이유식과 함께 먹여야 한다. 이유식의 시작 시기는 학자마다 다양하나 대략 4~6개월경에는 이유식을 시작한다. 그러나 현대사회의 여러 가지 맥락 속에서 혼합영양을 취하는 경우가 있다. 이는 특별하게 모유가 부족하거나 상황적으로 인공유를 병용하여 먹이는 경우이다. 모유 이외의 인공유로 영아를 양육하는 것은 인공영양이라고 한다. 인공영양의 경우 분유량의 조절과 우유병이나 기타 기구들의 청결 유지가 무엇보다도 중요하다.

### (2) 이유식

이유식을 시작하는 시기는 영아마다 다르나 객관적인 지표는 분유를 먹는 아이는 만 4~6개월, 모유를 먹는 아이는 만 6개월 이후에 시작한다. 이유식은 곡류부터 시작하여 채소, 소고기, 과일 순이나 또는 곡류부터 시작하여 소고기, 채소, 과일 순으로 이루어진다. 일반적으로 이유식의 시작은 쌀미음으로 시작하게 되는데 보통 스푼으로 하루 4~5회 정도, 수유 시간 사이사이에 할 수 있다. 영아가 이유식을 받아들이는 상황에 따라 다음으로 야채죽과 같은 이유식을 준비할 수 있다. 5~6개월 이후가 되면 본격적으로 수유뿐 아니라 이유식을 시작할 수 있는데 이때는 다양한 재료를 활용하여 미감을 느끼도록 도와줄 필요가 있다. 7개월 이후는 식사 시간에 맞추어 이유식을 혼합하여 먹일 수 있고, 12개월경에는 어느 정도 이유식이 정착

되어야 한다. 12개월 이후에는 차츰 성인의 식사방식을 익힐 수 있도록 이유식을 진행해야 한다. 이유식의 형태, 먹는 시간, 끼니 수는 다음과 같다.

**표 10-20** 이유식의 형태, 먹는 시간, 끼니 수

| 구분 | 초기 | | 중기 | | 후기 | | 완료기 |
|---|---|---|---|---|---|---|---|
| | 첫째 달 | 둘째 달 | 첫째 달 | 둘째 달 | 첫째 달 | 둘째 달 | 전체 |
| 이유식 형태 | 미음 | 아주 진죽 | 진죽 | 된죽 | 아주 진밥 | 진밥 | 진밥 |
| 먹는 시간 | 오전 10시 | | 오전 11~12시<br>오후 5~6시 | | 아침 8~9시<br>점심 12~1시<br>저녁 6~7시 | | 아침 8~9시<br>점심 12~1시<br>저녁 6~7시 |
| 끼니 수 | 한 끼 | | 두 끼 | | 세 끼 | | 세 끼 |

### (3) 영유아의 영양

생후 1년 이후가 되면 1일 3회의 식사를 통한 영양 섭취의 방식으로 나아가야 한다. 영유아의 영양뿐 아니라 식사를 위한 기본생활습관이나 정서도 고려한 식문화를 형성해 나가야 한다. 바른 자세로 음식을 먹되 즐거운 식사 시간이 되도록 하여야 한다.

차츰 영유아의 영양 섭취 기준을 고려한 식단이 구성되어야 한다. 보건복지부와 한국영양학회는 한국인의 건강을 최적 상태로 유지할 수 있는 영양소 섭취 수준을 정기적으로 제시하고 있다. 표 10-21은 한국인 영양소 섭취 기준으로, 영유아의 식단을 구성할 때 고려해야 한다. 다음에 제시된 영양소 섭취 기준은 대표적인 영양소만 제시한 내용이다.

**표 10-21** 한국인 영양소 섭취 기준(2015년)

| | 연령 | 체중 (kg) | 신장 (cm) | 에너지 (kcal) | 단백질 (g) | | 탄수화물(%) | 지방 | 식이섬유 (g) | 수분 (mL) | 비타민 A (μg) | 비타민 C (μg) |
|---|---|---|---|---|---|---|---|---|---|---|---|---|
| | | | | 필요추정량 | 평균 | 권장 | 적정비율 | 적정비율 | 충분 | 총수분 | 권장 | 권장 |
| 영아 | (개월) | | | | | | | | | | | |
| | 0~5 | 6.2 | 60.3 | 550 | | 10 | 55~65 | 4~10 | | 700 | 350 | 35 |
| | 6~11 | 8.9 | 72.2 | 700 | 10 | 15 | 55~65 | 4~10 | | 800 | 450 | 45 |
| 소아 | (세) | | | | | | | | | | | |
| | 1~2 | 12.5 | 86.4 | 1,000 | 12 | 15 | 55~65 | 4~10 | 10 | 1,100 | 300 | 35 |
| | 3~5 | 17.4 | 105.4 | 1,400 | 15 | 20 | 55~65 | 4~10 | 15 | 1,500 | 350 | 45 |
| 남자 | (세) | | | | | | | | | | | |
| | 6~8 | 26.5 | 126.4 | 1,700 | 25 | 30 | 55~65 | 4~10 | 20 | 1,800 | 450 | 55 |
| | 9~11 | 38.2 | 142.9 | 2,100 | 35 | 40 | 55~65 | 4~10 | 20 | 2,100 | 600 | 70 |
| | 12~14 | 52.9 | 163.5 | 2,500 | 45 | 55 | 55~65 | 4~10 | 25 | 2,300 | 750 | 90 |
| | 15~19 | 63.1 | 173.3 | 2,700 | 50 | 65 | 55~65 | 4~10 | 25 | 2,600 | 850 | 105 |
| | 20~29 | 68.7 | 174.8 | 2,600 | 50 | 65 | 55~65 | 4~10 | 25 | 2,600 | 800 | 100 |
| | 30~49 | 66.6 | 172.0 | 2,400 | 50 | 60 | 55~65 | 4~10 | 25 | 2,500 | 750 | 100 |
| | 50~64 | 63.8 | 168.4 | 2,200 | 50 | 60 | 55~65 | 4~10 | 25 | 2,200 | 750 | 100 |
| | 65~74 | 61.2 | 164.9 | 2,000 | 45 | 55 | 55~65 | 4~10 | 25 | 2,100 | 700 | 100 |
| | 75 이상 | 60.0 | 163.3 | 2,000 | 45 | 55 | 55~65 | 4~10 | 25 | 2,100 | 700 | 100 |
| 여자 | (세) | | | | | | | | | | | |
| | 6~8 | 25.0 | 125.0. | 1,500 | 20 | 25 | 55~65 | 4~10 | 20 | 1,700 | 400 | 60 |
| | 9~11 | 35.7 | 142.9 | 1,800 | 30 | 35 | 55~65 | 4~10 | 20 | 1,900 | 550 | 80 |
| | 12~14 | 48.5 | 158.1 | 2,000 | 40 | 45 | 55~65 | 4~10 | 20 | 2,000 | 650 | 100 |
| | 15~19 | 53.1 | 160.9 | 2,000 | 40 | 45 | 55~65 | 4~10 | 20 | 2,000 | 600 | 95 |
| | 20~29 | 56.1 | 161.5 | 2,100 | 45 | 45 | 55~65 | 4~10 | 20 | 2,100 | 650 | 100 |
| | 30~49 | 54.4 | 159.0 | 1,900 | 40 | 45 | 55~65 | 4~10 | 20 | 2,000 | 650 | 100 |
| | 50~64 | 51.9 | 155.4 | 1,800 | 40 | 45 | 55~65 | 4~10 | 20 | 1,900 | 600 | 100 |
| | 65~74 | 49.7 | 152.1 | 1,600 | 40 | 45 | 55~65 | 4~10 | 20 | 1,800 | 550 | 100 |
| | 75 이상 | 46.5 | 147.1 | 1,600 | 40 | 45 | 55~65 | 4~10 | 20 | 1,800 | 550 | 100 |
| 임신부 | | 1분기 | | +0 | | | | | | | | |
| | | 2분기 | | +340 | +12 | +15 | 55~65 | 4~10 | +5 | +200 | +70 | +10 |
| | | 3분기 | | +450 | +25 | +30 | | | | | | |
| 수유부 | | | | +20 | +25 | +25 | 55~65 | 4~10 | +5 | +700 | +490 | +40 |

출처: 보건복지부 · 한국영양학회(2015).

어린이집에서는 일반적으로 오전 1회 간식, 점심, 오후 1회 간식을 제철 과일 및 영양소가 풍부하게 구성하여 제공할 필요가 있다. 간식은 보통 오전 10시경이나 오후 3시경으로 나누어 적절하게 제공한다.

식단은 영유아의 1일 영양 섭취 기준에 근거하여 곡류군, 어육류 및 두류군, 채소군, 지방군, 우유군, 과일군의 6가지 식품군이 적절하게 함유되도록 구성한다. 어린이집의 식단은 영양학적 지식과 전문성을 갖춘 영양사가 작성한다. 영양사를 두고 있지 아니한 100인 미만의 영유아를 보육하고 있는 어린이집은 인근 육아종합지원센터, 보건소 및 어린이집급식관리지원센터 등의 영양사 지도를 받아 식단을 작성한다(영유아보육법 시행규칙 제34조).

급식을 하는 어린이집은 식품의 구입, 조리, 보관, 배식의 과정에서 건강과 위생이 지켜질 수 있도록 주의한다. 유통기한이 지난 음식물이 발생하지 않도록 주의하며, 구입 및 조리의 과정이 위생적이어야 한다. 뿐만 아니라 보관하고 배식하는 과정에서 영유아의 영양과 건강이 고려된 위생적인 과정에서 이루어지도록 노력한다.

### 3) 영유아 안전관리

안전사고로 인해 장애와 사망에 이르는 영유아의 수가 해마다 증가하고 있고, 대부분의 영유아 안전사고는 영유아를 둘러싼 주변의 물리적 환경과 성인의 부주의한 안전관리로 발생한다. 또한, 영유아는 신체 조절 기능이 미숙하여 균형을 유지하는 능력이 떨어지며, 눈높이가 낮아 시야가 제한적이다. 이처럼 현대사회와 영유아의 발달적 특징으로 인하여 영유아 안전교육의 필요성이 강조되고 있다. 특히 원장을 비롯한 보육교직원은 영유아의 생명과 안전보호, 위험방지를 위하여 주의의무를 다해야 하고, 영유아의 안전사고예방을 위해 안전교육을 실시해야 한다.

### (1) 물리적 환경에 대한 안전관리

어린이집 원장은 「어린이집 통합안전점검표」에 따라 매일, 매월 시설안전점검을 실시하여 화재, 상해 등 위험발생요인을 사전에 제거해야 한다.

표 10-22 어린이집 통합안전점검표 중 일별 점검표

| 구분<br>급식분야 | 점검 항목<br>(점검상태: 양호○, 보통△, 불량×) | 점검결과 | | | | | | 조치사항 |
|---|---|---|---|---|---|---|---|---|
| | | /<br>월 | /<br>화 | /<br>수 | /<br>목 | /<br>금 | /<br>토 | |
| 위생 관리 및 식재료 관리 | – 작업 전 건강상태를 확인한다.(감기, 설사, 손 상처자 등 조리금지) | | | | | | | |
| | – 위생복, 위생화, 앞치마, 위생모를 착용하고, 배식 시에는 배식 전용기구, 마스크, 위생장갑을 사용하고 있다. | | | | | | | |
| | – 유통기한 확인 및 선입선출을 준수하고 있다. | | | | | | | |
| | – 식재료 보관실은 항상 청결을 유지하고 있다. | | | | | | | |
| | – 보존식 보존 및 관리기준을 준수하고 있다(배식 직전 소독된 전용용기에 100g 이상 채취하여 144시간 냉동 보관)** | | | | | | | |
| | – 어류 · 육류 · 채소류를 취급하는 칼 · 도마는 각각 구분하여 사용하고 있다. | | | | | | | |
| | – 식기류 및 조리기구의 세척, 소독을 철저히 하고 있다. | | | | | | | |
| | – 세제, 소독제, 살충제에 라벨을 부착하고 분리보관하고 방충, 방서 등을 위한 정기적인 방역 소독필증을 보관하고 있다. | | | | | | | |
| | – 식재료의 입고날짜를 기록한 라벨을 부착하여 관리하고 있다. | | | | | | | |
| | – 식재료 검수일지를 작성하고 보관하고 있다.** | | | | | | | |
| 작업 관리 | – 조리 후 2시간 이내 배식하고 있다. | | | | | | | |
| | – 영양사가 작성한 식단을 사용하고 있다. | | | | | | | |
| | – 농수산물 및 그 가공품(쇠고기 등 16종)을 조리하여 제공하는 경우 식단표에 그 원산지를 기재하여 공개하고 있다.** | | | | | | | |
| | – 영양사나 교사는 검식 후 검식일지 작성 및 배식 점검을 하고 있다. | | | | | | | |
| 시설 설비 관리 | – 조리장 바닥과 배수로에 물고임 및 냄새역류가 없도록 관리하고 있다. | | | | | | | |
| | – 후드, 환풍기를 청결하게 관리하고 있다. | | | | | | | |

| 구분<br>안전 분야 | 점검 항목<br>(점검상태: 양호○, 보통△, 불량×) | 점검결과 | | | | | | 조치<br>사항 |
|---|---|---|---|---|---|---|---|---|
| | | /<br>월 | /<br>화 | /<br>수 | /<br>목 | /<br>금 | /<br>토 | |
| 실외<br>환경 | – 어린이집 보호벽 및 주변의 관리 상태는 양호한가? | | | | | | | |
| | – 실외놀이 공간 주변의 돌, 유리조각, 요철, 녹이 슨 부분, 벗겨진 페인트, 돌출된 모서리가 방치되어 있지는 않은가? | | | | | | | |
| | – 놀이터 바닥에 오물, 방치된 물웅덩이가 없는가? | | | | | | | |
| 실내 환경 | – 문과 창문 등의 추락 위험은 없는가? | | | | | | | |
| | – 바닥에는 다칠 수 있거나 미끄러운 곳이 없는가? | | | | | | | |
| | – 복도, 계단, 비상계단, 미끄럼대 등에 방치된 물건이 없어 피난계단, 미끄럼대 등을 사용하기에 양호한가? | | | | | | | |
| | – 보육용품이나 비품, 유리창 등에 날카로운 모서리 등이 없는가? | | | | | | | |
| | – 전기포트, 뜨거운 차, 글루건 등은 영유아의 손이 닿지 않는 곳에 보관되어 있는가? | | | | | | | |
| | – 세면대, 정수기 등 뜨거운 온수가 나오는 곳에 안전조치가 되어 있는가? | | | | | | | |
| 놀잇감<br>및<br>놀이<br>기구 | – 망가져 날카롭고 위험한 것 또는 부품이 빠지거나 작은 볼트 등이 빠진 것은 없는가? | | | | | | | |
| | – 유해 색소가 칠해진 놀잇감은 없는가? | | | | | | | |
| | – 영유아가 삼킬 만한 작은 놀잇감이나 부품은 없는가? | | | | | | | |
| | – 놀잇감 및 놀이기구의 수납 상태가 양호한가? | | | | | | | |
| 화장실·<br>세면대 | – 화장실 내 세제나 락스 등 위험한 물건이 영유아들의 손이 닿는 곳에 방치되어 있지 않는가? | | | | | | | |
| 전기·<br>화기·<br>위험물· | – 콘센트는 안전덮개로 보호되어 있는가? | | | | | | | |
| | – 화기에 의한 안전사고 위험은 없는가? | | | | | | | |
| | – 위험물에 의한 안전사고 위험은 없는가? | | | | | | | |
| | – 가스밸브와 가스중간밸브 잠금은 양호한가? | | | | | | | |

| 구분<br>차량 분야 | 점검 항목<br>(점검상태: 양호○, 보통△, 불량×) | 점검결과 | | | | | | 조치<br>사항 |
|---|---|---|---|---|---|---|---|---|
| | | /<br>월 | /<br>화 | /<br>수 | /<br>목 | /<br>금 | /<br>토 | |
| 운행 전 점검 | – 차량 외부의 이상 유,무를 확인한다. | | | | | | | |
| | – 차량 내 소화기 · 비상약품의 비치여부 및 비치상태가 양호한지 확인한다. | | | | | | | |
| | – 차량 시동 후 엔진 및 각종계기판 이상 유,무를 확인한다. | | | | | | | |
| | – 엔진 및 차체의 잡음은 없는가? | | | | | | | |
| | – 차량 출발 전 탑승자의 안전벨트 및 문단속을 확인하고 전 · 후방 사각지대에 영유아 또는 장애물이 있는지 확인한다. | | | | | | | |
| 운행 중 점검 | – 차량에 영유아를 보호할 수 있는 사람(보육교사 등)이 탑승하는가? | | | | | | | |
| | – 창문 밖으로 머리, 손을 내미는 영유아가 있는가? | | | | | | | |
| | – 안전운행을 위하여 교통안전규칙을 철저히 지킨다. | | | | | | | |
| | – 정차는 후방의 차량에 최대한 방해되지 않는 곳에 한다. | | | | | | | |
| | – 운행 중에는 휴대폰, 이어폰 등을 사용하지 않는다. | | | | | | | |
| 운행 후 점검 | – 타이어 압력 및 트랙은 양호한가? | | | | | | | |
| | – 주차 브레이크는 정상인가? | | | | | | | |
| | – 차량 내 영유아가 전원 하차하였는지 확인한다. | | | | | | | |

**표 10-23** 어린이집 통합안전점검표 중 월별 점검표

| 구분 | 점검 항목<br>(점검상태: 양호○, 보통△, 불량×) | 점검결과<br>월 | 조치시항 |
|---|---|---|---|
| 안전관리 | – 안전관리의 책임 및 위기관리 체계가 적합한가? | | |
| | – 일별 안전점검 체크리스트에 의해 관리되고 있는가? | | |
| | – 응급전화번호 및 비상연락망 등이 잘 관리되고 있는가? | | |
| 실외환경 | – 어린이집 주변에 감전 위험은 없는가? | | |
| | – 위험한 적치물, 축대 붕괴, 맨홀 등에 대한 위험은 없는가? | | |
| 실내 환경 | – 모든 설비는 움직이거나 떨어지지 않도록 바닥과 벽면에 단단히 고정되어 있는가? | | |
| | – 창문, 방충망의 상태는 안전한가? | | |
| 현관 · 통로 · 계단 · 비상구 | – 출입문, 현관문 등의 안전장치는 정상 작동하는가? | | |
| | – 계단, 통로 부분에 미끄럼 방지처리가 되어 있는가? | | |
| | – 계단의 안전 상태는 양호한가? | | |
| 화장실 · 세면대 | – 화장실 내 전기 콘센트 등 전기용품은 안전한가? | | |
| | – 세면대의 고정 상태는 안전한가? | | |
| 실내외놀이 기구 및 공간 | – 모든 놀이기구가 바닥에 안전하게 고정되어 있는가? | | |
| | – 놀이 시설물의 상태(틈새나 간격)가 영유아의 몸에 끼이지 않는 넓이인가? | | |
| | – 기초대, 지지대 등 매설부분이 노출되지 않았는가? | | |
| | – 모든 놀이기구 아래와 주위(안전지대)의 충격흡수재 성능은 양호한가? | | |
| | – 보수가 필요한 놀잇감 및 놀이기구가 방치되어 있는가? | | |
| | – 놀이기구의 높이가 영유아에게 적합한가? | | |
| | – 어린이제품안전특별법, 품질경영 및 공산품 안전관리법 등에 의한 안전검사(KC 인증 등)를 필한 제품인가? | | |
| 전기 · 가스 · 위험물 안전관리 | – 전선, 콘센트, 플러그 등 손상된 부분은 없는가? | | |
| | – 한 개의 콘센트에 용량을 초과해 사용하고 있지 않은가? | | |
| | – 분배전반 및 각종 전기기구의 노후 및 파손된 것은 없는가? | | |
| | – 가스경보기의 설치상태가 양호한가? | | |
| 소방시설 관리 | – 대피를 위한 대피도가 잘 관리되어 있는가? | | |
| | – 소화기, 스프링클러 등 소화장비의 작동 및 관리상태는 양호한가? | | |
| | – 자동화재 탐지설비의 설치상태가 양호한가? | | |
| | – 옥내소화전의 관리 및 작동이 양호한가? | | |
| 비상대피 시설관리 | – 비상계단 및 미끄럼대 등이 화재 등 유사시 사용이 가능한가? | | |
| | – 피난유도등 유도표지 등이 잘 갖추어져 있고 정상 작동하는가? | | |
| | – 건물 내 대피경로에 장애가 되는 요소는 없는가? | | |

출처: 보건복지부(2021). 2021년도 보육사업안내.

### (2) 안전교육

어린이집에서의 안전교육은 영유아, 보육교직원, 부모를 대상으로 이루어진다. 보육교직원은 안전교육지침 등을 숙지해야 하며, 시 · 도 및 시 · 군 · 구 등에서 안전관련 교육을 시행할 때 적극 참여 및 이수해야 한다. 그리고 「영유아보육법」 시행규칙(별표8)에 따라 원장은 매년 어린이집안전공제회, 육아종합지원센터 및 보수교육 위탁기관과 연계하여 보육교직원을 대상으로 안전교육을 실시해야 하고, 보육교직원은 응급처치실습(소아심폐소생술 포함)을 포함한 어린이안전교육을 이수해야 한다.

어린이집 원장은 영유아의 건강 · 위생, 아동학대, 안전, CCTV 열람 등과 관련된 내용을 포함하여 부모와 충분히 협의 · 고지해야 하며 안전, 아동학대예방 등 관련 교육에 부모가 참여할 수 있도록 안내한다.

어린이집 원장은 보육대상 아동의 연령을 고려하여 아동복지법령의 안전교육 기준에 따라 매년 안전교육계획을 수립하여 교육을 실시하고, 계획 및 교육 실시 결과를 관할 시장 · 군수 · 구청장에게 매년 3월 31일까지 보고해야 한다. 안전교육 기준은 다음과 같다.

**표 10-24** 안전교육 기준(아동복지법 제31조 및 같은 법 시행령 제28조)

| 구분 | 성폭력 · 아동학대 예방교육 | 실종 · 유괴의 예방 · 방지교육 | 감염병 및 약물의 오용 · 남용 예방 등 보건위생관리 교육 | 재난대비 안전교육 | 교통안전교육 |
|---|---|---|---|---|---|
| 실시 주기 (총시간) | 6개월에 1회 이상 (연간 8시간 이상) | 3개월에 1회 이상 (연간 10시간 이상) | 3개월에 1회 이상 (연간 10시간 이상) | 6개월에 1회 이상 (연간 6시간 이상) | 2개월에 1회 이상 (연간 10시간 이상) |
| 교육 내용 | 1. 내 몸의 소중함<br>2. 내 몸의 정확한 명칭<br>3. 좋은 느낌과 싫은 느낌<br>4. 성폭력 예방법과 대처법 | 1. 길을 잃을 수 있는 상황 이해하기<br>2. 미아 및 유괴 발생 시 대처방법<br>3. 유괴범에 대한 개념<br>4. 유인 · 유괴 행동에 대한 이해 및 유괴 예방법 | 1. 감염병 예방을 위한 개인위생 실천 습관<br>2. 예방접종의 이해<br>3. 몸에 해로운 약물 위험성 알기<br>4. 생활주변의 해로운 약물 · 화학제품 그림으로 구별하기<br>5. 모르면 먼저 어른에게 물어보기<br>6. 가정용 화학제품 만지거나 먹지 않기<br>7. 어린이 약도 함부로 많이 먹지 않기 | 1. 화재의 원인과 예방법<br>2. 뜨거운 물건 이해하기<br>3. 옷에 불이 붙었을 때 대처법<br>4. 화재 시 대처법<br>5. 자연재난의 개념과 안전한 행동 알기 | 1. 차도, 보도 및 신호등의 의미 알기<br>2. 안전한 도로 횡단법<br>3. 안전한 통학버스 이용법<br>4. 날씨와 보행안전<br>5. 어른과 손잡고 걷기 |
| 교육 방법 | 1. 전문가 또는 담당자 강의<br>2. 장소 · 상황별 역할극 실시<br>3. 시청각 교육<br>4. 사례 분석 | 1. 전문가 또는 담당자 강의<br>2. 장소 · 상황별 역할극 실시<br>3. 시청각 교육<br>4. 사례 분석 | 1. 전문가 또는 담당자 강의<br>2. 시청각 교육<br>3. 사례 분석 | 1. 전문가 또는 담당자 강의<br>2. 시청각 교육<br>3. 실습교육 또는 현장학습<br>4. 사례 분석 | 1. 전문가 또는 담당자 강의<br>2. 시청각 교육<br>3. 실습교육 또는 현장학습<br>4. 일상생활을 통한 반복 지도 및 부모교육 |

출처: 보건복지부(2021). 2021년도 보육사업안내.

법적이고 제도적인 안전교육뿐만 아니라 영유아의 안전 능력을 향상시키기 위해서는 영유아의 안전지식과 안전태도 그리고 안전기술이 필요하고, 이러한 3가지 요소를 토대로 영유아 안전교육의 내용이 구성되어야 한다.

### ① 안전지식

지식은 어떤 사물이나 사건의 정보를 암기하거나 아는 것을 의미하며 학습의 중요한 목표나 결과가 되기 때문에 모든 교육 목적의 바탕이 되는 것으로(Bruner, 1996), 안전지식이란 사물, 사건 상황에 대한 안전관련 정보를 획득하는 것을 의미하며 문제를 안전하게 해결하는 정보 자료가 된다.

표 10-25 안전영역별 안전지식

| 안전 영역 | 영유아기에 형성해야 할 안전지식 |
|---|---|
| 놀이 | • 놀이는 안전한 장소에서 해야 한다는 것을 인식한다.<br>• 놀잇감을 안전하게 사용하는 방법을 안다.<br>• 우리 주변에는 위험한 시설물이 있다는 것을 인식한다.<br>• 안전을 위해 지켜야 할 규칙이 있음을 안다.<br>• 내가 사는 곳 주변에는 안전한 곳과 위험한 곳이 있음을 안다. |
| 운동 | • 운동 후에는 휴식이 필요하다는 것과 휴식의 방법에는 여러 가지가 있다는 것을 안다.<br>• 자전거나 롤러스케이트 탈 때의 안전 규칙을 인식한다.<br>• 운동 기구의 안전한 사용 방법을 안다. |
| 자동차 | • 승용차나 지하철, 버스 등 교통 기관의 안전한 이용 방법을 안다.<br>• 차 안에서의 안전한 태도가 왜 필요한지를 안다.<br>• 차 밖으로 신체나 물건을 내미는 것이 위험하다는 것을 인식한다. |
| 보행자 | • 교통신호와 교통안전 표시를 인식한다.<br>• 건널목을 건널 때는 지켜야 할 안전규칙이 있음을 안다.<br>• 차의 뒤편으로 보행하는 것은 위험하다는 것을 안다.<br>• 보행자가 알고 있어야 할 안전 표지판을 인식한다. |
| 위험한 물건 | • 안전한 놀잇감과 위험한 물건을 구별할 줄 안다.<br>• 가위, 칼, 스테이플러 등의 도구를 안전하게 사용하는 방법을 안다.<br>• 여러 도구의 편리함과 위험함이 있다는 것을 안다. |
| 추락이나 미끄러짐 | • 높은 곳, 미끄러운 곳, 다른 위험한 장소의 위험성을 안다.<br>• 생활 주변에서 흔히 접할 수 있는 유독성 물질이나 이물질의 위험을 인식한다.<br>• 놀이 시설이나 베란다 등의 높은 곳에서의 추락 위험을 안다.<br>• 화장실, 수영장, 비 오는 날 등 미끄러운 곳에서의 위험성을 안다. |

### ② 안전태도

안전태도란 영유아가 어떠한 상황에 부딪혔을 때 자기가 어떻게 행동해야 할지를 판단하는 것으로 실생활이나 위험의 상황에서 영유아의 행위 선택에 영향을 주게 된다. 그러므로 안전태도는 상황이 변함에 따라 쉽게 따라서 변하는 것이 아니다. 다양하고 구체적인 상황 속에서 특정한 대상에 대한 개인적인 행위가 일관성 있게 나타날 때 유아들의 안전태도가 형성되었다고 볼 수 있는 것이다.

표 10-26 안전영역별 안전태도

| | |
|---|---|
| 낯선 사람 | • 유괴의 가능성을 인식하고 대처 방법을 안다.<br>• 길을 잃는 위험 상황이 발생했을 때 적절히 대처하는 방법을 안다.<br>• 유괴가 발생할 수 있는 장소를 안다. |
| 성적 학대 | • 어떠한 것이 성적 학대인지를 인식한다.<br>• 위험한 상황에서 자신을 보호하는 방법을 안다.<br>• 위험한 상황에서 자신을 보호해야 할 필요성을 안다.<br>• 기분 좋은 접촉과 나쁜 접촉을 구별한다. |
| 환경 | • 주위 환경에 관해 관심을 지니며 아름다운 환경의 소중함을 안다.<br>• 물과 공기, 흙의 오염과 관련된 위험성을 인식한다.<br>• 환경을 보호하는 활동과 오염시키는 활동을 구별할 수 있다.<br>• 깨끗한 공기의 소중함을 안다.<br>• 일회용품의 사용을 줄여서 환경을 보호해야 함을 안다.<br>• 물건을 함부로 버리지 않고 재활용품의 표시를 안다. |
| 화재 | • 불의 유익함과 위험성을 인식한다.<br>• 화재의 위험성을 안다.<br>• 화재의 여러 가지 원인과 예방법을 안다. |

### ③ 안전기술

안전기술이란 유아가 새로운 문제나 사태에 직면했을 때 안전에 근거하여 그 문제를 해결할 적절한 방법을 선택하고 필요한 정보를 적용하는 것이며 반복적이고 지속적인 훈련을 통하여 습득될 수 있는 것이다. 유아들이 안전지식을 문제해결에 실제적으로 적용할 수 있는 방법을 습득하는 일이 무엇보다 필요한데 안전지식의 적용을 위한 기술은 특정한 문제해결을 위한 과정이 강조되어야 한다.

표 10-27 안전영역별 안전기술

| 안전 영역 | 유아기에 형성해야 할 안전기술 |
|---|---|
| 놀이 | • 안전한 놀잇감을 선택하고 이를 바르게 사용한다.<br>• 놀이 도구를 능숙하게 사용한다.<br>• 안전한 방법으로 놀이한다.<br>• 안전 규칙을 지키면서 놀이한다. |
| 운동 | • 다양한 기구를 이용하여 운동한다.<br>• 여러 운동 기구들을 안전하게 이용한다.<br>• 운동을 즐기기 위한 기본 기능을 익힌다. |
| 자동차 | • 승용차, 지하철, 버스 등 교통기관을 안전하게 사용한다.<br>• 차를 타고 내릴 때 옆으로 지나가는 차가 없는지 살핀 후 내릴 때 안전에 유의한다.<br>• 버스가 완전히 멈춘 뒤 차례로 오르고 내린다. |
| 보행자 | • 길을 안전하게 다니는 방법을 알고 실행한다.<br>• 안전한 보행이나 도로 횡단 등의 보행 안전 규칙을 지킨다.<br>• 좁은 골목길에서 차도로 나올 때는 잘 살펴보며 걸어 나온다.<br>• 찻길을 안전하게 보행하는 방법을 익힌다. |
| 위험한 물건 | • 놀이교구를 안전하고 올바른 방법으로 사용한다.<br>• 도구의 용도에 대해 정확히 알고 바르게 사용한다.<br>• 여러 가지 도구를 조심해서 안전하게 다룬다. |
| 추락이나 미끄러짐 | • 위험한 장소에서 안전하게 행동한다.<br>• 계단을 오르내릴 때는 난간을 잡고 한 칸씩 오르내린다.<br>• 베란다, 계단, 놀이기구 등에서의 추락의 위험성을 알고 지켜야 할 안전 규칙이나 행동을 실천한다. |
| 낯선 사람 | • 유괴로부터 대처하는 방법을 익힌다.<br>• 유괴를 당하지 않기 위한 방법을 알고 적절히 대처한다.<br>• 낯선 사람과는 자기의 신상에 대하여 자세히 말하지 않는다.<br>• 낯선 사람이 접근하여 외딴 곳으로 데리고 가면 즉시 근처의 성인에게 이야기한다. |
| 성적 학대 | • 위험의 상황으로부터 도움을 청하는 방법을 익힌다.<br>• 성적 학대의 가능성을 인식하고 올바른 방법으로 대처한다.<br>• 성적 학대를 당했을 때 도움을 구하거나 대처한다. |
| 환경 | • 환경보호의 소중함을 알고 실천한다.<br>• 재활용품이 가능한 물건은 실생활에 필요한 것으로 활용한다.<br>• 물건을 함부로 버리지 않고 쓰레기 분리수거를 철저히 하여 환경보호를 실천한다.<br>• 물을 아껴 쓰고 눈으로 보아 깨끗한 물이라도 함부로 마시지 않는다.<br>• 비가 올 때는 반드시 우비나 우산을 쓴다. |
| 화재 | • 비상시를 대비하여 화재 대피 훈련을 몸에 익힌다.<br>• 전기나 가스를 조심스럽게 이용한다.<br>• 비상시 119에 도움을 청한다.<br>• 비상시에 신속하게 몸을 움직일 수 있는 신체 조절 능력을 기른다. |

위의 내용을 바탕으로 구성된 유아교육기관의 연간 안전교육계획안은 다음과 같다.

**표 10-28** 연간 안전교육계획안 예시

○○○어린이집

| 월 | 생활주제 | 안전영역 | 안전지도 내용 | 안전관리 내용 |
|---|---|---|---|---|
| 3 | 나와 어린이집 | 교통안전<br>소방안전 | 등 · 하원길 지도<br>통원버스 이용법과 안전수칙<br>옷에 붙은 불을 끄는 방법 | 보험가입(상해/화재/배상 보험)<br>* 차량운행 시 자동차보험 |
| 4 | 봄 | 시설설비안전<br>소방안전<br>교통안전 | 원내 시설설비 안내<br>불의 소중함 알기<br>안전하게 찻길 건너기 | 시설설비 점검<br>안전관리 조직구성 |
| 5 | 나와 가족 | 놀이안전<br>독극물안전<br>소방안전 | 실내 · 외 놀이안전<br>약의 종류 알기<br>화재의 종류와 예방방법 | 놀잇감/놀이시설 점검<br>약품 보관 |
| 6 | 동/식물 | 동 · 식물안전<br>교통안전<br>소방안전 | 동 · 식물에 대한 안전지도<br>비 오는 날의 교통 · 보행안전<br>화재 시 대피방법 | 실외 및 주변 환경 점검 |
| 7 | 여름 | 재난대비안전<br>소방안전<br>교통안전 | 자연재해 시 대피요령 지도<br>소화기 사용방법 알기<br>차 안에서의 예절 | 각종 재해발생 예상/점검 |
| 8 | 물놀이 | 물놀이 안전<br>독극물안전<br>소방안전 | 물놀이 안전 및 구조요청 지도<br>음식물 안전 지도<br>여름철 화재 예방과 대처방법 | 물놀이 용품 점검<br>연막탄 준비 |
| 9 | 건강한 몸과 마음 | 신변 · 성 안전<br>교통안전<br>소방안전 | 성(性) 안전지도<br>안전하게 건널목 건너기<br>불장난하지 않기 | 비상연락망 조치<br>교통표지판 준비 |
| 10 | 가을 | 체육안전<br>교통안전<br>소방안전 | 체육활동 시 안전지도<br>골목에서 안전하게 놀기<br>산불 예방 | 체육기구 점검 |
| 11 | 기계와 도구 | 전기안전<br>소방안전<br>독극물안전 | 전기 안전사고 예방<br>승강기 · 에스컬레이터 안전<br>소방서의 역할<br>농약 · 유류 · 소독제의 구분 | 전기시설 점검<br>소방서에 견학공문 보내기 |
| 12 | 겨울 | 소방안전<br>교통안전<br>겨울철 안전 | 119 전화하기<br>밤길 조심하기<br>온열기구/빙판길 조심하기 | 화재 대비 훈련<br>소방기구 점검 |
| 1 | 새해 | 가스 · 소방안전<br>교통안전<br>재난대비안전 | 가스 안전사고 예방<br>주차장에서 놀지 않기<br>해일 · 지진 등 자연재해 | 가스누출차단기/화재경보장치 점검<br>실내/외 위험물 점검 |
| 2 | 안녕, 친구들 | 신변 · 성 안전<br>응급조치<br>독극물안전<br>소방안전 | 낯선 사람 조심하기<br>안전사고 시 응급조치<br>세제류 사용<br>뜨거운 물건 조심하기 | 응급처치법 훈련 |

**표 10-29** 부모동의서 및 조사서의 예시(응급처치 동의서 포함)

## 부모동의서 및 조사서

○○어린이집에서는 영유아보육법 및 시행규칙, 사업지침 등에 따라 아래의 내용을 대하여 보호자의 동의를 받아 진행여부를 결정하고자 합니다. 구체적인 내용을 확인하시고 해당내용에 동의여부를 빠짐 없이 체크해 주시기 바랍니다.

〈영유아 기본 정보〉

| 성명 | (남/여) | 반이름 | |
|---|---|---|---|
| 주소 | | 생년월일 | |

| 보호자 | 성명 | 영유아와의 관계 | 연락처 |
|---|---|---|---|
| | | | |
| | | | |

### 1. 응급처치 및 귀가동의

| 구분 | 처리내용 |
|---|---|
| 응급처치 | - 응급상황 발생 시 위의 보호자에게 연락하여 주십시오.<br>- 필요시 119구조대에 연락하여 □ 기관지정 의료기관( )이나 □ 보호자지정 의료기관 ( )으로 수송해 주십시오. |
| 귀가동의 | - 위 영유아의 귀가 시 위의 보호자에게 인도하여 주십시오<br>- 정해진 보호자 외 다른 사람에게 인계할 경우 사전에 반드시 연락을 취하겠습니다.<br>※ 우리 어린이집에서는 영유아를 성인 보호자에게 인계하는 것이 원칙입니다. 다만, 보호자가 보육아동의 13세(중학생) 이상 형제·자매에게 인계를 희망하는 경우에는 예외적으로 가능하며, 이때 인계 후 발생하는 안전사고 등에 대한 책임은 보호자에게 있습니다.(동의함 □)<br>- 등·하원방법: □ 보호자 동행 □ 차량(어린이집)<br>- 차량이용 시 등하원 시간: 등원( 시 분), 하원( 시 분) (필요시 기재)<br>- 부모 외 인계보호자: (필요시 기재) |

### 2. 특별활동프로그램 참여

* 특별활동프로그램 참여여부: 참여하지 않음 □ 참여함(해당경우에만 아래 서식 작성) □

| 특별활동프로그램 | | | | | | 참여 여부 |
|---|---|---|---|---|---|---|
| 명칭 | 내용 | 실시 횟수 (주·월) | 요일 | 운영시간 | 비용(원) | |
| | | 회 | | ~ | | |
| | | 회 | | ~ | | |

※특별활동에 참여하지 않은 영유아에 대해서는 대체 프로그램을 마련하여 진행하고 있음

### 3. 식품알레르기 조사

어린이집 급·간식 제공 시 식품알레르기가 있을 경우, 영유아의 건강에 심각한 문제가 발생할 수 있습니다. 식품에 대한 알레르기 반응이 있을 경우, 해당식품과 대체가능 식품을 알려주시기 바랍니다.

| 식품알레르기 여부 | 알레르기 유발 식품 | 알레르기 증상 | 대체가능 식품 |
|---|---|---|---|
| | | | |

※ 알레르기를 유발하는 대표적인 식품(예): 난류, 우유, 메밀, 땅콩, 대두, 고등어, 게, 새우, 돼지고기, 복숭아, 아황산염 등

※ 현재 식품알레르기 증상이 없으나 이후 증상이 발생할 경우, 반드시 어린이집으로 관련내용을 알려주시기 바랍니다.

**4. 개인정보활용**

개인정보 보호법에 의거 귀하의 개인정보를 아래와 같이 "수집·이용·제 3자 제공"에 동의를 얻고자 합니다. 다음의 사항을 충분히 읽어 보신 후, 동의 여부를 체크, 서명하여 주시기 바랍니다.

1) 개인정보의 수집 및 이용

| 수집·이용하려는 개인정보의 항목 | 개인정보의 수집·이용 목적 |
|---|---|
| 영유아 및 부모의 이름, 생년월일, 주소, 전화번호, 건강검진정보, 사진 등 | 영유아보육활동, 건강관리, 가정과의 연계 긴급한 상황 시 대처 |

동의함 □ 동의하지 않음 □

2) 개인정보의 제3자 제공

| 개인정보를 제공받는 자 | 제공하는 개인정보의 항목 | 개인정보를 제공받는 자의 개인정보 이용목적 | 개인정보를 제공받는 자의 개인정보 이용기간 및 보유기간 |
|---|---|---|---|
| CCTV 영상 확인 요청자 | CCTV 영상 | 아동의 사고 시 발생 상황 파악 | 영상을 확인하는 기간 (보조매체로 인해 영상을 보관할 경우 영상 저장 시, 보유기간을 정함) |

동의함 □ 동의하지 않음 □

**5. 어린이집 운영내용 확인 및 협조사항**

- 신입 및 재원아 학부모 오리엔테이션(운영안내서)을 통해 안내해 드린 어린이집 운영과 관련된 부모님들의 협조사항에 대해 충분히 이해하고 공감해 주시리라 생각합니다.
  아래의 내용은 우리 자녀들의 건강하고 안전하게 어린이집 생활을 하는 데 기본이 되는 사항으로 ○○어린이집 모든 부모님들의 적극적인 협조와 이해 부탁드립니다. 어린이집에서도 우리 아이들이 건강하게 성장해 나갈 수 있도록 최선을 다해 보살피도록 노력하겠습니다.

1. 신입원아 적응프로그램
2. 어린이집의 개방원칙 및 인계규정
3. 감염병 질환의 예방과 관리대책
4. 아프거나 다친 영유아에 대한 처리 절차(환아처리지침, 상해유형에 따른 응급처치 등)
5. 부모동의 및 조사서 작성 안내(귀가동의, 응급처치동의, 식품알레르기 관련, 개인정보활용 등)
6. 상해, 화재, 배상보험 가입 안내
7. 안전사고 발생 시 어린이집이 갖는 책임한계에 관한 규정
8. 보육교직원 윤리강령(아동학대 예방지침 포함)

※ 위 사항의 자세한 내용은 오리엔테이션에서 배부해 드린 자료를 참고해 주시기 바라며, 문의사항이 있을 경우에는 ○○어린이집(00-000-0000)으로 연락 주시기 바랍니다.

○○○○년 ○○월 ○○일

영유아명: 보호자(서명):

**표 10-30 영유아 사고보고서**

<table>
<tr><td>어린이집명<br>(유형)</td><td colspan="3">(　　　　　　)<br>*전담지정종류 포함</td><td>인가일</td><td>최초:　　년　월　일<br>변경:　　년　월　일</td></tr>
<tr><td>주　소</td><td colspan="3"></td><td>연락처</td><td></td></tr>
<tr><td>어린이집현황</td><td colspan="5">정원(　　)명, 현원(　　)명, 보육교직원(　　)명</td></tr>
<tr><td>반별 현황</td><td colspan="5">0세반 (　)명 1세반 (　)명 2세반 (　)명 3세반 (　)명 4세반 (　)명 5세반 (　)명<br>시간제 (　)명 방과후 (　)명 야간연장 (　)명 24시간 (　)명</td></tr>
<tr><td>사고아동명</td><td></td><td>성별</td><td>남 여</td><td>생년월일</td><td>년　월　일</td></tr>
<tr><td>사고일자</td><td>년　월　일</td><td>목격자명</td><td></td><td>사고시간</td><td>오전/오후</td></tr>
<tr><td>사고 당시 원장 및<br>담임교사 근무상황</td><td colspan="5"></td></tr>
<tr><td>부모연락사항</td><td colspan="5"></td></tr>
<tr><td>연락시간</td><td>오전/오후</td><td colspan="2">119신고여부</td><td colspan="2">□안함 □신고함(오전/오후　시)</td></tr>
<tr><td>사고발생 장소</td><td colspan="5">□ 수송중　□ 견학중　□ 실외놀이장　□ 실내놀이실<br>□ 화장실　□ 복도　□ 주방　□ 대근육활동실(유희실)<br>□ 교사실　□ 식당　□ 계단　□기타(　　　)</td></tr>
<tr><td>사고당시<br>활동내용</td><td colspan="5">□ 목욕 및 배변시간　□ 교실활동　□ 계단 오르내리기<br>□ 실내자유놀이　□ 점심/간식/수유시간　□ 실외자유놀이<br>□ 계획된 실외놀이　□ 놀이시설 설비　□ 물놀이<br>□ 견학　□ 낮잠　□ 기타(　　　　)</td></tr>
<tr><td>상해를 입은 시설<br>설비</td><td colspan="5">□ 오르기시설　□ 평균대　□ 크롤(기어나가는 시설)<br>□ 장애설비　□ 현관문/교실문　□ 실외고정물<br>□ 회전대　□ 놀이집　□ 시소<br>□ 미끄럼틀　□ 그네　□ 바퀴 달린 탈 것<br>□ 바퀴 달린 장난감　□ 잘 모르겠음　□기타(　　　　)</td></tr>
<tr><td>상해의 유형</td><td colspan="5">□ 화상　□ 쇼크/질식　□ 추락/강타　□ 물체에 끼임<br>□ 찢어짐　□ 뼈가 부러지거나 탈구　□ 압박, 눌림<br>□ 베임　□ 찰과상(벗겨짐)　□ 삠　□ 물림　□ 찔림<br>□ 식중독　□ 기타 중독　□ 호흡곤란　□ 기타(　　　　)</td></tr>
</table>

<table>
<tr><td colspan="3">상해를 입은 다른 아동이 있는가?</td><td colspan="2">□ 예 □ 아니요</td></tr>
<tr><td>사고원인</td><td colspan="4">□ 바닥으로 떨어짐: 떨어진 높이 약 m<br>바닥의 형태:<br>□ 뛰거나 발을 헛디뎌 넘어짐 □ 다른 유아에게 물림<br>□ 다른 유아에게 맞거나 밀림 □ 바퀴 달린 탈것(인라인스케이트 등)<br>□ 물체에 의해 다침 □ 음식물에 의한 질식<br>□ 곤충에 물리거나 쏘임 □ 동물에게 물림<br>□ 열, 추위에 노출 □ 기타( )</td></tr>
<tr><td>다친 부위<br>(좌, 우 표시)</td><td colspan="4">□ 머리 □ 눈(좌,우) □ 귀(좌,우) □ 코 □ 입<br>□ 목 □ 가슴 □ 등 □ 엉덩이(좌,우)<br>□ 생식기 □ 팔(좌,우) □ 손(좌,우) □ 다리(좌,우)<br>□ 발(좌,우)</td></tr>
<tr><td>사고 관련<br>특이사항</td><td colspan="4"></td></tr>
<tr><td colspan="5">보육기관에서 행해진 응급처치(상술 예: 압박붕대, 세척, 붕대, 위로 등)</td></tr>
<tr><td colspan="5"></td></tr>
<tr><td colspan="5">상해 · 배상보험 가입 현황</td></tr>
<tr><td colspan="5">□ 상해 □ 배상 □ 기타( ) 보험금 최고한도 인당( )만 원 건당( )만 원</td></tr>
<tr><td>응급처치자</td><td></td><td>의료기관 진료여부</td><td colspan="2">□ 안 함 □ 함</td></tr>
<tr><td>의료기관<br>진료를 한 경우</td><td colspan="4">□ 외래 진료를 받음(예: 진료실, 응급실)<br>□ 입원( 시간/일)</td></tr>
<tr><td colspan="2">기타 사후처리 상황<br>(경찰조사, 피해합의 등)</td><td colspan="3"></td></tr>
<tr><td colspan="2">사고아동 보호(치료)를 위한 추후 계획</td><td colspan="3"></td></tr>
<tr><td colspan="2">재발방지를 위한 조치사항</td><td colspan="3"></td></tr>
<tr><td>직원 서명</td><td colspan="4">(인) 날짜: . . 오전/오후</td></tr>
<tr><td>부모 서명</td><td colspan="4">(인) 날짜: . . 오전/오후</td></tr>
</table>

# 6. 보육교직원 관리

어떠한 조직체를 막론하고 그 조직의 성패는 그 조직을 운영하는 사람의 질적 수준에 달려 있다. 이러한 점에서 볼 때 보육활동의 성패는 어린이집에 종사하는 보육교직원의 질적 수준과 그들이 수행하는 업무의 효율성에 크게 좌우된다고 볼 수 있다. 보육교사는 인간으로서 수양과 보육전문 직업인으로서의 전문성을 기르기 위하여 꾸준한 노력과 함께 기본적으로 갖추어야 할 것들이 있다. 특히 인생에서 가장 중요한 영유아기의 아이를 보다 잘 키우기 위해서는 먼저 보육교사인 자신의 준비와 변화가 따르지 않는다면 좋은 결과를 기대할 수 없을 것이다. 여기서는 전문가적인 보육교사의 인성적인 측면으로 기본적인 직장에서의 예절 및 에티켓에 대해서 구체적으로 살펴보고자 한다.

**예절(禮節)이란?**

- 예의(禮義): 남의 인격을 존중하고 경애하는 정신을 말과 행동으로 나타내는 공동체의 규정이나 관계
- 범절(凡節): 일상생활의 모든 일의 순서나 절차, 말투나 몸가짐, 행동의 정해진 형식

1. 예절(禮節)의 근본정신: 상대방의 인격을 존중하는 마음. 윗사람을 공경하고 아랫사람을 사랑하는 경애의 정

2. 실천 방법: 자기 관리를 철저히 한다.
   대인관계를 원만히 한다.
   공중 질서를 지킨다.
   내 몸을 아끼듯 남을 아끼고 배려한다.
   자기가 한 말에는 책임을 져야 한다.
   잘못이 있으면 상대에게 사과를 하고 용서를 구한다.

### 인사의 기본에 대해 살펴볼까요?

- 인사는 인간관계의 시작이며 상대에 대한 마음가짐의 표현이다.
- 인사는 내가 먼저 상대의 눈을 보며 인사말을 크게 내어 상대에게 맞는 인사를 해야 한다.
- 직장에서의 인사는 가능한 한 적극적으로 하는 것이 바람직하다.
- 인사는 아랫사람이 먼저 하는 것이 예의이며 신입 동료 간에도 먼저 인사를 건넨다.
- 가벼운 목례라도 정중하게 하며 상대방에 대한 배려와 감사의 뜻이 묻어나야 한다.
  1) 각도: 가벼운 인사 – 15°, 정중한 인사 – 30°
  2) 시선: 인사하기 전·후 – 상대방 시선, 인사 중 – 1.5m 전방
  3) 양손: 남자 – 왼손이 오른손 위로, 여자 – 오른손이 왼손 위로
  4) 표정: 가벼운 미소, 밝은 목소리 "안녕하십니까?", 반갑습니다.

# Chapter 11

# 어린이집 사무관리 직무

"사무관리를 위한 직무 이야기"

1. 공문서 관리
2. 문서접수 및 발송
3. 기안문 작성
4. 입학과 졸업 관리
5. 생활기록부 작성
6. 출석부 작성

교사는 학생이 어린 시절에 받은 바람직하지 못한 영향을 씻어 줄 수 있는 더없이 좋은 기회를 가진 사람이다. 그들에게 좋든 나쁘든 학생에게 영향을 미칠 힘이 있다. 아이의 됨됨이는 경험을 통해서 결정된다. 자녀의 경험에 대해 원래의 열쇠를 쥔 사람이 부모라면, 여벌의 열쇠를 쥔 사람은 교사이다. 또 교사는 아이가 마음과 가슴을 열거나 닫게 할 수도 있다.

– 하임 G. 기너트 『Between Teacher And Child』 중에서

# 1. 공문서 관리

어린이집에서 사무관리란 어린이집을 설치 · 운영 · 휴지 및 폐지하는 제반 과정에서 기록을 창출하고 보존 및 관리하는 것을 의미한다. 즉, 어린이집의 보육업무 수행과정에서 발생되는 제반 문서 및 장부를 작성하고 관리하며 이를 보존 연한에 맞게 보관하는 업무를 일컫는 것이다. 문화적 · 법률적 · 경제적 측면에서 중요한 거래 수단인 문서는 조직체의 의사를 형성하여 표시하고, 공간적으로 의사를 전달하며, 시간적 차원에서 의사의 보존 기능을 가지고 있는 것이다. 따라서 어린이집의 효율적 운영관리를 위해서는 각종 문서 및 장부의 체계적 · 조직적 관리가 필수적이라고 할 수 있다.

어린이집 사무관리는 일반적으로 교육적 업무기록과 일반적 사무 활동으로 구분되어 이루어진다. 첫째, 교육적 업무기록은 영유아나 교육과정, 평가 등과 관련하여 일련의 교육적 의미를 지니는 정보와 자료를 작성, 보관, 관리해 나가는 일련의 과정이다. 둘째, 일반적 사무 활동은 교육적 업무기록 이외에 어린이집의 인적 · 물적 관리를 위한 준비, 실행, 평가의 제반 사무 활동을 총체적으로 일컫는 것이다. 일반적 사무활동은 어린이집이라는 기관이 체계적으로 조직될 수 있도록 지원하는 기본체계가 된다. 교육적 업무기록과 일반적 사무 활동은 다음과 같은 측면을 포함한다.

표 11-1 어린이집 사무관리

| 교육적 업무기록 | 일반적 사무활동 |
|---|---|
| • 생활기록부의 지속적 기록과 보관 관리<br>• 영유아의 발달과 건강 상태를 파악하기 위한 신체검사표의 기록과 보관<br>• 영유아의 행동관찰 기록부의 기록과 보관 관리<br>• 교육일지 기록과 포트폴리오 자료 작성, 보관 관리<br>• 교육계획안 작성과 관리(연간, 월간, 주간, 일일 교육계획)<br>• 출석부와 교육과정 평가 자료의 보관 관리 | • 각종 행사계획<br>• 비품대장, 소모품대장, 도서대장, 교재교구대장 등의 관리<br>• 교직원 인사체계에 따른 인사서류 정리 및 보관<br>• 회계관계 장부 작성 및 정리 보관 등 |

또한 어린이집에서 사무관리를 통하여 갖추어야 할 각종 대장과 문서는 다음과 같다.

표 11-2 어린이집에 갖추어야 할 각종 대장과 문서

| 번호 | 분야별 | 대장 및 문서 | |
|---|---|---|---|
| 1 | 장부 및 서류 | • 기관 연혁부<br>• 기관운영일지<br>• 예산서 및 결산서<br>• 총계정원장 및 수입<br>• 금전출납부<br>• 소속법인의 정관(법인일 경우)<br>• 입소아동연명부<br>• 영유아보육일지<br>• 기관운영규정 | • 재산대장(등기부등본, 임대계약서)<br>• 기관의 장 및 직원의 인사기록카드<br>• 총계정원장<br>• 지출 보조부<br>• 행정기관과의 문서철<br>• 입소신청자 명부<br>• 영유아 생활기록부<br>• 건강검진카드 |
| 2 | 운영비 관리대장 관련 증명서 | • 보육료수입부대장<br>• 비품대장<br>• 수입결의서<br>• 봉급지출결의서<br>• 물품명세서<br>• 여입결의서 | • 도서대장<br>• 소모품대장<br>• 지출결의서<br>• 구입 수선 지출 결의서<br>• 보육료 납입통지서 |

어린이집 내부 또는 타 행정기관 상호 간의 의사전달을 위해서 대외적으로 문서가 작성되고 시행되는 경우가 많잖아요. 첫 신임 때는 무슨 공문인지 잘 보관도 못하고 또 작성하는 방법도 어설퍼서 여러 가지로 시간소요도 많이 되고 힘들었어요. 그래서 문서를 반드시 작성해야 함에도 귀찮다거나 바쁘다는 핑계로 문서작성을 회피하기도 해서 활동의 근거나 증빙자료 등의 중요한 사항이 기록으로 남지 않아 업무 수행에 차질이 생기거나 업무의 연속성이 결여되는 경우도 있었답니다. 어린이집 교사로서 중요한 업무 중 하나가 문서관리 사무적인 능력이라는 생각이 들어요(2009.7.20. D 주임교사 면담).

## 문서를 효율적으로 관리하려면?

- 타 어린이집 및 관계공무원의 자문을 구하세요.
  - 처음으로 문서관리를 해야 할 경우에는 모범적으로 운영 · 관리되고 있는 어린이집을 방문하여 관련 서식 작성법에 대해 문의하고 숙지하는 것이 좋아요. 각 시 · 군 · 구마다 장부기입원칙이나 방법이 다르게 제시되고 있다는 점을 감안하여, 각자가 속해 있는 관할공무원에게 자문을 구하는 것도 좋은 방법이겠지요.

- 회계업무의 전산화
  - 회계와 관련된 서식 및 장부를 일일이 손으로 작성할 경우 많은 시간과 노력이 필요하므로, 관할 구청 차원에서 회계 관련 프로그램을 전산화하여 지원하도록 요청할 필요가 있겠지요.

- 문서작성 양식을 다운로드 받을 수 있는 곳이에요.
  - 부산광역시보육정보센터(http://www.bscare.or.kr): 어린이집 운영–문서양식

**표 11-3** 문서관리 시 주의사항

| 내용 | 주의해야 할 사항 |
|---|---|
| 문서가 필요한 경우 | • 내용이 복잡하여 구체적인 근거 문서가 없이는 당해 업무의 처리가 곤란할 때<br>• 사무처리 결과의 증빙자료로서 문서가 필요할 때<br>• 사무 처리의 형식상 또는 체제상 문서의 형식이 필요할 때<br>• 사무 처리에 대한 의사소통이 대화로는 불충분하여 문서에 의한 의사소통이 필요할 때<br>• 사무 처리의 결과를 일정 동안 보존할 필요가 있을 때 |
| 문서처리 원칙 | • 즉일 처리의 원칙: 문서는 내용 또는 성질에 따라 그 처리 기간이나 방법이 다를 수 있으나 효율적인 업무 수행을 위하여 그날로 처리하여야 한다.<br>• 책임 처리의 원칙: 문서는 정해진 사무분장에 따라 각자가 직무의 범위 내에서 책임을 가지고 관계규정에 따라 신속 · 정확하게 처리하여야 한다.<br>• 적법 처리의 원칙: 문서는 법령의 규정에 따라 일정한 형식 및 요건을 갖추어야 함은 물론 권한 있는 자에 의하여 작성되어 처리하여야 한다.<br>• 전자 처리의 원칙: 문서의 기안, 검토, 협조, 결재, 등록 등 문서의 모든 처리 절차가 전자 문서 시스템에서 전자적으로 처리하여야 한다. |
| 문서의 성립과 효력 | • 문서의 성립: 당해 문서에 대한 서명(전자문자 서명, 전자 이미지 서명 및 행정 전자 서명)에 의한 결재가 있음으로써 성립한다.<br>• 문서의 효력 발생 시기<br>– 일반문서: 수신자에게 도달된 때<br>– 공고문서: 고시 또는 공고가 있은 후 5일이 경과한 날<br>(단, 효력의 발생시기가 법령에 규정되어 있거나, 공고문서에 특별히 제시되어 있는 경우는 제외)<br>– 전자문서: 수신자의 컴퓨터 파일에 기록된 때 |
| 문서작성의 일반사항 | • 용지의 규격: 흰색 A4용지인 가로 210cm, 세로 297cm<br>• 용지의 여백: 위 3cm, 왼쪽 2cm, 오른쪽 1.5cm, 아래 1.5cm<br>• 문서의 용어<br>– 글자: 어문 규범에 맞게 가로로 검은색 또는 파란 색채 한글로 작성하되 필요한 경우 한자, 외국어도 쓸 수 있다.<br>– 숫자: 아라비아 숫자<br>– 연호: 서기연호를 쓰되 "서기"는 표기하지 않는다. 예) 2021.<br>– 날짜: 숫자로 표기하되 연, 월, 일의 글자는 생략하고 그 자리에 온점을 찍어 표시한다. 예) 2021. 7. 26.<br>– 시 · 분: 24시각제에 따라 숫자로 표기하되, 시 · 분의 글자는 생략하고 쌍점(:)을 찍어 표시한다. 예) 오후 3시 20분 → 15:20 |

## 2. 문서접수 및 발송

### 1) 문서접수대장

외부에서 문서가 도착하면(보육통합정보시스템(CIS)을 통해 이루어지는 문서 포함) 접수 대장에 항목별로 접수일자, 문서번호, 발신처, 제목, 접수자 등을 문서 접수 대장에 기록하여 관리한다. 또한 접수자는 접수문서의 공개 · 비공개 등을 분류하여 보육교직원의 공람 여부를 확인한다.

**표 11-4** 문서접수대장의 예시

| 일련번호 | 접수일자 | 문서번호 | 발신처 | 제목 | 접수자 | 비고 |
|---|---|---|---|---|---|---|
| 1 | | | | | | |
| 2 | | | | | | |
| 3 | | | | | | |

출처: 중앙육아종합지원센터(2014). (개정용) 어린이집 문서 및 서식 자료집.

### 2) 문서발송대장

어린이집에서 외부로 문서를 발송할 때(보육통합정보시스템(CIS)을 통해 이루어지는 문서의 발송 포함) 발송대장에 항목별로 발송일자, 문서번호, 수신처, 참조, 제목, 첨부물, 발송방법(우편, 이메일, 팩스) 등 어린이집에서 발송하는 일체의 문서를 발송대장에 기록하여 관리한다.

**표 11-5** 문서발송대장의 예시

| 일련번호 | 발송일자 | 문서번호 | 수신처 | 참조 | 제목 | 첨부물 | | 발송방법 | 비고 |
|---|---|---|---|---|---|---|---|---|---|
| | | | | | | 명칭 | 수량 | (우편, 이메일, 팩스 등) | |
| 1 | | | | | | | | | |
| 2 | | | | | | | | | |
| 3 | | | | | | | | | |

출처: 중앙육아종합지원센터(2014). (개정용) 어린이집 문서 및 서식 자료집.

### 3) 문서의 종류 및 보존 연한

어린이집에서 관리하는 공문서는 종류가 다양하며 문서에 따라 보존 연한이 다르다. 보존 연한은 「공공기록물 관리에 관한 법률 시행령 제26조 제1항 별표」에 근거하여 1년, 3년, 5년, 10년, 20년, 준영구로 구분된다. 보존기간이 경과된 문서는 매년 1회 정기적으로 문서정리 기간 중 폐기하나 무조건 폐기할 것이 아니라 계속 보존여부를 재검토한 후 폐기한다. 폐기 시 보존문서기록대장을 확인한 후 서명하고, 중요한 내용이라고 인정되는 문서는 원형을 알 수 있도록 주의해서 폐기하도록 한다.

**표 11-6** 문서의 보존 연한별 종류

| 보존 연한 | 종류 | 「공공기록물 관리에 관한 법률 시행령 제26조 제1항 별표」 |
|---|---|---|
| 준영구 | • 기관 및 단체의 신분, 재산, 권리, 의무를 증빙하는 서류<br>– 인사기록카드, 보육교직원 관리대장 등 | • 일정기간 경과 후 관리대상 자체의 폐기, 소멸 등으로 영구보존할 필요가 없는 기록물 |
| 10년 | • 공사 관련 장부 및 증빙서류 | |
| 5년 | • 회계 관련 장부 및 증빙서류<br>– 현금출납부, 총계정원장, 재산대장, 비품관리대장<br>– 과목적용조서, 수입 · 지출 원인행위 위임에 관한 위임장<br>– 보육료대장, 봉급대장<br>– 수입과 지출에 따른 증빙서류 등 | • 3년 이상 5년 미만의 기간 동안 업무에 참고하거나 기관의 업무수행 내용을 증명할 필요가 있는 기록물 |
| 3년 | • 기타 어린이집 운영에 관한 서류<br>– 어린이집 운영일지<br>– 어린이집 이용신청자명부 및 이용아동연명부<br>– 연간 · 월간 · 주간보육계획안, 보육일지 등 | • 일상적인 업무를 수행하면서 생산한 기록물로서 1년 이상 3년 미만의 기간 동안 업무에 참고하거나 기관의 업무수행 내용을 증명할 필요가 있는 기록물, 각종 증명서 발급과 관련된 기록물, 주간 · 월간 · 분기별 업무계획 수립과 관련된 기록물 등 |
| 1년 보존 | • 기타 업무연락, 통보, 조회 등과 관련된 기록물 | • 단순하고 일상적인 업무를 수행하면서 생산한 기록물 |

**표 11-7** 보존 문서기록대장

| 일련 번호 | 보존 기간 | 문서철 | | 보존 장소 | 폐기 년월일 |
|---|---|---|---|---|---|
| | | 분류 번호 | 제목(수량) | | |
| | | | | | |
| | | | | | |
| | | | | | |

## 4) 기타 문서 양식

영유아가 본 어린이집에 보육료를 납입했다는 것을 확인해 주는 증명서로 보육료 납입증명서가 있는데 예시는 다음과 같다.

**표 11-8** 보육료 납입증명서 예시

<table>
<tr><td colspan="8">보육료 납입증명서</td></tr>
<tr><td colspan="8">1. 신청인</td></tr>
<tr><td>① 성 명</td><td colspan="3"></td><td colspan="2">② 주민등록번호</td><td colspan="2"></td></tr>
<tr><td>③ 주 소</td><td colspan="7"></td></tr>
<tr><td rowspan="2">대상원아명</td><td>④ 성 명</td><td colspan="2"></td><td colspan="2">⑤ 주민등록번호</td><td colspan="2"></td></tr>
<tr><td>⑥ 주 소</td><td colspan="2"></td><td colspan="2">⑦ 소득자와의 관계</td><td colspan="2"></td></tr>
<tr><td colspan="8">2. 보육기관</td></tr>
<tr><td>⑧ 기관명</td><td colspan="3"></td><td colspan="2">⑨ 사업자등록번호</td><td colspan="2"></td></tr>
<tr><td>⑩ 소재지</td><td colspan="3"></td><td colspan="2">⑪ 전화번호</td><td colspan="2"></td></tr>
<tr><td>⑫ 1일 수업시간</td><td colspan="3">12시간</td><td colspan="2">⑬ 1주간 수업일수</td><td colspan="2">6일</td></tr>
<tr><td colspan="8">3. 수강료 납입금액</td></tr>
<tr><td>⑭ 월 별</td><td colspan="2">⑮ 납입금액</td><td colspan="2">⑭ 월 별</td><td colspan="3">⑮ 납입금액</td></tr>
<tr><td>1월</td><td colspan="2"></td><td colspan="2">7월</td><td colspan="3"></td></tr>
<tr><td>2월</td><td colspan="2"></td><td colspan="2">8월</td><td colspan="3"></td></tr>
<tr><td>3월</td><td colspan="2"></td><td colspan="2">9월</td><td colspan="3"></td></tr>
<tr><td>4월</td><td colspan="2"></td><td colspan="2">10월</td><td colspan="3"></td></tr>
<tr><td>5월</td><td colspan="2"></td><td colspan="2">11월</td><td colspan="3"></td></tr>
<tr><td>6월</td><td colspan="2"></td><td colspan="2">12월</td><td colspan="3"></td></tr>
<tr><td>연간합계액</td><td colspan="4"></td><td>용도</td><td colspan="2">소득공제 제출용</td></tr>
<tr><td colspan="8">소득세법 제52조 및 소득세법 시행령 제113조 제1항의 규정에 의하여 교육비 공제를 받고자 하니 위와 같이 보육료를 납입하였음을 증명하여 주시기 바랍니다.<br><br>20 년 월 일<br>신청인 (서명 또는 인)</td></tr>
<tr><td colspan="8">위와 같이 보육료를 납입하였음을 증명합니다.<br><br>20 년 월 일<br>○ ○ ○ 어린이집 (직인)</td></tr>
</table>

영유아가 현재 어린이집에 다니고 있거나, 다녔던 것을 확인해 주는 증명서로 재원증명서가 있다. 예시는 다음과 같다.

**표 11-9 재원증명서**

제 2009 - 1호

**재 원 증 명 서(현재 재원하고 있는 아이용)**

성 명:
주민등록번호:
전 화 번 호:
주 소:
보호자 성명:

위 어린이는 ○○○어린이집 ○○○반에 재원(취원) 중임을 증명합니다.

20 년 월 일

○○○어 린 이 집 원 장

제 2009 - ○호

재 원 증 명 서(퇴원한 아이용)

성 명:
주민등록번호:
전 화 번 호:
주 소:
보호자 성명:

위 어린이는 ○○○어린이집에 년 월 일로부터 년 월 일 까지 재원한 원아임을 증명합니다.

20 년 월 일

○○○어 린 이 집 원 장

또한 영유아가 어린이집에 기타 납부한 금액을 확인해 주는 영수증으로서 수납 영수증이 있다. 예시는 다음과 같다.

**표 11-10** 수납영수증의 예시

| ○○○ 수납영수증 | ○○○ 수납영수증 |
|---|---|
| 보호자성명 : | 보호자성명 : |
| 아 동 성 명 : | 아 동 성 명 : |
| 금　　액 :　　　　원정 | 금　　액 :　　　　원정 |
| 위와 같이 ○년도 ○월분 ○○○을 수납하였습니다. | 위와 같이 ○년도 ○월분 ○○○을 납부하였습니다. |
| 년　월　일　　간 | 인　　년　월　일 |
| ○○어린이집 원장(인) | ○○어린이집 원장(인) |
| (기관 보관용) | (보호자 보관용) |

출처: 중앙육아종합지원센터(2017). (개정용) 어린이집 문서 및 서식 자료집.

어린이집에서 아이들에게 사진값이나 현장학습비 등의 기타 경비를 받아야 할 때가 있거든요. 돈을 받은 날짜나 액수 등을 정확히 확인하고 반에서 다 모았을 때는 최종 확인한 후 바로 직접 서무실에 제출하는 것이 중요한 것 같아요. 간혹 아이들이 돈을 가지고 올 경우 차량 안에서나 교실에서 열어보다가 분실되는 경우도 있고 저도 깜빡 잊어버리는 경우도 있거든요. 나중에는 어디에다 뒀는지 모르는 경우도 생겨서 그때그때마다 아이들이 등원하면 바로 돈을 받아서 즉시 액수부터 확인하는 것이 필요할 것 같아요. 또 반드시 영수증을 발급해서 가정으로 돌려보내고, 아이들의 출석부에도 확인 사인을 하는 것이 좋은 것 같아요(2009.9.26. A기관 교사 면담).

## 3. 기안문 작성

기안문서는 어린이집의 보육계획 수립, 각종 행사계획 수립, 내부규정 제정 등 내부 의사결정과 감독청, 외부 기관 등에 필요한 사항을 요구하거나, 이들 기관에서 요구한 사항을 보고, 처리하기 위해 작성하며, 반드시 결재권자의 결재를 얻어야만 효력이 발생한다.

현장 견학에 대한 협조 의뢰를 할 때, 우선 내부 결재 기안을 작성하여 결재권자에게 결재를 얻고, 협조 공문을 해당 기관에 전자 메일을 통해 보낸다.

**효율적인 기안문 작성 방법에 대해 살펴볼까요?**

- 두문, 본문, 결문으로 구성되며 내용은 다음과 같다.
  - 두문: 발신 기관명, 주소, 우편 번호, 전화 및 팩스 번호, 담당자 성명, 문서 번호, 기관 번호, 분류 번호, 문서 등록 번호, 시행 연월일, 보존 기간, 수신란, 참조 등
  - 본문: 제목, 내용, 첨부물로 구성
  - 결문: 발신 명의, 최종 결재권자의 표시, 수신처란 등으로 구성

- 문서의 기안은 준비, 작성, 검토의 순서로 이루어진다.
  - 준비 단계: 기안의 목적, 필요성, 내용 등을 파악하고 관련된 규정과 과거 선례를 숙지한 후 필요시 회의 등을 통하여 관계자의 의견을 수렴한다.
  - 작성 단계: 기안문의 형식과 논리의 구성 및 전개 방법을 결정하고 초안을 작성한다.
  - 검토 단계: 문장 표현의 적정성 검토, 오자, 탈자 등을 시정한다.

대부분 초임 교사들은 기안문 작성을 아주 힘들어하는 경우가 많아요. 물론 서무나 행정을 담당하는 교사를 두고는 있지만, 그래도 급할 때는 업무를 서로 볼 수 있도록 준비가 되어 있었으면 좋겠어요. 기본적인 기안문 양식이나 문서를 발송하는 방법 정도는 알고 있어야 하겠지요(2009.8.26. D 원장 면담).

표 11-11 내부기안문의 예시

"먼저 인사하기, 모두 사랑하기, 서로 칭찬하기"

○○○ 어린이집

수신자: 내부 결재
(경유)
제 목 어린이집 현장학습 실시

---

우리 어린이집 운영 계획에 의거 다음과 같이 현장학습을 실시하고자 합니다.

다 음

1. 견학 일시: 2021. 5. 20. 수요일 10:00~12:00
2. 견학 장소: 가. ○○해양 경찰서(10:00~11:00)
   나. ○○지방해운항만청(11:00~12:00)
3. 견학 인원: 가. 교사 2명
   나. 보조교사 6명
   다. 원아 80명

붙임 1. 현장학습 계획서 1부.
  2. 자원봉사자 명단 1부
  3. 원아 명단 1부. 끝

○○○ 어 린 이 집 원 장

담당자: ○○○ 원장: ○○○
협조자
시행 ○○○어린이집 -○○○
우 612-○○○ 부산광역시 ○○○구 ○○동 ○○○번지
전화: ○○○-○○○○

**표 11-12** 협조공문의 예시

## "먼저 인사하기, 모두 사랑하기, 서로 칭찬하기"

○○○ 어린이집

수신자: 수신자 참조
(경유)
제 목 어린이집 현장학습 협조

---

1. 귀 기관의 무궁한 발전을 기원합니다.
2. 우리 어린이집 운영 계획에 의거 다음과 같이 귀 기관을 견학하고자 하오니 협조하여 주시기 바랍니다.

다 음

1. 견학 일시: 2021. 5. 20. 수요일 10:00~12:00
2. 견학 장소: 가. ○○해양 경찰서(10:00~11:00)
   나. ○○지방해운항만청(11:00~12:00)
3. 견학 인원: 가. 교사 2명
   나. 보조교사 6명
   다. 원아 80명 계 88명. 끝

○○○ 어 린 이 집 원 장

---

수신자: ○○○해양경찰청, ○○○지방해양수산청
담당자: ○○○ 원장:○○○
협조자
시행 ○○○어린이집 -○○○
우 612-○○○ 부산광역시 ○○○구 ○○동 ○○○번지/http://www.○○○.co.kr
전화: ○○○-○○○○/ 전송 051-○○○-○○○○/ ○○○@tenet.or.kr / 공개

# 4. 입학과 졸업 관리

## 1) 어린이집의 입학

어린이집의 입학대상은 만 0~만 5세의 취학 전 아동을 원칙으로 한다. 단, 필요한 경우 만 12세까지 연장하여 보육할 수 있다(「영유아보육법」 제27조 단서). 연령별 반 편성기준은 동년도 출생아(동년도 1.1~동년도 12.31 출생아)를 함께 편성하는 것을 원칙으로 한다. 단 1, 2월생 영유아에 한하여 보호자 신청에 의해 상위 연령반에 편성 가능하다.

**표 11-13** 반 편성의 기준(2021년도 기준)

| 반 편성 | 출생일 기준 |
|---|---|
| 만 0세반 | '20. 1. 1. 이후 출생 |
| 만 1세반 | '19. 1. 1. ~ '19. 12. 31. |
| 만 2세반 | '18. 1. 1. ~ '18. 12. 31. |
| 만 3세반 | '17. 1. 1. ~ '17. 12. 31. |
| 만 4세반 | '16. 1. 1. ~ '16. 12. 31. |
| 만 5세반 | '15. 1. 1. ~ '15. 12. 31. |

**표 11-14** 입소순위(영유아보육법 제28조, 시행규칙 제29조)

| | |
|---|---|
| 1순위 | • 국민기초생활보장법에 따른 수급자<br>• 한부모가족지원법 제5조의 규정에 의한 보호대상자의 자녀<br>• 국민기초생활보장법 제24조의 규정에 의한 차상위계층의 자녀<br>• 「장애인복지법」 제2조에 따른 장애인 중 장애의 정도가 심한 장애인의 자녀 또는 형제자매<br>• 아동복지시설에서 생활 중인 영유아<br>• 부모가 모두 취업 중이거나 취업을 준비 중인 영유아<br>• 「다문화가족지원법」 제2조 제1호에 따른 다문화가족*의 영유아<br>• 「국가유공자 등 예우 및 지원에 관한 법률」 제4조 제1항에 따른 국가유공자 중 전몰자(제3호), 순직자(제5호 · 제14호 · 제16호), 상이자(제4호 · 제6호 · 제12호 · 제15호 · 제17호)로서 보건복지부령으로 정하는 자*의 자녀<br>• 자녀가 3명 이상인 가구의 영유아 또는 만 8세 이하 또는 초등학교 2학년 이하인 자녀가 2명 이상인 가구의 영유아<br>• 임신부의 자녀인 영유아<br>• 제1형 당뇨를 가진 경우로서 의학적 조치가 용이하고 일상생활이 가능하여 보육에 지장이 없는 영유아<br>• 산업단지 입주기업체 및 지원기관 근로자의 자녀로서 산업단지에 설치된 어린이집을 이용하는 영유아 |
| 2순위 | • 기타 「한부모가족지원법」에 따른 한부모 가족 및 조손 가족<br>• 가정위탁 보호아동 및 입양된 영유아<br>• 동일 어린이집 재원 중(신학기 등 입소 확정 포함)인 아동의 형제 · 자매 |

어린이집 이용을 원하는 보호자는 입소대기관리시스템을 활용하여 시간이나 장소에 제한 없이 온라인이나 모바일로 입소대기 신청을 할 수 있고, 어린이집에 직접 방문하여 신청하는 기존의 방식도 가능하다. 다음은 직접 방문 시 사용하는 어린이집 입소신청서의 예시이다.

**표 11-15** 어린이집 입소신청서 예시

# 입소신청서

***어린이집 원장 귀하

아래의 영유아가 귀 어린이집에 입소하고자 신청합니다.

년 월 일

신청자: (인)

<table>
<tr><td rowspan="5">신청인 보호자</td><td>이름</td><td colspan="2"></td><td>관계</td><td></td></tr>
<tr><td>연락처(휴대폰)</td><td colspan="2"></td><td>연락처(집)</td><td></td></tr>
<tr><td>주소</td><td colspan="4"></td></tr>
<tr><td>입소영유아의 가족현황</td><td colspan="4">□ 부 □ 모 □ 조부 □ 조모 □ 기타 ( 명)</td></tr>
<tr><td></td><td colspan="4"></td></tr>
<tr><td rowspan="6">대상 아동</td><td>이름</td><td></td><td>성별</td><td>남 여</td><td rowspan="4">사진</td></tr>
<tr><td>생년월일</td><td colspan="3"></td></tr>
<tr><td>건강상태</td><td colspan="3">□ 양호 □ 허약 □ 질병 □ 기타( )</td></tr>
<tr><td>특이사항</td><td colspan="3">※ 아동의 성격, 식사습관, 건강상태 등 어린이집에 알려야 할 사항 기재</td></tr>
<tr><td rowspan="2">타 유아교육기관 이용경력</td><td>이용시기</td><td colspan="3">□ 0세부터 □ 만 1세부터 □ 만 2세부터<br>□ 만 3세부터 □ 만 4세부터</td></tr>
<tr><td>유아교육기관 유형</td><td colspan="3">□ 유치원 □ 가정 □ 민간 □ 국공립 □ 기타</td></tr>
</table>

정보통신보호법에 따라 본인 동의 없이 추가 작성이나 외부 유출 및 영유아 지원 정책 외 용도로 사용하지 않는 조건으로 정보 이용에 동의합니다.

### 2) 어린이집 수료 및 졸업

어린이집 수료에 필요한 출석 일수는 수업 일수의 2/3 이상 출석을 해야 하며, 어린이집 원장은 수료증을 수여할 수 있다. 그리고 어린이집의 전 과정을 수료하고 졸업할 때는 소정의 졸업장을 수여한다.

## 5. 생활기록부 작성

원아와 가족의 필요와 요구에 적합한 보육서비스를 제공하기 위해서는 먼저 입소 아동과 그 가족에 관한 정보를 수집해야 한다. 원아 및 가정환경의 파악은 규정된 양식의 생활기록부를 부모가 작성하여 제출한다. 생활기록부 양식은 영아용과 유아용으로 구분하여 사용하고, 부모의 요구나 가정환경을 파악하는 데 다소 미약한 부분이 있으면 각 기관에서 융통성 있게 양식을 변형하여 필요한 정보를 수집할 필요가 있다.

### 생활기록부에 포함되는 주요 사항

- 아동명, 성별, 생년월일, 주소, 사진
- 부모명, 주소, 전화번호, 직업, 근무처, 근무시간
- 가족사항, 생활정도, 데려오고 데려가는 사람
- 아동의 생활습관, 전염병 예방접종, 병력기록 및 성장에 관한 기록

★ 아동과 가족에 관한 정보는 비밀이 보장되어야 하며, 교육목적 이외의 용도로 사용해서는 안 된다.

대부분 교사들은 생활기록부의 중요성에 반해서 학년말이 다가오면 정보 자료가 충분하지 않은 상태에서 의미대로 영유아들의 성장발달 상황들을 기록하는 경우가 많이 있어요. 바람직한 생활기록부를 작성하기 위해서는 먼저 부모로부터의 정보를 잘 수집하고, 영유아들의 평소 관찰기록이나 작품들도 잘 챙겨서 영유아들의 발달에 적합한 표준 문장을 선택해서 작성하는 자세가 필요하다고 생각해요. 그러기 위해서는 생활기록부의 중요성이나 작성하는 방법들에 대한 훈련이 우선 필요하겠지요(2009.7.26. A기관 원장 면담).

표 11-16 생활기록부 예시

# 생 활 기 록 부(영아)

1. 인적사항

| 어린이집명 | | | | | | |
|---|---|---|---|---|---|---|
| 아동 | 이 름 | (한글)<br>(한자) | 성 별 | 남 · 여 | | 사진<br>(3×4㎝) |
| | 생년월일 | | 입 · 퇴소일 | 입소<br>퇴소 | | |
| | 주 소 | | 혈 액 형 | | | |
| 보호자 | 아동과의 관 계 | 부 | 모 | 기 타 | | |
| | 이 름 | | | | | |
| | 전화번호 | | | | | |

2. 기본생활습관 및 발달상황

| 영역 \ 연령 | | 0세 | 1세 | 2세 |
|---|---|---|---|---|
| 기본생활습관 | 수 면 | | | |
| | 배 변 | | | |
| | 식 사 | | | |
| 활동발달 | 신체운동 | | | |
| | 사회관계 | | | |
| | 의사소통 | | | |
| | 자연탐구 | | | |
| | 예술경험 | | | |

3. 출결상황

| 구분 \ 연령 | 0세 | 1세 | 2세 |
|---|---|---|---|
| 보육일수 | | | |
| 결석일수 | | | |
| 의 견 | | | |

4. 영유아 표준예방접종[1)]

| 대상전염병 | 백신종류 및 방법 | 접종차수 | 접종일자 | 접종기관 |
|---|---|---|---|---|
| 결핵 | BCG(피내용) | 1회 | | |
| B형간염 | HepB | 1차 | | |
| | | 2차 | | |
| | | 3차 | | |
| 디프테리아<br>파상풍<br>백일해 | DTaP | 1차 | | |
| | | 2차 | | |
| | | 3차 | | |
| | | 4차(추가) | | |
| 폴리오 | IPV | 1차 | | |
| | | 2차 | | |
| | | 3차 | | |
| b형헤모필루스 인플루엔자 | Hib | 1차 | | |
| | | 2차 | | |
| | | 3차 | | |
| | | 4차 | | |
| 홍역 · 유행성이하선염 · 풍진 | MMR | 1차 | | |
| 수두 | Var | 1회 | | |
| 일본뇌염 | JEV(사백신) | 1차 | | |
| | | 2차 | | |
| | | 3차 | | |
| | JEV(생백신) | 1차 | | |
| | | 2차 | | |
| 인플루엔자 | Flu | 매년 접종 | | |
| 장티푸스(24개월 이상부터) | 주사용 | 고위험군에 한함 | | |
| A형간염 | HepA | 1차 | | |
| | | 2차 | | |
| 폐렴구균 | PCV(단백결합) | 1차 | | |
| | | 2차 | | |
| | | 3차 | | |
| | | 4차 | | |
| | PPSV(다당질) | 고위험군에 한함 | | |
| 기타 임시예방접종 등 | | 명칭 기재 | | |
| | | 명칭 기재 | | |

1) 예방접종 도우미 사이트 참조

5. 건강진단

| 연 령 | 실시여부 | 실시일자 | 실시기관 | 비 고 |
|---|---|---|---|---|
| 0세 | | | | □ 영유아건강검진(차수: ______차)<br>□ 영유아건강검진 외<br>□ 미실시(사유: ______,<br>고지 횟수 · 일자: ______) |
| 1세 | | | | □ 영유아건강검진(차수: ______차)<br>□ 영유아건강검진 외<br>□ 미실시(사유: ______,<br>고지 횟수 · 일자: ______) |
| 2세 | | | | □ 영유아건강검진(차수: ______차)<br>□ 영유아건강검진 외<br>□ 미실시(사유: ______,<br>고지 횟수 · 일자: ______) |

※ 실시여부 표시: 실시의 경우 ○, 미실시의 경우 ×
※ 비고: 해당항목 체크 및 내역기재

6. 병력기록

| 병 명 | 질병발생 연월일 및 질병의 정도 | |
|---|---|---|
| | 입 소 전 | 입 소 후 |
| | | |

7. 신체발달상황

| 측정시기 / 구분 | | | | | | | | |
|---|---|---|---|---|---|---|---|---|
| 신 장(㎝) | | | | | | | | |
| 몸 무 게(㎏) | | | | | | | | |
| 측 정 자 | | | | | | | | |

비고: 18개월 미만의 영아는 2개월마다, 그 이상의 영아는 6개월마다 측정 · 기록한다.

| 기록관리자 |
|---|

# 생 활 기 록 부(유아)

(앞쪽)

## 1. 인적사항

| 어린이집명 | | | | | | |
|---|---|---|---|---|---|---|
| 아동 | 이 름 | (한글)<br>(한자) | 성 별 | 남 · 여 | | 사진<br>(2.5×3cm) |
| | 생년월일 | | 입 · 퇴소일 | 입소<br>퇴소 | | |
| | 주 소 | | 혈액형 | | | |
| 보호자 | 아동과의 관계 | 부 | 모 | 형제<br>(자매) | 기 타 | |
| | 이 름 | | | | | |
| | 전화번호 | | | | | |

※ 비 고: 보호자란 중 부 · 모가 있을 경우 양자 모두 기재

## 2. 출결상황

| 구분 \ 연령 | 3세 | 4세 | 5세 |
|---|---|---|---|
| 보육일수 | | | |
| 결석일수 | | | |
| 의 견 | | | |

## 3. 신체발달상황

| 구분 \ 연령 | 3세 | 4세 | 5세 |
|---|---|---|---|
| 신 장(cm) | | | |
| 몸무게(kg) | | | |
| 측 정 자 | | | |

| 기록관리자 | |
|---|---|

## 4. 영유아 표준예방접종

| 대상전염병 | 백신종류 및 방법 | 접종차수 | 접종일자 | 접종기관 |
|---|---|---|---|---|
| 디프테리아<br>파상풍<br>백일해 | DTaP | 5차(추가) | | |
| 폴리오 | IPV | 4차(추가) | | |
| 홍역 · 유행성<br>이하선염 · 풍진 | MMR | 2차 | | |
| 일본뇌염 | JEV(사백신) | 3차 | | |
| | | 4차(추가) | | |
| 인플루엔자 | Flu | 매년 접종 | | |
| 장티푸스 | 주사용 | 고위험군에 한함 | | |
| 기타 임시예방접종 등 | | *명칭 기재* | | |
| | | *명칭 기재* | | |

## 5. 건강진단

| 연 령 | 실시여부 | 실시일자 | 실시기관 | 비 고 |
|---|---|---|---|---|
| 3세 | | | | □ 영유아건강검진(차수: ____차)<br>□ 영유아건강검진 외<br>□ 미실시(사유: ________,<br>고지횟수 · 일자: ________) |
| 4세 | | | | □ 영유아건강검진(차수: ____차)<br>□ 영유아건강검진 외<br>□ 미실시(사유: ________,<br>고지횟수 · 일자: ________) |
| 5세 | | | | □ 영유아건강검진(차수: ____차)<br>□ 영유아건강검진 외<br>□ 미실시(사유: ________,<br>고지횟수 · 일자: ________) |

※ 실시여부: 실시의 경우 ○, 미실시의 경우 ×
※ 비 고: 해당항목 체크 및 내역기재

6. 활동발달상황

(뒷쪽)

| 성명 | | | |
|---|---|---|---|
| 영역별 / 연령 | 3세 | 4세 | 5세 |
| 기본생활습관 | | | |
| 신체운동건강 | | | |
| 의사소통 | | | |
| 사회관계 | | | |
| 예술경험 | | | |
| 자연탐구 | | | ○ |
| 종합의견 | | | |

출처: 보건복지부(2021). 2021년도 보육사업안내 부록.

# 6. 출석부 작성

**출석부 정리 요령**

♧ 출석부의 양식이나 정리 요령은 기관에 따라 다를 수 있으나 일반적으로 통용되는 출석부 정리 요령을 참고할 수 있겠다.

1) 숫자기입: 아라비아 숫자로 기재한다.
2) 영유아명: 출석번호는 반 유아의 고유번호가 되며 생활기록부 등 모든 학적부와 동일해야 한다.
3) 일요일란은 주선을 긋는다. 기타 공휴일은 첫 같은 주선, 다음 칸부터 공휴일명을 쓰고 계속 주선을 긋는다.
4) 작은 달에는 없는 날짜란에 청선 혹은 흑선을 긋는다.
5) 중도 입학생의 출결 처리
   - 입학 순으로 출석부 끝번을 부여하고 이름을 등재한다.
   - 입학 당일에 청, 흑서로 (입)이라고 쓰고 그 전일까지 청, 흑선을 긋는다.
   - 전입 사항 기재(예): (9) 김현수 7. 5 제주 ○○○어린이집
6) 전출 유아의 출결 처리
   - 해당 날짜에 주선으로 (출)이라고 쓰고, 다음 날부터는 주선을 긋는다. (이름도 주선으로 삭제)
   - 통계란은 그대로 두되 다음 달부터는 주선을 긋는다.
   - 전출 사항 기재 (예): (5) 김승우 7. 12 서울 ○○○어린이집
7) 결석 등의 표시: 병결○, 사고결◎, 지각×, 조퇴

---

출석부를 작성하다가 틀리는 경우가 많이 있어요. 아이 이름 없는데 표시해 놓질 않았다거나 몇 칸은 요일 잘못 쓰고, 문서 조력 받았을 때 국가 공휴일은 빨간펜으로 줄 긋고, 임시 공휴일은 검은색으로 줄 긋는 것까진 생각이 나는데..틀렸을 때는.. 화이트로 지우지 말라는 것밖에 기억이 안 나더라구요. 어쩔 수 없이 다시 처음부터 문서를 다시 작성할 수밖에 없었답니다. 출석부는 나중 졸업식 때도 아이의 근태에 아주 중요한 증거자료이기 때문에 정말 정확하지 않으면 안 되겠더라구요. 제대로 알아둬야 할 것 같아요(2009.7.25. B 교사 면담).

---

**표 11-17** 출석부 예시

반　　　담임교사:　　　(인)

| 순번 | 요일 | 수 | 목 | 금 | 토 | 월 | 화 | 수 | 목 | 금 | 토 | 월 | 화 | 수 | 목 | 금 | 토 | 월 | 화 | 수 | 목 | 금 | 토 | 월 | 화 | 수 | 목 | 금 | 월말합계 | | | | |
|---|---|---|---|---|---|---|---|---|---|---|---|---|---|---|---|---|---|---|---|---|---|---|---|---|---|---|---|---|---|---|---|---|---|
| | 이름 | 1 | 2 | 3 | 4 | 6 | 7 | 8 | 9 | 10 | 11 | 13 | 14 | 15 | 16 | 17 | 18 | 20 | 21 | 22 | 23 | 24 | 25 | 27 | 28 | 29 | 30 | 31 | 출석 | 결석 | | 지각 | 조퇴 |
| | | | | | | | | | | | | | | | | | | | | | | | | | | | | | | 질병 | 사고 | | |
| 1 | | | | | | | | | | | | | | | | | | | | | | | | | | | | | | | | | |
| 2 | | | | | | | | | | | | | | | | | | | | | | | | | | | | | | | | | |
| 3 | | | | | | | | | | | | | | | | | | | | | | | | | | | | | | | | | |
| 4 | | | | | | | | | | | | | | | | | | | | | | | | | | | | | | | | | |
| 5 | | | | | | | | | | | | | | | | | | | | | | | | | | | | | | | | | |
| 6 | | | | | | | | | | | | | | | | | | | | | | | | | | | | | | | | | |
| 7 | | | | | | | | | | | | | | | | | | | | | | | | | | | | | | | | | |
| 8 | | | | | | | | | | | | | | | | | | | | | | | | | | | | | | | | | |
| 9 | | | | | | | | | | | | | | | | | | | | | | | | | | | | | | | | | |
| | | | | | | | | | | | | | | | | | | | | | | | | | | | | | | | | | |
| | | | | | | | | | | | | | | | | | | | | | | | | | | | | | | | | | |
| | | | | | | | | | | | | | | | | | | | | | | | | | | | | | | | | | |
| | | | | | | | | | | | | | | | | | | | | | | | | | | | | | | | | | |
| | | | | | | | | | | | | | | | | | | | | | | | | | | | | | | | | | |
| | | | | | | | | | | | | | | | | | | | | | | | | | | | | | | | | | |
| | | | | | | | | | | | | | | | | | | | | | | | | | | | | | | | | | |
| | | | | | | | | | | | | | | | | | | | | | | | | | | | | | | | | | |

| 전월말 재적수 | 전입아수 | 퇴원아수 | 본월말재적수 | 결석한 총일수 | 수업일수 | 수업일수누계 | 담임 | 원장 | 결재 |
|---|---|---|---|---|---|---|---|---|---|
| | | | | | | | | | |
| 비고 | | | | | | | | | |

Chapter

# 12

# 보육평가와 보육의 전망

## “보육에 대한 반성과 새로운 도약”

1. 보육평가의 이해
2. 보육의 쟁점과 전망

바쁘면 바쁠수록 대부분의 교사는 무엇을 어떻게 가르쳤는지 반성하는 시간이 부족하게 된다. …… 정성과 마음을 다하여 반성적 사고를 하려는 것은 가르침에 열정을 가진 모든 교사의 마음가짐이어야 한다.

– Christopher Day의 『A Passion for Teaching』 중에서

보육을 위한 현장 경험의 총체는 보육과정으로 제시된다. 보육과정에 있어서 현실을 이해하고, 미래를 열어가는 중요한 과정이 평가이다. 또한 평가는 평가 자체에 의미를 두기보다 새로운 반성과 도약이라는 포괄적 전망을 함축하여야 한다.

# 1. 보육평가의 이해

## 1) 평가에 대한 관점

보육평가는 보육목표의 달성 정도를 판단하는 일련의 과정이다. 그러나 이러한 과정은 관점에 따라 다각적 접근이 이루어진다. 일반적으로 평가의 관점은 다음과 같이 다양하다.

첫째, 측정관의 관점이다. 측정(measurement)이란 어떤 대상이나 사태에 체계적으로 수치를 매기는 과정이다. 즉, 이는 한 개인의 특정 시점에서의 반응 행동을 표본으로 하여 일상적 상태를 대변하는 표본으로 간주하여 접근하는 평가 관점이다. 따라서 검사의 신뢰성과 객관성을 중시하고, 수치화에 중점을 둔다. 일반적으로 규준집단에 따라 해석할 수 있는 '표준화 검사' 도구를 사용하게 된다.

둘째, 평가관의 관점이다. 평가(evaluation)는 측정보다 더 광범위한 접근으로, 측정의 양적결과를 질적으로 해석하며, 해석된 것에 대한 가치판단을 포함한다. 즉, 검사를 통해 점수를 내고 서열을 매기는 것이 측정이라면 이를 기초하여 창의성을 해석한다면 이는 평가가 되는 것이다. 여기에서 해석의 유의미성이 보장되기 위해서는 평가도구의 내적 타당도가 중요한 기초가 될 수 있다.

셋째, 사정관 또는 총평관의 관점이다. 사정(assessment)이란 평가된 개인의 행동특성을 특별한 환경이나 맥락, 과업, 상황과 관련하여 의사 결정하고자 하는 목적의 전인적 총평을 가지는 것을 지칭한다. 따라서 전체적이고 질적인 측면에서 한 개인의 역할과 갈등 등을 분석하고, 전인적으로 평가하고자 하는 접근을 취하게 된다. 일반적으로 검사, 자기보고, 관찰, 면접, 설문지 등의 다양한 자료의 합치도에 중점을 두고 분석한다.

## 2) 보육과정의 평가 구성

보육평가는 양적접근과 질적접근에 따라 다른 양상으로 이루어진다. 양적접근은 연역적 접근으로, 의도된 교육목표와 결과 간의 인과관계를 수량화한다. 반면 질적 접근은 귀납적인 접근으로, 교육과정의 목표에 매이지 않고, 교육과정 속에서 나타난 경험이나 자연적 반응이 가지는 의미 자체를 중시한다.

보육과정의 평가는 얻고자 하는 목적 및 목표에 대한 성취 정도를 일련의 과정을 통해 살펴봄으로써 효과 및 질적 의미를 찾고, 관리하는 과정이라고 할 수 있다. 따라서 어떤 영유아에게, 어떤 내용을, 왜 교육하고 있는가에 대한 프로그램의 타당성이 평가되어야 하며, 또한 프로그램의 구체적 내용구성과 운영 등이 평가되어야 한다. 즉, 유아의 필요와 요구에 타당한 프로그램인지를 평가하고, 바람직한 운영과 실천을 지원하기 위한 평가가 되어야 한다.

### (1) 구성요소에 대한 평가

보육과정의 평가는 구성된 교육과정이 제대로 조직 구성되어 그 역할을 수행하고 있는가를 살펴야 한다. 타일러(Tylor, 1949)의 교육과정에서 중시하는 교육목표, 내용선정, 조직 및 교수, 평가의 요소를 고려하여 전체의 총괄적 평가가 이루어질 필요가 있다. 이러한 측면에서 논의될 수 있는 평가의 요소는 다음과 같다.

- 교육목표의 설정이 올바른 절차와 자원 아래서 결정되었나?
- 교육내용의 선정·조직이 주어진 원리에 충실하게 이루어졌나?
- 교수·학습 과정이 적절한 수업모형과 학습자의 수준에 맞게 진행되었나?
- 학습 성과의 평가가 올바르게 이루어지고 이 결과는 다시 교육목표의 설정, 교육내용의 선정·조직, 교수-학습 과정 등에 반영이 되었는가?

그러나 보육과정은 지나치게 획일적으로 목표, 내용선정 및 조직, 평가의 틀로 고정화하기보다는 전체적인 맥락에서 평가되는 삶의 구성요소로서의 의미도 고려되어야 할 것이다.

### (2) 평가의 내용 및 방법

학습성과의 평가는 일반적으로 정보의 성격에 따라 진단평가, 형성평가, 총괄평가로 나눌 수 있다. 이러한 접근에서 진단평가는 그 수업에 들어가기 전에 학습자가 어느 정도의 지식과 사전 경험이 있는가를 알기 위해서 실시되고, 형성평가는 교육과정의 구성이나 수행을 개선하기 위해 실시된다. 또한 총괄평가는 전체 내용을 대상으로 학습성과를 총괄적으로 평가하게 된다.

그러나 보육과정은 일정한 시간에 영유아의 성취를 검사하여 대표성을 가지는 측정의 접근이 힘든 발달적 특성이 있다. 따라서 접근 방법에서 사전, 중간, 사후의 특정 시점을 임의로 표집하기보다는 연속적 맥락 속에서 이해할 필요가 있다.

보육과정의 평가는 실행하기 전에 여러 가지 요구를 분석하기 위해 실시될 수 있다. 일반적으로 학부모나 교사를 대상으로 한 반성적 평가를 포함하게 된다. 또한 보육과정 실시 과정에서도 실체를 발견하고, 문제점을 파악하여 지속적 변화를 위한 기초 자료를 수집하는 과정을 가지게 된다. 유아 관찰이나 작업 자료의 수집 등을 통해 유아나 다른 관찰자를 대상으로 하여 평가를 실시할 수도 있다. 평가방법은 설문지조사, 면담, 관찰, 간담회 등의 다각적인 방법을 활용할 수 있다. 이러한 평가는 교육과정 구성요소에 대한 평가, 학습 성과의 평가를 모두 포함한다.

또한 이루어진 교육과정의 수행 개선을 위해 교육과정 실시 이후에 평가하여 문제점을 발견하고 개선하기 위한 기초 자료로 활용할 수도 있다. 일반적으로 유아교육과정에 대한 평가는 학부모나 교사를 대상으로 하여 계획 및 실행에 대한 반성적 평가를 포함하여 실시하게 된다.

## 2. 보육의 쟁점과 전망

여성의 사회참여, 저출산, 핵가족화라는 사회적 변화와 더불어 영유아의 권리에 대한 논의가 증진되면서 국가와 사회의 보육 지원과 책임에 대한 논의가 끊이지 않고 있다. 보육에 있어서 어떻게 하면 보육의 질을 높여 부모와 영유아가 행복하게 살아가는 안정된 복지사회의 모형을 구성할 수 있을 것인가에 대한 논의가 사회적 요구로 부상하고 있다. 이러한 쟁점과 전망에 대한 논의(권미량, 2010)를 구체적으로 살펴보면 다음과 같다.

### 1) 자연과 공존하는 보육

생태적 위기의 현실 앞에서 우리는 자연과 사람이 함께 살아가는 공존 및 공생의 의미를 자각해야 한다. 이것이 녹색성장 시대를 위한 가장 핵심적인 이슈임에 틀림이 없다.

레이첼 카슨(Rachel Carson, 2011)은 『침묵의 봄』에서 인간의 작위적 행위가 자연과 사람에게 주는 영향에 대한 경고를 던지면서 생태적 담론에 대한 논의를 불러일으켰다. 우리는 경제성장과 과학발달로 편리한 생활을 보장하는 성장제일주의 가운데 달려왔다. 그러나 이러한 성장과 발달이 우리의 미래를 열어줄 수 없음에 대한 논의는 다시금 삶의 질적 변화를 호소하며 먹을거리, 운동, 의복, 생활용품에 이르기까지 다양한 측면에서 새로운 각성을 요구하고 있다.

TV 다큐멘터리로 '환경의 역습', '아이를 살리는 생명의 밥상', '경고, 우리 아이들 몸이 이상하다', '생태건축', '아토피' 등의 주제가 등장하는 것은 이러한 사회적 관심사를 대변하고 있다. 자연과 공존의 문제는 지속 가능 사회에 대한 우리 모두의 과제로 인식되고 있다. 이러한 과제 인식은 생태적 위기의 현실 앞에서 우리가 함께 살아갈 수 있는 문제로서 행복한 삶에 대한 개념 재정립을 요구하며, 사회적 논쟁의 중심에 놓여 있다. 이러한 논의는 환경보호의 차원을 넘어서 의식주를 포함한 삶의 양식, 사회의 지향점, 육아와 교육을 통해 새로운 지식과 인식의 지평을 넓히기를 요구하고 있다.

## 2) 관계성의 회복

21세기는 세계화와 경쟁이라는 성장지향의 사회체제 속에서 인간소외 및 개인주의의 문제를 함께 안고 살아가고 있다. 인간에게 참살이나 안녕(well-being)을 가져다줄 수 있는 것은 무엇인가? 인간은 끊임없이 행복과 안녕(well-being)을 꿈꾸게 된다. 이를 향해 나아가는 인간에게서 본질적 행복은 무엇으로 연결될 수 있는가에 대한 논의는 다각적 측면에서 이루어져 왔다.

교육의 논의 중에서 지식의 구조나 발달적 체계화에 따른 작위적 형태의 재개념적 논의는 유아교육을 유아의 삶의 경험 자체에서 보아야 함을 제시하고 있다. 보육과정은 미리 구조화되는 형태를 넘어 유아의 삶에서 발견하고 따라가는 일상이어야 한다는 논의가 필요하다. 즉, 보육은 삶이고 일상이라는 관계적 시각이 구체화되고 있다. 보육은 돌봄의 개념과 의식주를 포함한 이상 속에서 교육과 보육의 의미를 종합적으로 살피는 새로운 접근이 논의될 필요가 있다.

최희철 · 황매향 · 김연진(2009)은 인간의 안녕은 자신의 삶에 대해 내린 주관적 안녕과 자신의 인간 잠재력 성장의 관점에서 보는 안녕으로 구분하면서, 이러한 안녕을 예언하는 심리적 변인 가운데 관계성이라는 요인의 중요성을 제안한 바 있다. 부버(Buber, 2020)는 기계화된 교육방식에서 참다운 인격적 공동체로 돌아가기 위해 '만남'의 개념을 통해 관계의 의지를 회복해야 한다고 하였다. 참다운 삶은 자연과 더불어 사는 삶의 관계, 사람들과 더불어 사는 삶의 관계, 정신적 존재들과 더불어 사는 삶의 관계, 사람들과 더불어 사는 삶의 관계, 정신적 존재들과 더불어 사는 삶의 관계를 통한 '만남'이라는 관계성으로 성립된다고 보았다.

또한 심층생태주의나 생명중심주의는 전체성이나 관계성을 생태학적 통찰을 통해 얻는 인간 삶의 양식에 있어서 중요한 개념(Capra, 1981; Naess, 1993)으로 제시하고 있다. 심층생태주의는 관계로부터 분리된 생명체란 존재하지 않기 때문에 한 체제나 사회에 있어서 삶의 관계성이 중요하다고 보고 있다. 따라서 관계성이란 개인 인간의 친화적인 타인지향성을 넘어 자연, 사람과 더불어 인격적 만남의 실체로 이해되어야 한다.

요소론이나 원자론적 접근과 달리 관계성을 중시하는 접근은 상호 연관성에 근거한 유기적 관계를 통해 세계를 바라보고, 그 관계를 인정하고 존중하는 방향으로 나아간다. 이러한 관계성이 회복될 때 생태적 관계망이 살아나고 함께 더불어 사는 삶의 방법이 드러날 수 있을 것이다. 따라서 이러한 관계성은 자연과 자연, 사람과 자연, 사람과 사람 속에서 어울림과 조화의 방식을 찾음으로써 이루어질 수 있고, 이러한 방식은 자연의 생명성을 회복할 방안이 될 수 있다.

이러한 측면에서 생태적 세계관에 근거한 삶의 양식의 변화를 위하여 생명, 자연, 인간의 관계성을 인식하고 창조 섭리를 이해하는 살림의 실천으로 관계 맺기가 이루어질 수 있다. 관계를 통해 삶은 역동성을 가질 수 있으므로 자연과의 관계를 통해 창조적 평화를 회복할 수 있으며, 사람과의 관계를 통해 순환과 보살핌의 공동체를 만들어 갈 수 있다.

### 3) 건강, 심성, 영성의 회복

생태적 위기를 극복하고 녹색성장 시대를 준비하는 인간의 발달은 어떠해야 하는가? 인간의 발달에 대한 심리적 접근은 과학의 영역으로서 인간의 심리와 성격을 분석하고, 그 실제를 예측 가능한 영역으로 이론화하고자 하였다. 이로 인해 인간의 발달에 대한 분석적 접근은 다각적인 연구와 실천으로 이어져 왔다.

그러나 최근 녹색성장 시대를 준비할 수 있는 전인적이며, 조화로운 행복인을 추구하는 새로운 관점은 인간을 단지 개별 심리적 요인이 아니라 좀 더 거시적 차원에서 살펴보기를 촉구하고 있다.

녹색성장 시대를 위해 함께 더불어 행복할 수 있는 인간의 성장 발달은 몸, 마음, 영혼의 조화로운 실체로서 가능할 수 있다는 것이다. 단지 육체적 성장도 아니요, 개인의 성격과 심리 변화에만 맞춘 접근도 아니다. 이러한 차원을 넘어서서 좀 더 통합적이고 거시적 관점에서 인간의 조화와 균형을 통해 현실 속에서 자생하고 공생할 수 있는 성향의 회복으로 나아가야 한다. 이러한 측면에서 녹색성장 시대를 살아가는 녹색인으로서의 인간상은 건강, 심성, 영성이 본질적 평안의 상태로 회복되어야 한다.

고대 로마의 풍자시인 유베날리스에서 유래한 '건강한 신체에 건강한 정신이 깃든다'라는 말이 있다. 이는 신체를 건강하게 유지함과 동시에 마음이나 생각도 건전하게 가지라는 의미를 포함하며 바람직한 인간상을 논할 때 많은 이들에게 회자된 문구이다. 그러나 현대사회는 인간발달을 정신적 측면만 강조된 나머지 건강이나 체력에 대한 문제가 등한시되는 것이 사실이다. 숲과 들에서 뛰어놀던 전통사회의 영유아와 달리 허약해지고, 체력이 저하되는 현실은 이러한 문제를 드러내고 있다. 이러한 신체와 건강의 회복을 위해서는 인간의 삶의 영역에 움직임과 땀 흘림이 되살아나야 한다. 땀과 노동의 의미는 사람의 성장을 위해 중요한 본질이기도 하다. 인간은 수고하여 먹고 마시며, 땀을 흘리며 생활하는 과정을 통해 몸과 마음이 조화롭게 자랄 수 있다.

다음으로, 자연과 사람과 어울려 함께 살아갈 수 있는 녹색성장 시대의 녹색인은 자신의 마음과 타인의 마음을 돌볼 수 있는 사람이어야 한다. 자연을 마음에 담고, 타인을 마음에 담고, 나아가 우주의 질서를 마음에 담을 수 있는 지식인이어야 한다. 즉, 녹색 우주의 질서를 존중하고 나눌 수 있는 심성을 통해 스스로 내면의 힘을 기르는 심성의 회복은 행복한 개인으로 발달하는 데 필요한 중요한 요인이라고도 볼 수 있다.

교육의 비인간화와 인간소외를 극복하는 방안으로 인간의 영성 회복이 중요하며, 이는 교육적 측면에서도 접근되어야 한다는 주장이 생겨나고 있다(김정신, 2005; 송순재, 2002; 허영주, 2010). 사전적으로 영성은 '신기하고 영묘한 품성이나 성질'로서 더 큰 자아에 이르고 사람들과 연결되고, 신성한 영역과 소통하여 삶의 영감을 얻는 방향을 제공하는 것으로 이해될 수 있다. 이상우(2010)는 영성의 성질로 활성화된 에너지, 발달적 속성, 사랑의 추구로서 '인간의 보이지 않지만 삶을 움직이는 힘'이라고 하였다. 인간은 몸, 마음, 영혼이 조화로운 존재이므로 영적 감수성을 키워 주는 교육이 포함되어야 한다(권미량, 2005; 임재택, 2008). 영혼의 본질에 근거해 맑은 영성의 회복을 위해 기도나 명상과 같은 영적 감수성을 돌보는 삶이 필요하다.

### 4) 맥락적 지식의 통찰

현대사회는 지식과 정보의 사회라고 해도 과언이 아닐 정도로 정보화가 중요한 핵심이 되었다. 좀 더 빨리, 좀 더 정확하고 많은 정보와 지식을 축적하는 것이 산업사회의 성패를 좌우하는 과제이다. 정보와 지식의 전달과 교육은 효과성이라는 공학적 접근을 통해 의도적이고 조직적으로 구성하고자 하였다. 이것은 효율성, 효과성, 보편성과 일관성이라는 측면에서 앎에 대한 의도적 구성을 하도록 함으로써 지식의 영역을 축소화시키고 있다.

어떤 현상이나 실제에 대해 아는 것은 맥락과 상관없이 현재의 사실(事實, Fact)에 근거한 효율성을 강조하는 것일 수 있다. 그러나 이러한 사실이 맥락의 차원에서 통찰해서 살펴볼 때 또 다른 진실(眞實, Truth)이 있을 수 있음을 간과해서는 안 된다. 때때로 사실보다는 진실이 더 중요하고 의미가 있을 때가 있기 때문이다.

바라보는 사실과 실재는 맥락과 흐름에 따라 잘못 해석될 수 있다. 아이가 오락을 즐거워하고, 집중하고 있다는 '사실'이 그 아이에게 교육적으로 의미가 있다는 '진실'을 보장하지는 못한다. 우리는 눈에 보이는 기능이나 수단적 효과로 단편적 사실을 그대로 지식화하는 오류를 범해서는 안 된다. 따라서 녹색성장 시대를 위해 진정한 녹색 지식인은 통찰을 통한 맥락적 지식을 존중함으로써 진정한 진실을 찾아 나서는 자이어야 한다. 교육에서도 '빨리' 또는 '효과적으로'라는 측면을 충족시키는 사실이 있다고 할지라도, 그것이 아이가 행복하게 잘 자라기 위해 나아가야 하는 영유아 교육의 진실을 제공할 수 있는 것은 아니다. 이를 인정하고 좀 더 통찰을 통해 지식을 찾아 나서는 삶의 방법과 교육의 자세가 필요할 것이다.

### 5) 사회적 유대감 형성

영유아의 삶을 논의할 때 보육교사, 부모, 사회가 함께 논의되어야 한다. 공동체라는 개념은 일반적으로 관계, 공존의 개념과 더불어 서로의 순기능을 다할 수 있을 때 의미를 발휘하게 된다. 공동체란 사전적 의미로 생활 운명을 같이하는 사회집단으로 규정되는데 서로 간의 결속력과 유대가 가장 큰 역할을 가지게 된다.

보육공동체라는 접근은 복지국가로 향하는 현대사회의 바쁘고, 외롭고, 불안한 부모의 삶과 유아의 삶을 돌보는 교육적 접근이 될 수 있다. 어린이집이라는 유아교육기관은 '이웃사촌'과 같은 유대관계를 통한 결속력을 가지고, 교육과 양육에 대한 공통된 의식(意識)을 교육하며, 나아가 함께 돌보는 삶(권미량, 2010)이어야 한다.

과거 전통사회는 씨족사회로서 혈연으로 묶인 가족공동체의 성격을 띠고 있었기 때문에 육아의 문제가 혼자만의 문제가 아니었다. 그러나 현대는 나를 포함한 가족, 지역사회, 국가와 세계를 넘나드는 세계화한 사회이지만 반면에 실제 그 내면을 들여다보면 각자 개개인은 개별화되어 있어서 삶의 과제나 해결책을 스스로 해결해야 하는 특성이 있다.

핵가족과 개인주의가 사회적 삶의 양식으로 자리 잡으면서 '외로움'이라는 요소가 관계의 불안을 증폭시키고 있다. 가족이 해체되고, 이웃이 단절되고, 사회적 불신은 개인의 감정의 문을 닫아 세상을 향해 열린 관계를 한정시킨다. 이것은 서로 간의 유대를 약화하며 삶의 방식을 철저하게 개인적 성향으로 바꾸어 놓았다. 과거 마을 공동체가 함께 의식주를 해결하던 것과는 달리, 현대를 살아가는 우리들은 먹고, 자고, 입는 모든 삶의 과제가 철저하게 나 스스로의 문제로 국한되는 삶의 양식 속에 처해 있다.

최근 부모들은 자녀 출산을 기피하며 저출산의 문제를 야기하고 있다. 이에 대한 원인으로는 현대사회를 살아가는 부모는 바쁘고, 외롭고, 불안하다는 현상(권미량 · 최애경, 2005)이 나타나면서 결국 육아와 교육의 부담이 무겁게 다가와 출산을 망설이는 현상으로 이어지고 있다. 이를 해결하는 방법은 부모가 의지할 수 있는 관계의 망, 즉 유대가 형성될 수 있는 대상이 필요하다. 자녀를 키우는 일, 의식주를 해결하는 과정이 단지 부모 자신만의 문제가 아니라 함께 할 수 있다는 유대감이 회복될 때 그들이 느끼는 불안을 줄일 수 있을 것이다.

사회적 유대감은 생활 운명을 같이 하는 사회집단이 서로 간의 결속력을 가지는 것이다. 녹색성장 시대를 위해 정신문화의 성숙과 관계 회복을 위해서는 무엇보다도 이러한 사회적 유대감이 회복되어야 한다. 특히 교육에서 함께 영유아를 키워 간다는 공감이 만들어진다면 작은 공동체의 회복으로 삶의 활력이 되살아날 수 있을 것이다.

### 6) 교육 패러다임의 전환

교육에 있어서 생태주의적 접근은 현대사회의 환경과 교육 본질의 문제 제기에서 출발한다. 산업문명의 발달과 현대문명의 위기는 지속 가능 사회에 대한 위협을 느끼게 하였고, 이에 대한 교육적 과제가 부여되었다. 현대에 와서 인간과 자연이 단절되고 생명에 대한 각성이 요구되면서 그 관심이 늘어가고 있다. 따라서 교육과정의 생태주의적 접근은 현대의 비인간성과 비자연성을 극복하기 위해 자연과 공존하는 삶의 영역을 개척하자는 견지에서 기술 지향주의와 대립되는 접근이다.

특히 유아교육의 패러다임을 달리 바라보고자 하는 생태유아교육은 사람과 자연, 사람과 사람, 몸 · 마음 · 영혼의 조화와 어우러짐을 지향한다. 생명의 관계 속에서 유아가 행복한 모습으로 자연의 순리에 맞는 시간과 공간의 삶터를 열어가도록 하는 과정을 유아교육과정으로 바라보는 방향으로 교육의 패러다임을 전환할 것을 요구하고 있다. 즉, 생태유아교육은 사람, 사회, 생명의 살림을 실천하고자 하는 접근으로 유아가 건강한 삶터에서 흥과 멋을 찾아 자생력과 적응력을 발휘하며 행복하게 살아가도록 자연, 놀이, 아이다움을 되찾아주고자 한다.

단지 형식적 현상이나 활동 몇 가지를 친자연적으로 변환하는 소극적 변화로는 녹색성장 시대를 살아갈 인간상으로 이어지는 교육적 변화를 꾀하기 힘들다. 오히려 사회의 경제, 문화, 교육의 전반에 대한 인식의 변화를 동반한 패러다임의 변화가 필요한 시점이다. 즉, 녹색성장을 향한 근본적 관점의 변화를 동반한 사회 발전에 대한 개념, 교육과정의 모색, 문화와 삶에 대한 전환이 필요하다.

인간의 창조는 자연과 조화롭게 더불어 살도록 지어졌다. 인간이 자연과 더불어 있을 때 가장 편안한 일상이 이루어진다는 논의는 시대적 과제로 부각되고 있다. 전통사회에서 흙과 돌멩이, 자연이 놀이 터전이었던 것과 달리 현대사회는 조직화되고, 다기능적 놀잇감으로 놀이문화가 바뀌었다. 구체적 사물의 소유나 소비에 집착된 환경을 통해 '가짐'의 양식에 매이도록 하는 놀이문화는 사물의 소유와 소비를 중시하는 삶의 패턴을 만들어 '가짐과 누림'이라는 가치에서 행복을 찾도록 하는 잘못된 삶의 양식을 만들고 있다는 사실은 간과할 수 없는 문제이다.

이러한 사회적 문제에 대한 실천적 고민으로 태동한 것이 생태유아교육이다. 생태유아교육은 산업문명의 발달과 더불어 기계론적 세계관이 가져오는 유아교육에 당면한 위기의식에서 출발하였다. 생태유아교육은 이러한 교육 현장의 반성과 살림의 시도로서 세계를 보는 근본 관점을 달리하고자 하는 논의를 제안해 왔다. 현대문명을 통해 생긴 유아교육과 보육의 문제를 해결하고자 새로운 패러다임의 유아교육과 보육의 접근을 취하고 있다(권미량, 2005; 김은주, 2003; 서영희, 2008; 임재택, 2008).

생태유아교육은 생명중심 교육, 공동체중심 교육, 전인교육을 지향하며 생명의 원리에 근거해 현행 유아교육을 바꾸어 가려는 움직임에 근거한다. 즉, 인간을 몸, 마음, 영혼의 유기적 통합체로 바라보면서 생명을 살리고, 자연을 살리고, 아이를 살리는 방안을 토대로 보육 현장을 변화시킬 것을 제안하고 있다. 이러한 생명중심의 보육과 자연과 더불어 살아가는 영유아의 삶에 대한 논의는 지속 가능 사회로 향하는 현대사회에 중요한 쟁점으로 주목받고 있다.

〈자격증의 양식 및 내용 설명〉

제 ① 호

사 진

3㎝ × 4㎝

## 보육교사 자격증

성 명 : 홍길동②
주민등록번호 :
자 격 : ③보육교사 2급( 2009-2-10 )④

위 사람은 「영유아보육법」 제22조에 따라 위와 같이
보육교사의 자격이 있음을 인정하고 이 증서를 수여함.

2009년 2월 15일⑤

**보 건 복 지 가 족 부 장 관**

※ 보육교사 국가자격증 상세 설명
① 자격번호: 보육교사 국가자격증 고유번호(09-1-000)
② 성명 및 주민등록번호: 자격증 교부받은 자
③ 자격: 해당 보육교사 자격등급
④ 자격인정시점: 보육교사로서 자격을 인정받기 시작하는 시점
⑤ 자격증을 교부한 날짜

# 참·고·문·헌


강은진, 박혜경, 정대련(2005). 그림 읽기 중심 문학 활동이 유아의 이야기 이해력 및 이야기 구성력에 미치는 영향. 유아교육연구, 25(5), 207-226.

교육과학기술부(2012). 개정 유치원 교육과정(교육과학기술부 고시 제2012-16호).

교육부, 보건복지부(2019a). 「2019 개정 누리과정」 해설서.

________________(2019b). 「2019 개정 누리과정」 놀이실행자료.

권미량(2005). 생태유아교사교육의 교육권리에 관한 연구. 미래유아교육학회지, 12(4), 75-99.

_____(2010). 유아교육환경에 대한 반성적 논의 및 방안 모색. 생태유아교육의 관점에서. 생태유아교육연구, 9(4), 85-107.

권미량, 서영희(2007). 또래 간의 담화를 통한 여아의 권력 행사 전략에 관한 연구. 아동학회지, 28(3), 201-218.

권미량, 최애경(2005). 보육시설에서 부모의 갈등과 적응 유형에 대한 사례연구, 생태유아교육연구, 4(1), 1-18.

권영례(2004). 유아교육기관운영. 서울: 한국방송통신대학교출판부.

김난도(2010). 아프니까 청춘이다. 서울: 쌤앤파커스.

김문숙(2002). 유아교육기관 유형별 교사의 직무실태 및 직무만족도 비교: 인천지역 사립유치원과 민간 보육시설을 중심으로. 가톨릭대학교 대학원 석사학위논문.

김성호(2011). 나의 생명 수업(자연의 벗들에게 배우는 소박하고 진실한 삶의 진리). 서울: 웅진지식하우스.

김영국, 최석란(1997). 극놀이에서 교사의 단계별 지지가 유아의 언어적 의사소통에 미치는 효과. 아동학회지, 18(2), 229-241.

김은주(2003). 생태 유아교육의 사상 체계 및 실천 원리 연구. 부산대학교 대학원 박사학위논문.

김정신(2005). 영성 지향적 접근을 위한 유아 교사 교육의 방향 탐색. 유아교육연구, 25(2), 79-102.

김정원, 김유정, 박현미(2005). 영유아를 위한 교재 교구 연구 및 지도법. 경기: 양서원.

김정원, 최정옥(2006). 가정과 연계된 요리 활동이 유아의 기초 과학 개념 및 수학 능력에 미치는 영향. 아동학회지, 27(2), 39-54.
김정환(1995). 인간화 교육 어떻게 할 것인가. 서울: 내일을 여는 책.
민성혜, 신혜원, 김영애, 김의향(2008). 보육교사론. 경기: 양서원.
박선영(1981). 불교의 교육 사상. 서울: 동화출판공사.
박은혜(2020). 유아교사론. 서울: 창지사.
박은혜, 조은주(2020). (반성적 실천을 위한)유아교육실습. 서울: 창지사.
박진재(2002). 아동의 또래관계 증진을 위한 사회적 기술 중재 프로그램의 효과. 연세대학교 대학원 박사학위논문.
백혜리(2009). 보육교사론. 서울: 동문사.
보건복지부(2013). 제3차 어린이집 표준보육과정 개정고시 보도자료(1월 22일 자).
_________(2015). 2015 한국인 영양소 섭취기준(요약본).
_________(2020). 제4차 어린이집 표준보육과정 해설서.
_________(2021). 2021년도 보육사업안내.
보건복지부, 중앙육아종합지원센터(2020). 「2019 개정 누리과정」 보육일지 개선방향 및 일지 양식 예시.
서영희(2008). 표준보육과정과 생태보육과정의 운영 실제에 관한 연구. 부산대학교 대학원 박사학위논문.
송순재(2002). 자연의 본성을 지닌 아이들. 아이 살림과 생명 살림의 유아교육을 위하여. 한국생태유아교육학회 추계학술대회 자료집, 35-61.
송영주(2007). 의사소통과 사회적 유능성에서 나타나는 유아기 이론의 일상적 의미. 서울: 한국연구재단.
안경식(2005). 한국 전통 아동교육 사상. 서울: 학지사.
유아진(1992). 한국 전통사회의 유아교육. 서울: 서울대학교출판부.
유희정, 이미화(2004). 보육교사의 근무환경 및 직무실태 분석. 한국여성개발원.
이경민, 엄은나(2005). 유아교사 지식에 대한 유치원 1급 정교사 자격 연수 참여교사의 기대와 자기평가. 한국영유아교육학회, 9(4), 133-152.
이경우(1996). 총체적 언어-문학적 접근을 중심으로. 서울: 창지사.
이기숙, 장영희, 정미라, 홍용희(2002). 가정에서의 유아 조기·특기 교육 현황 및 부모의 인식. 유아교육연구, 22(3), 153-171.
이덕주(1994). 태화기독교사회복지관의 역사. 서울: 태화기독교사회복지관.
이부미(1991). 다연령 집단 어린이들의 놀이와 권력. 중앙대학교 대학원 석사학위논문.

이상금(1993). **몬테소리교육(이론과 실제)**. 경기: 교문사.

이상우(2010). 영성의 통합적 의미. **한국통합교육과정학회 월례회 자료집, 3**, 1-23.

이소희(1999). 보육 관련 용어의 사적 고찰. 한국보육시설연합회 임원 대상 교육자료.

이순형, 이성옥, 권혜진, 이소은, 황혜신(2009). **보육과정**. 서울: 학지사.

이승신(2003). 유치원교사 관련 법에 기초한 근무환경 실태조사. 이화여자대학교 대학원 석사학위논문.

이영석(1998). **유아교육론**. 서울: 형설출판사.

이원영(1990). **부모교육론**. 경기: 교문사.

이은화, 배소연(1995). **유아교사론**. 경기: 양서원.

이칠영(1985). 담화 분석의 특성. **언어연구, 2**, 163-175.

이현섭, 조옥희, 정정숙, 박현수, 석은조(2006). **보육학개론**. 서울: 학지사.

임재택(1997). **유아교육기관의 운영관리**. 경기: 양서원.

_____(2005). **생태유아교육개론**. 경기: 공동체.

장영희(2000). **영아교육과정**. 경기: 양서원.

정혜진(2004). 보육교사의 바람직한 역할 수행을 위한 인식 연구: 보육시설장과 보육교사의 관점에서. 중앙대학교 대학원 석사학위논문.

조경서(1991). 또래 집단의 리더에 관한 연구. 중앙대학교 대학원 석사학위논문.

조경자(2007). 예비유아교사들이 인식한 좋은 유아교사의 특성. **미래유아교육학회지, 14(4)**, 561-586.

조채영(1997). 소파 방정환의 유아교육사상과 실천 연구. 부산대학교 대학원 석사학위논문.

중앙육아종합지원센터(2014). **(개정용) 어린이집 문서 및 서식 자료집**.

_________________(2017). **(개정용) 어린이집 문서 및 서식 자료집**.

최희철, 황매향, 김연진(2009). 아동의 부모에 대한 관계성과 안녕(well-being) 사이의 자기회귀 교차 지연 효과 검증. **교육심리연구. 23(3)**, 161-179.

한국보육교사회(2001). 보육교사 근무 환경 실태 조사를 통한 보육의 질 향상 방안 연구 보고서.

___________(2006). **돌봄의 교육: 관계중심의 교육, 그 시작을 위하여**. 경기: 교육과학사.

한유진(2005). 아동의 정서 조절 능력과 공격성 및 또래 관계의 질. **아동학회지, 26(4)**, 85-100.

허영주(2010). 교사의 영적 성숙을 위한 교사 교육 과정의 변화 방향 탐색. **한국교육과정연구, 28(10)**, 261-290.

Almy, M.(1995). *The early childhood at work.* New York: Mcgraw-Hill Book Company.

Baroody, A. J.(2000). Does mathematics instruction for three to five-year-olds really make sense?. *Young Children, 55*(4), 61-67.

Bridges, M. S.(1932). Emotional development in early infancy. *Child Development, 3*, 324-341.

Bruner, J. B.(1996). *The culture of education.* Cambridge: Harvard University Press.

Buber, M.(2020). **너와 나 개정판**(김천배 역). 서울: 대한기독교서회(원저는 1977 출판).

Capra, F. (1985). *The turning point.*[**새로운 과학과 문명의 전환**](이성구, 구윤서 역). 서울: 범양사(원저는 1981 출판)

Carey, S.(1991). Knowledge acquisition: Enrichmment or concepture change? In S. Carey, & R. Gelman(Eds), *The epigenesis of mind.* NJ: Lawrence Erlbaum.

Carson, R.(2011). **침묵의 봄**(김은령 역). 서울: 에코리브로(원저는 1962 출판).

Comenius, J. A.(1987). *Didactica magna.*[**대교수학**](정확실 역). 서울: 교육과학사(원저는 1657에 출판).

Day, C.(2004). *A Passion for Teaching.* London: RoytledgeFalmer.

Decker, C. A. & Decker, J. R.(2004). *Planning and Administering early childhood programs.* Columbus, OH: Merrill.

Freire, F.(1998). *Teachers as Cultural Workers - Letters to Those Who Dare Teacher.* Boulder, Colorado: Westview Press.

Fromm, E.(1956). *The art of Loving.* New York: HaperCollins.

Gelman, R.(1980). What young children know about numbers. *Educational Psychologist. 15*(10), 54-68.

Ginott, H. G.(2011). *Teacher & Child.*[**교사와 학생**](신홍민 역). 서울: 양철북.

Jalongo, M., Isengerg, J.(2000). *Exploring Your Role(A Practitioner's Introduction to Early Childhood Education).* Toronto: Pearson College Div.

Katz, L. G.(1970). Teachign in preschools: Roles and goals. *Children, 17*(2), 42-48.

Leaper, C.(1991). Influence and invovement: Age, gender and partner effects. *Child Development, 73*(4), 1073-1084.

Mayer, J., & Salovey, P.(1997). Emotional Intelligence, Imagination. *Cognition and Personality, 9*(3), 185-211.

Morrison, F. S.(1985). **유아교육개론**(곽노의 역). 경기: 교문사.

Naess, A.(1993). *Ecology, community and lifestyle*. New York: Cambridge University Press.

Richard, J. A., Anderson, N. A.(2003). Waht do I see? what do I think? what do I wonder?(STW): A visual literacy stategy to help emergent readers focus on story book illustration. *The Reading Teacher, 56*(5), 442-444.

Schickedanz, J. A., York, M. Z., Stewart, I. Sig & White, D. A.(1990). *Strategies for teaching young children*(3rd ed). Englewood Cliffs, New Jersey: Prentice-Hall.

Sluckin, A. M., & Smith, P. K.(1977). Two approach to the concept of dominance in preschool children. *Child Development, 48*, 917-923.

Spelke, E.(1994). Initial knowledge: Six Suggestions. *Cognition, 50*, 431-445.

Spodek, B(1985). *Teaching in the early years*(3rd ed). Englewood Cliffs, New Jersey: Prentice-Hall.

Suransky, V. P.(1982). *The erosion of childhood*. Chicago: University of Chicago Press.

Tyler, R. W. (1949). *Basic principles of curriculum and instruction*. Chicago: University of Chicago Press.

Van Dyk, J.(2000). *The Craft of Christian Teaching*. Iowa: Dordt Press.

국가법령정보센터 www.law.go.kr

보육자격관리사무국 http://www.ctcm.or.kr

부산광역시 보육정보센터 http://www.bscare.or.kr

중앙육아정보지원센터 http://central.childcare.go.kr

한국보육진흥원 www.kcpi.or.kr

## 저자소개


■ 권미량

부산대학교 대학원 유아교육학과 졸업(교육학 박사)
전 대동대학교 유아교육과 교수
현 고신대학교 유아교육과 교수
고신대학교 교무처장
생태유아교육학회 상임이사

■ 서영희

부산대학교 대학원 유아교육학과 졸업(교육학 박사)
전 YWCA 보육교사 교육원 전임교수
동부산대학교 사회복지과 교수
현 (사) 한국생태유아교육연구소 이사

■ 이숙희

부산대학교 대학원 유아교육학과 졸업(교육학 박사)
전 부산법원어린이집 원장
부산대학교부설어린이집 원장
현 고신대학교 유아교육과 교수

# 보육학개론


**초판 1쇄 인쇄** / 2021년 8월 15일
**초판 1쇄 발행** / 2021년 8월 20일

•

**공저자** / 권미량 · 서영희 · 이숙희
**발행인** / 이 중 수
**발행처** / **동 문 사**

•

서울특별시 서대문구 홍제원 1길 12
(홍제동 137-8)
Tel: 02)736-3718(대), 736-3710, 3720
Fax: 02)736-3719
**등록번호**: 1974.04.27. 제9-17호
**가격**: 21,000원

•

ISBN: 979-11-6328-331-7(93370)
E-mail: dong736@naver.com
www.dongmunsa.com